MÉTAMORPHOSE D'UNE MÉLODIE

« PRÉSENCES DU JUDAÏSME »

DANS LA MÊME COLLECTION

aux Editions Albin Michel

★

CHOLEM ALEICHEM
Menahem-Mendl, le rêveur
(traduit du yiddish par Léa et Marc Rittel)

CHOLEM ALEICHEM
Le Tailleur ensorcelé
(traduit du yiddish par I. Pougatch et J. Gottfarstein)

CHOLEM ALEICHEM
Tévié le laitier
(traduit du yiddish par Edmond Fleg)

JOSEPH OPATOSHU
Dans les forêts de Pologne
(traduit du yiddish. Préface de Manès Sperber)

ISAAC POUGATCH
Mendélé - Un classique juif
(La vie du grand-père de la littérature yiddish,
Mendélé Mocher Sepharim)

I. L. PERETZ

MÉTAMORPHOSE D'UNE MÉLODIE

et autres contes et récits

Traduits, préfacés et annotés par
J. GOTTFARSTEIN

AM

Albin Michel

*Ouvrage publié avec l'aide
de la Memorial Foundation for Jewish Culture
et de la Commission du Livre du F.S.J.U.*

© *Editions Albin Michel, 1977.*
22, rue Huyghens, 75014 Paris.

ISBN 2-226-00547-1

PREFACE

LA LITTÉRATURE YIDDISH AU XIXe SIÈCLE

Trois grands auteurs font figure de classiques de la littérature yiddish moderne.

Chalom Jacob Abramovitch *(1836-1917) plus connu sous le nom de plume de* Mendélé *« Marchand de livres », puis* Chalom Rabinovitch *(1852-1916) dont le pseudonyme est* Cholem Aleikhem *(Paix sur vous) (voir en fin de volume note 31), enfin* Yts'hak Leibouch Peretz *(1852-1915), l'auteur qui nous intéresse ici, et qui devint célèbre sous son propre nom.*

On ne peut parler de la littérature yiddish du XIXe siècle sans les évoquer tous trois, car ils ont livré bataille ensemble pour défendre, contre vents et marées, leur langue maternelle.

En effet, à l'époque, les ennemis du yiddish étaient nombreux : les uns incitaient leurs coreligionnaires à remplacer le yiddish par le russe : ainsi, pour le Rassviet (journal juif rédigé en langue russe), le yiddish était « l'un des dialectes allemands les plus vétustes et les plus farcis d'incorrections », « un jargon plein de déchets », et il convenait de se débarrasser au plus vite de « ces guenilles héritées du sombre Moyen Age » [1].

Les autres, les assimilationnistes, préféraient le polonais et exigeaient qu'on fît une fois pour toutes

---

1. Cité par I. Pougatch, *Un classique juif : Mendélé*, **Présences du Judaïsme**, Albin Michel, 1973.

table rase du yiddish. En outre, certains intellectuels, pourtant fortement attachés à la culture juive, se joignaient à eux pour jeter l'anathème sur cette langue, en préconisant purement et simplement le retour à l'hébreu, langue de la Bible.

Enfin, un troisième groupe d'adversaires, le plus important numériquement et le plus influent, ne rêvait, lui, qu'à l'allemand, la langue de Goethe, de Schiller et de Lessing.

Certes, entre ces trois auteurs l'entente n'était pas totale. Cholem Aleichem se sentait beaucoup plus proche de Mendélé que de Peretz, et le critique littéraire Ch. Niger remarque que « Cholem Aleichem et Peretz divergeaient quant à l'attitude à adopter à l'égard de la littérature yiddish comme à l'égard de la littérature en général. Le yiddish des Juifs polonais, utilisé par Peretz, était, selon Ch. Aleichem, trop dialectal, trop prétentieux, passablement obscur et surtout trop éloigné du langage de l'homme simple. L'élan, l'ardeur, la verve de Peretz le laissaient insensible et son romantisme lui paraissait quelque peu étrange. Il est, de plus, passablement agacé par ses allures de pontife littéraire ».

Mais il n'en reste pas moins que Mendélé, Ch. Aleichem et Peretz tressèrent un « triple fil » qui, à en croire l'Ecclésiaste (IV, 12) désignant par cette expression les Trois Patriarches, « ne se rompt pas facilement ». Certes, la sagesse de l'Ecclésiaste fut mise en défaut. Le « triple fil » s'est radicalement rompu avec l'anéantissement des six millions de Juifs dont l'écrasante majorité était de langue yiddish. Quelques années après le génocide, et la victoire des Alliés, un autre massacre succédait au précédent et une pléiade de poètes, de conteurs, de romanciers de langue yiddish fut exterminée en Russie soviétique par le régime stalinien.

Yts'hak Leibouch Peretz naquit le 18 mai 1852 dans la ville polonaise de Zamochtch près de Lublin. Le nom de Peretz est peut-être un héritage de lointains aïeux séphardim, originaires d'Espagne et du Portugal, qui, expulsés de ces pays inhospitaliers et remontant vers le nord de l'Europe, seraient arrivés jusqu'à Zamochtch.

Mais établir avec certitude l'origine sépharade de Peretz est impossible. En effet, si le nom de Peretz est rarement employé en tant que nom de famille chez les Juifs polonais, il est très souvent utilisé comme prénom.

En tout cas l'un des sens de ce nom est « débordé », d'après la racine hébraïque PRZ « parotz », comme dans la promesse faite par Dieu à Jacob « et tu déborderas du Couchant au Levant, du Nord au Midi ».

Ce sens de « déborder » correspondra on ne peut mieux au rôle que jouera notre auteur dans l'expansion de la littérature yiddish.

I.L. Peretz acquit les premiers rudiments de son instruction religieuse au 'Heder, école élémentaire juive, où il apprit bien entendu le Houmach *et* Rachi. *Selon le mode d'enseignement juif de cette époque, il passa ensuite directement à l'étude du Talmud, qu'il entreprit tout seul, dans la maison d'études de la Communauté.*

C'est à l'âge de treize ans, après sa Bar Mitzvah *(initiation religieuse), qu'il écrivit ses premiers vers. Il écrivait en yiddish, sa langue maternelle, tout en pensant que cette langue était mal adaptée à la poésie. Au début de son premier poème, une ballade intitulée « Monich », il se plaindra amèrement d'être obligé d'écrire des vers « en un jargon qui sonne mal » et qui ne peut être l'instrument de l'expression de sentiments délicats et tendres. Paradoxalement, c'est ce récit, par son ton nouveau, qui attirera l'attention du milieu littéraire yiddish. Avant la publication de « Monich », Peretz avait d'ailleurs essayé d'écrire en polonais, tentative qui resta sans succès et sans lendemain. A la même époque, il aborda également l'hébreu, encore une fois avec le sentiment d'avoir mal choisi son terrain, dont l'aridité, comme il le dira plus tard dans une lettre à un ami, ne se prête guère à faire éclore des « plantes utiles ». Sur ce point, Peretz se contredira d'une manière flagrante, puisque peu après il reviendra à ce domaine « aride » pour ne plus le quitter. Et, comme Mendélé, il rédigera la majeure partie de son œuvre simultanément en hébreu et en yiddish, traduisant lui-même le reste d'une langue à l'autre.*

Le jeune Peretz lia connaissance, par hasard, avec un « maskil* » (humaniste) vivant en marge de la communauté. Celui-ci possédant une vaste bibliothèque remplie de livres polonais, russes et français, Peretz put, sans l'aide d'un maître, apprendre les langues étrangères, et en particulier l'allemand, grâce à la parenté de cette langue avec le yiddish. Il put ainsi se familiariser avec la prose de Ludwig Berne et la poésie de Heinrich Heine, qui exercera sur lui une grande influence.

Passionné de lecture, il dévorait aussi les ouvrages consacrés aux sciences naturelles et à la géographie, et jusqu'aux traités de droit (il apprit par cœur le Code Napoléon... à toutes fins utiles). Mais lorsque les ressources de la bibliothèque furent épuisées, Peretz dut envisager un autre moyen de continuer ses études. Il pensa aller dans une grande ville (Vilna) et entrer dans une école dite rabbinique, une de ces écoles fondées et subventionnées par le gouvernement tsariste.

---

* Les mots suivis d'un astérisque renvoient au lexique en fin de volume.

Certes, dans ces écoles, on enseignait en russe, et les matières juives (Talmud, hébreu et histoire juive) n'occupaient qu'une place infime, mais cela ne l'effrayait pas. Par contre, sa mère, craignant l'influence néfaste de ce type d'école, s'opposa à ce projet que, bon gré, mal gré, il dut abandonner.

En 1870, il se maria avec une fille Lichtenfeld et il devint urgent pour lui de trouver un métier, car à l'époque un écrivain d'expression yiddish ou hébraïque ne pouvait que rarement vivre de sa plume. Il monta avec un associé une brasserie dans la ville de Sandomierz, mais, absorbé par ses rêveries et ses travaux littéraires, il laissa péricliter l'affaire, et dut peu après la liquider. Il se rendit à Varsovie pour chercher un emploi, donna des leçons d'hébreu pour survivre et revint dans sa ville natale. En 1875, le couple Peretz se sépara. L'un des deux fils, Jacob, était mort en bas âge, l'autre, Lucien, mourra en 1935, et son fils, Yaneck, périra dans le ghetto de Varsovie.

En 1866, Peretz se remaria avec Helena Ringelheim. Grâce au Talmud et au Code Napoléon qu'il n'avait pas oublié, il passa avec succès des examens qui allaient lui permettre d'ouvrir à Zamochtch une étude d'avocat-conseil. Il réussit si bien dans sa charge qu'il éveilla la jalousie de ses confrères qui, en 1889, le dénoncèrent aux autorités en l'accusant de nourrir des desseins subversifs envers le régime tsariste. Il fut alors obligé de fermer son cabinet et de retourner à Varsovie.

Là, il travailla quelque temps chez un avocat, puis participa à une expédition scientifique organisée par l'économiste Jan Bloch, chargé d'étudier la situation économique des Juifs polonais. Plus tard, Peretz, dans les vingt-trois « tableaux d'un voyage en province », peindra, avec les couleurs les plus sombres, la situation des Juifs des bourgades de la région de Tomaszev qu'il avait visitées à cette occasion. A son retour à Varsovie, la communauté juive lui confia la direction des Pompes funèbres, poste qu'il occupera pendant vingt-cinq ans jusqu'à la fin de sa vie.

Peretz sympathisait avec le mouvement ouvrier juif révolutionnaire (mouvement qui d'ailleurs considérait le mouvement sioniste comme bourgeois et nationaliste). En 1889, les écrivains Peretz et Spector furent invités par le Comité des ouvriers juifs à participer à une soirée durant laquelle ils devaient lire des fragments de leurs œuvres devant un rassemblement illégal. La police les arrêta « en flagrant délit de lecture ». Pour ce « forfait » ils furent incarcérés pendant trois mois dans le sinistre dixième pavillon de la forteresse de Varsovie.

Pourtant, il ressort des réflexions de Peretz sur le Mouvement ouvrier et sur la victoire escomptée de la révolution prolétarienne en Russie, que celle-ci inspirait à la fois espérance et crainte :

« Je suis de cœur avec vous, déclara-t-il, l'homme doit pouvoir manger à sa faim. Il doit être libéré de toutes les contraintes et disposer librement de sa personne et de son labeur... Cependant, j'ai peur des vaincus qui se muent en vainqueurs. Victorieux, vous deviendrez des bureaucrates. Vous dicterez à chacun la manière de mener son ouvrage. Vous exterminerez les créateurs de nouvelles valeurs et boucherez la source d'où jaillit le bonheur : la libre initiative de l'homme, cette formidable force qui peut dresser un seul homme contre mille, un individu contre tout un peuple ou une génération. »

Par ailleurs, on a pu reprocher à Peretz de ne pas avoir adhéré au sionisme politique. Là encore sa réponse est nuancée :

« J'aime le pays d'Israël avec toutes les fibres de mon âme, je rêve de visiter le pays, de regarder, de voir ce qui s'y passe, mais, pour le moment, je ne veux

pas y demeurer, car la majorité du peuple est dans la Diaspora et on ne peut négliger ce fait. »

En 1908, Peretz participa en tant que vice-président à la conférence pour la langue yiddish qui se tint à Tchernovitz (Bessarabie), et au cours de laquelle le yiddish fut proclamé langue nationale du peuple juif. Il est vrai pourtant qu'au cours de la réunion il s'était déclaré partisan d'une autre résolution selon laquelle le yiddish devrait être reconnu comme deuxième langue nationale après l'hébreu.

Le 3 avril 1915, Peretz mourut subitement, frappé d'une crise cardiaque. A ses funérailles assista une foule de cent mille personnes.

Son œuvre est immense. Elle comporte vingt volumes en yiddish et dix volumes en hébreu. Elle comprend aussi bien des poèmes que des pièces de théâtre, des contes, des récits satiriques, des critiques littéraires, des récits de voyage. C'est pourquoi elle se prête à une lecture sur plusieurs niveaux qui pourraient bien être les quatre registres du Pardess. Le terme « Pardess » qui, au sens propre, signifie « verger » ou « oranger », est utilisé dans le Talmud et dans les écrits kabbalistiques comme abrégé des initiales des quatre mots : Pchat (sens simple), Remez (sens allusif, symbolique), Drach (interprétation homilétique), Sod (mystère, envolée mystique). Il désigne donc les quatre modes de l'Exégèse. Certes, cette quadruple interprétation n'est vraiment valable que pour les textes sacrés, mais elle peut parfaitement s'appliquer à Peretz pour lequel, comme l'écrit Ch. Niger [1], *« le langage sans façon, le parler rude des voituriers et des portefaix, les malé-*

---

1. Ch. Niger, *Yts'hak Leibouch Peretz*, 1952 (biographie en langue yiddish publiée aux Etats-Unis).

*dictions lancées en cascade par la Juive du marché »
sont aussi familiers que « la langue du Zohar, les vocables ciselés, allusifs, et les remarques à mots couverts des érudits talmudistes et des rabbis miraculeux ».*

En effet, dans les nombreux récits où il peint la vie quotidienne des Juifs, Peretz s'est d'abord montré un écrivain réaliste. La trame de l'histoire y est simple et ne nécessite aucun commentaire, c'est donc bien du Pchat qu'il s'agit.

En revanche, ses pièces de théâtre comme La Chaîne d'or, La Nuit au vieux marché, *ou bien encore ses contes d'allure 'hassidique ou folklorique, sont truffés d'allusions et en appellent au registre du Remez. Seul un esprit avisé et familiarisé avec les* Midrachim *et le* Zohar *peut dégager la pleine signification de ces écrits.*

Quant au troisième terme, Drach, il s'applique lorsque, sous la plume de Peretz, certains personnages 'hassidiques vivent et manifestent leur judaïsme d'une manière allusive et savante.

Reste Sod, le secret, qui est l'essence de tout art véritable ; quelles que soient l'école ou la tendance auxquelles on se plaît à rattacher l'œuvre de Peretz, le romantisme ou le symbolisme, le mystère demeure.

En conclusion, la quadruple exégèse appliquée à l'œuvre d'un écrivain tel que Peretz ne peut qu'inciter ses successeurs à se promener dans le Pardess, pour le plus grand bien de la littérature.

Le présent recueil comprend d'une part des textes déjà édités dans l'ouvrage Œuvres choisies *de I. L. Peretz, publié à Genève en 1961 par la Fondation Professeur L. Hirsch (créée en 1952 auprès du Cercle de culture juive de Genève à l'occasion de l'anniversaire de son président) ; des textes qui avaient alors été traduits par le signataire de ces lignes et M*^{me} *N. Goldmann, seuls les premiers, revus et corrigés, sont reproduits ici. On y a ajouté, d'autre part, des textes nouvel-*

lement traduits, choisis surtout parce qu'ils n'étaient pas connus du public français.

L'un des thèmes dominants de ce livre, comme de presque toute l'œuvre de Peretz, si variée et si riche, est celui du Chtetl qui, comme l'écrit Manès Sperber, n'était « ni l'appendice ou la banlieue de la communauté chrétienne, ni l'enclave étrangère cernée et méprisée par une communauté de civilisation supérieure, mais constituait au contraire à lui seul une communauté nettement définie qui avait fermement assuré les fondements de son autonomie et possédait une culture originelle ».

C'est cette communauté qui hante les récits de Peretz, cette communauté « réduite à vivre dans la laideur et la pauvreté... », mais animée d'une vie intellectuelle et spirituelle intense, « où la vie des hommes qui l'habitaient », déclare encore M. Sperber, « était marquée quotidiennement, heure par heure, et jusque dans la plus profonde solitude, par une fidélité absolument unique à une croyance inlassablement exigeante[1] ».

C'est dans le Chtetl que Peretz recrée les personnages de 'Hassidim, à tel point présents, qu'on a pu parler de création d'un véritable courant littéraire, le « néo-'hassidisme ». Pourtant, il ressort de l'analyse de Ch. Niger[2] que Peretz n'avait pas en vue d'idéaliser les 'Hassidim ou même de les réhabiliter. Il se contentait de leur faire illustrer ses propres idées.

D'autres écrivains furent réputés pour leurs contes 'hassidiques tels que MIKHA YOSSEF BERDITCHEVSKI, qui sera influencé par Peretz, ou bien HILLER ZEITLIN et son fils ARON, ou encore SAMUEL-JOSEPH AGNON, mais ils étaient, eux, véritablement envoûtés par le 'hassidisme, par son art de vivre, sa pensée, sa doctrine.

Ce n'est pas le cas de Peretz. Certes, il apprécie à sa

1. Manès Sperber, *Porteurs d'eau*, Calmann-Lévy, .
2. Yts'hak Leibouch Peretz, op. cit.

juste valeur le 'hassidisme en tant que courant religieux, et il mesure sa contribution à la littérature yiddish. « Les contes 'hassidiques, déclara-t-il, voilà le début de la littérature yiddish. La " Chiv'hé Baal Chem Tov" (Les Eloges du Baal Chem Tov) et d'autres " histoires merveilleuses" constituent la saga yiddish, Rabbi Nahman de Bratslav, avec ses " sept mendiants", est notre premier poète populaire. »

Toutefois, son jugement est parfois très sévère à l'égard des rabbis 'hassidiques. Peretz fut donc rejeté à la fois par les vrais 'Hassidim *pour qui il n'était qu'un* 'Hassid *pour rire, et par les libres penseurs qui l'accusaient d'exalter les rabbis et les* Tsaddikim.

« *Malheur, malheur, crie-t-on, le voilà dévot ! — Non, je ne suis pas retombé dans la dévotion. La libre pensée ne m'effraie pas, même si elle veut attraper la lune. L'homme qui erre et remet en question tout ce qui se donne comme certitude est mon ami. Ce qui m'effraie et me met hors de moi, c'est la vile platitude de celui qui nie aveuglément et stupidement toute élévation de l'âme.* »

Peretz subit donc une double influence, à la fois celle de la tradition et celle de la Haskala*. Il l'explique ainsi : « Il y a deux moments distincts de l'histoire : thèse et antithèse. Dans un premier temps d'attirance, le cœur se met à battre pour les idéaux de l'humanité tout entière ; par contre, dans un temps de rejet, chaque peuple se replie sur lui-même, s'isole pour cultiver ce qu'il y a de plus profond dans son être intime et national. »

Le conte qui ouvre ce recueil, « Métamorphose d'une mélodie », présente une série de variantes sur le thème du Chtetl. *Pourtant, comme le titre l'indique, il ne s'agit ici que de changements musicaux, et c'est dans les autres récits qu'interviendra la métamorphose du* Chtetl *lui-même.*

Ce changement n'est d'ailleurs pas immédiat et, dans le deuxième conte du recueil " Toujours moins haut ", Yohanan le Mélamed estime qu'après tout « la différence entre un " maskil " et un "'Hassid " ne réside que dans l'étiquette qu'il porte ».

Mais déjà dans le récit suivant, « La Révélation ou l'histoire d'un bouc », nous assistons à la dislocation d'une communauté. « Les femmes vendent leurs bijoux, les hommes les broderies en or de leur kitls *et de leurs châles de prière (...). Les Juifs, accablés par les graves maladies que provoque la famine, sont sur le point de s'affaisser. » Heureusement, le rabbi n'est pas loin. Celui du conte « Lui de mémoire bénie et ses proches » connaît le secret des prières qui s'élèvent très haut et conduisent celles de toute une assemblée aux « Portes des Larmes ».*

Pourtant, les Juifs demandent une nourriture terrestre. Car, dit un fidèle du rabbi de Kotzk dans « Un entretien », « si le Maître de l'Univers avait voulu un monde peuplé d'âmes sans corps, Il n'aurait pas créé la Terre. C'est pour cette raison que le corps a aussi ses droits ».

Mais l'injustice qui règne dans ce monde n'est pas près de disparaître. Aussi dans « Le Porouch et l'ours » est-il question d'un Juif « qui finit par ne plus pouvoir supporter les torts que se faisaient les hommes ». Il quitte sa bourgade et se lance « à la recherche d'une ville exempte de toute trace d'iniquité ». En cours de route, à force d'incantations, il réussit, en grand kabbaliste qu'il est, à apprivoiser un ours. L'ours en devient un peu plus humain mais le Porouch, lui, se sent désormais incapable de « réveiller l'âme du monde ».

Dans « Ecoute Israël ou la contrebasse », il s'agit d'un pauvre hère, un simple d'esprit, joueur de contrebasse, qui entend la musique partout. « Il remuait les lobes de ses oreilles comme on remue les paupières, comme s'il captait constamment des voix et des sons, bien que le silence régnât alentour. » C'est lors d'une cérémonie de noce qu'il fut « appelé par les puissances célestes qui avaient besoin d'une contrebasse, et c'est le chœur des anges qui célébra l'office de minuit ».

Les autres récits, « Le trésor », « Les yeux baissés », « Les fiancés ou Sarah, fille de Touvim », « Partir ensemble », et « Miracles en haute mer » sont des contes folkloriques stylisés. Dans le dernier de ces contes, il est encore question de la mélodie du monde : Satié le pêcheur est parti dans sa barque par temps d'orage, malgré les avertissements des autres pêcheurs, parce que à la veille de Kippour*, il faut satisfaire à la coutume et rapporter du poisson pour le repas précédant le jeûne. La barque chavire : « Soudain, il se rappelle une mélodie qu'il avait entendu chanter par un chœur accompagné d'orgues, et il essaie de la répéter. C'est que cette âme muette ne sait parler avec Dieu qu'un seul langage. Il chante. Le ciel devient de plus en plus noir, les vagues montent jusqu'aux nues et le vent hurle. Une lame emporte la rame de Satié, tandis qu'une deuxième le frappe dans le dos et poursuit la barque de sa gueule béante... Le vent hurle comme une meute de loups et c'est à ces hurlements que Satié oppose la mélodie de " qui vivra tranquille, et qui devra mener une vie inquiète ", comme le fait le chœur de la Maison de prières, accompagné par les orgues. »

« Le tablier », « Le sermon » « Les fous » « Le songe d'un Mélamed lituanien », « La hanoukia », « Un couple heureux », se laissent difficilement classer. Ce sont des récits de la vie de tous les jours, bien que n'y manquent pas les éléments fantastiques, comme l'apparition d'Elie-le-Prophète déguisé en « prestidigitateur ».

« Les contes du tronc d'arbre », par lesquels se termine le recueil, se présentent, eux, comme une sorte de stèle commémorative d'un monde devenu légende.

J. G.

MÉTAMORPHOSE D'UNE MÉLODIE

Voulez-vous écouter un air de Talna ?
Rien de plus facile, direz-vous : il suffit de choisir un de ces airs qu'on chantonne à Talna pendant le troisième repas du samedi et de faire de son mieux. Ce n'est pas aussi simple.
Un air de Talna, cela se chante en chœur. Tous les disciples présents, d'un commun accord, vous l'entonnent.
Vous voulez apporter le concours de vos voix ? Non, mes petits frères ! Jamais les 'Hassidim de Pologne ne viendront à bout d'un air de Talna. A vrai dire, vous ne connaissez rien à la véritable musique.
J'ai assez souvent entendu vos musiciens et vos chantres pour pouvoir juger de leur valeur. Cela ne s'appelle pas jouer. Ils ne font tous que gratter. Et quand vous chantez, vous lancez des cris rauques et sauvages comme des coqs qu'on égorge. Même vos simples airs du *Sinaï* [1] sont si cocasses, si grotesques... Et que dire de vos marches, de vos airs de cosaques ? Ils sont encore plus désordonnés que vos gestes et vos grimaces. Vous dites que c'est cela le 'hassidisme ? Mais alors, les *Hassidim* de chez nous sont d'une tout autre trempe !
Vous me demandez d'où nous vient ce génie de la musique. Peut-être l'avons-nous hérité, peut-être aussi

1. Les notes sont placées en fin de volume.

tient-il tout simplement de la région. C'est que, dans notre région de Kiev, vous ne trouverez pas une maison qui n'ait son violon. Un fils de bonne famille ou, comme on dit chez nous, un « fils à papa » doit absolument posséder un violon à lui et doit savoir jouer. Vous voulez savoir combien d'hommes habitent telle ou telle maison, vous n'avez qu'à jeter un regard sur le mur. Comptez : tant de violons accrochés au mur, tant d'hommes dans la maison. Chacun manie son violon. Le grand-père fait de la musique, le père fait de la musique, le fils fait de la musique. Le seul inconvénient, c'est que chaque génération a son propre répertoire, joue autrement, fait sa musique particulière. Le vieux grand-père joue des airs du *Sinaï* ou des morceaux tirés du répertoire synagogal : *Kol-Nidré* [2], *Chochanat-Yacov* [3], *Guédi Kechour Yadaïm* ou quelque autre chose. Le père, *'Hassid* comme il se doit, donne naturellement dans les airs hassidiques. Mais le fils, lui, cherche déjà sa musique dans les notes. Il joue des airs d'opéra.

Telle génération, telle musique.

Que font les *'Hassidim* lorsqu'ils manquent d'eau-de-vie ? Ils en parlent, faute de mieux. Alors, parlons musique.

Chantonner tout seul, sans concours aucun, sans élan collectif, cela ne rime à rien. La musique, vous dis-je, est une très grande chose. Tout Talna assistait à l'*Accompagnement de la princesse Sabbath* [4] et c'était le chant qui donnait à cette cérémonie tout son éclat. Mais le tout est de savoir qui chante et ce qu'il chante...

Les mêmes briques servent à bâtir, tantôt une Maison de prières pour les Juifs et tantôt une église pour les chrétiens, tantôt un palais et tantôt une prison, ou même un asile de nuit. Les mêmes caractères peuvent dévoiler les mystères de la Tora et ils peuvent aussi, que Dieu nous en garde ! exprimer les pires choses hérétiques. Les mêmes voix peuvent vous élever jusqu'aux cimes les plus hautes de l'extase ou vous jeter dans les profonds abîmes où vous roulerez dans la boue comme un ver. Une mélodie ne donne que ce qu'on y met. Prenez par exemple un *freilekhs**, une mélodie gaie et entraînante. Elle peut s'appliquer tantôt à l'*Accompagnement de la princesse Sabbath* à la mode de Talna et tantôt exprimer la joie profonde qui envahit votre être lorsque vous avez accompli les commandements divins, mais elle peut être aussi bien celle d'un débauché dans un monde de scélérats.

Une mélodie doit brûler comme le feu, elle doit être tout entière pénétrée d'amour. Mais il est plusieurs sortes d'amour : il y a l'amour de Dieu, l'amour des hommes et l'amour du peuple juif. Mais voilà, tel homme ou tel autre ne connaît que l'amour de lui-même ou, Dieu nous en garde ! l'amour coupable pour la femme de son prochain.

Un véritable chant, c'est une complainte ; il est fait de larmes, mais tandis que l'un pleure le paradis perdu et accuse le serpent tentateur, l'autre gémit sur la *Chekhina*[5], « présence divine », sur la destruction du temple, sur nos misères et nos humiliations. « Regarde, Dieu tout-puissant, notre état lamentable », s'élève le chant des lèvres pieuses... Tandis qu'une autre élégie dépeint le chagrin de l'amoureux délaissé par sa belle.

Il est des mélodies pleines de nostalgie, mais ces mélodies, que regrettent-elles, en vérité ? Car il y a nostalgie et nostalgie. Il y a la nostalgie de l'âme qui voudrait retourner à sa racine, et il y a la nostalgie du vieux chien édenté qui regrette sa jeunesse et ses mauvais instincts réduits à l'impuissance.

Vous n'avez qu'à prendre cette petite chanson toute simple :

>Reb Dovidl habitait Vasilkov,
>Et aujourd'hui il habite Talna ;

Reb Dovidl habitait Vasilkov,
Aujourd'hui, il habite Talna.

Cette chanson est chantée par des gens de Talna, elle est aussi chantée par les gens de Vasilkov. Si les Talnais la chantent, elle déborde d'allégresse et pétille de joie. Mais si les Vasilkoviens l'entonnent, elle se colore aussitôt de tristesse et de mélancolie. Car tout dépend de l'âme qu'on met dans le chant.

Sachez que le chant est la somme de plusieurs voix ou, comme disent les autres, de sons. On prend les voix ou les sons dans la nature. Personne ne peut les inventer. Il ne manque pas de voix dans la nature. Tout a sa propre voix, un son bien à lui, sinon sa mélodie propre. Nous savons tous que les roues du char céleste chantent jour et nuit. Elles ont des chants qui leur sont propres. Les hommes et les oiseaux chantent, les fauves et les bêtes entonnent leurs hymnes... Lorsqu'une pierre touche une autre pierre, nous entendons un bruit. Tout métal émet des sons. L'eau elle-même ne reste pas sans voix. Et la forêt, si le moindre vent l'effleure, ne se met-elle pas à chanter un véritable *volakh** doux ? Et les locomotives, ces bêtes féroces aux yeux flamboyants, ne vous abasourdissent-elles pas de leurs chants pendant leur course folle ? Même les poissons muets — je l'ai lu récemment dans un vieux livre — poussent quelquefois un cri. Il est dit dans ce livre que ces poissons s'élancent de temps en temps vers la berge et, de leur queue, frappent de petits coups dans le sable ou sur les pierres. Cela les vivifie, paraît-il.

Non, il ne manque pas de voix dans la nature. Il suffit d'avoir une oreille capable de les capter comme dans un filet et de les absorber comme une éponge, mais tous ces sons divers ne font pas encore la mélodie. Un tas de briques ne fait pas une maison. Toutes ces voix ne sont que le corps de la mélodie. Pour chanter, elle a besoin d'une âme. Et l'âme d'une mélodie est faite de sentiments humains : d'amour, de colère, de grâce, de vengeance, de nostalgie, de regrets et de tristesse. L'homme est capable de mettre dans une mélodie tout ce qu'il ressent et c'est alors que son chant commence à vivre de sa vie propre.

Car je crois, messieurs, que tout ce qui ranime doit tenir de la vie et vivre par soi-même. Et si un air, quel qu'il soit, est capable de donner à ma vie un nouvel élan et de m'insuffler une nouvelle âme, je dis alors que cet air-là vit... Pour vous bien prouver que j'ai raison, je vous citerai l'exemple suivant : prenez n'importe quelle mélodie, coupez-la au milieu, chantez-en d'abord le tronc et, seulement après, le début et la fin, quel air en résultera-t-il ? Un air à faire rire. Bien que vous n'ayez pas manqué un seul son, une seule voix, vous pouvez vous rendre compte que son âme a disparu ! C'est que vous avez égorgé une blanche colombe, toute palpitante de vie et l'âme en a été égorgée du même coup. La mélodie est morte et vous n'avez plus que le cadavre d'une mélodie ! A Talna, il est clair comme le jour que toute mélodie tient de la vie !

Une mélodie, cela vit, mais cela meurt aussi. Et lorsqu'on l'oublie, c'est comme si l'on avait oublié un être disparu. Cet air autrefois a été jeune, plein de vigueur et de vie ; avec le temps, il s'est affaibli, ses forces l'ont abandonné peu à peu... puis son dernier souffle l'a quitté et il est allé s'éteindre quelque part. Il n'est plus. Mais toute mélodie peut ressusciter. Il arrive que l'on se rappelle subitement un air d'antan, revenu d'on ne sait où, palpitant dans la bouche... A son insu, on lui insuffle un nouveau sentiment, une nouvelle âme, et le voici rajeuni, presque une mélodie neuve. Pour sûr, il s'agit là de la métamorphose d'une mélodie.

Il me semble que vous ne me saisissez pas tout à fait... Mais allez parler de lumière à un aveugle! Eh bien! Vous qui aimez tant les récits, je vais vous conter l'histoire de la métamorphose d'une mélodie. Ecoutez-moi.

A trois ou quatre lieues derrière Berditchev, à l'orée de la forêt, se trouve la petite ville de Makhnovka. Dans cette même Makhnovka, il y avait un orchestre tout à fait honorable. Le chef de cet orchestre, Reb Haïml, élève de Padhazour de Berditchev, était un musicien accompli. Non pas qu'il fût lui-même un inventeur de mélodies, c'est-à-dire compositeur, mais pour reproduire un morceau de musique, pour l'interpréter, pour y mettre le meilleur de lui-même, de son goût et de son cœur, on pouvait se fier à lui. Là résidait sa véritable force.

C'était un petit Juif, maigre et sec. Mais dès qu'il se mettait à jouer, il était transfiguré. Ses paupières, toujours baissées, se levaient lentement et, de ses yeux silencieux et profonds, émanait une lueur de spiritualité qui se répandait sur son pâle visage. Il était comme transporté dans un autre monde, ses mains jouaient d'elles-mêmes et son âme planait au-dessus de cimes insoupçonnées de l'univers de la musique. Il lui arrivait parfois d'être complètement absent et de chanter tout en jouant. Il avait une voix de clarinette, une voix limpide et pure...

Si notre Haïml n'avait pas été un Juif pieux, un Juif tout simple, aux allures d'innocent, s'il avait eu de l'ambition, il ne serait certes pas resté à Makhnovka pour y crever de faim avec ses huit marmots. Il aurait joué ou chanté quelque part dans un grand théâtre; peut-être serait-il même devenu chantre à Berlin ou à

Paris. Mais Haïml l'innocent restait à Makhnovka où il faisait le tour de toutes les épiceries de la ville en promettant de les payer lorsqu'il aurait touché son cachet à la noce d'une famille aisée, noce qui finirait bien par arriver un jour...

Ce jour arriva, en effet : une noce chez un notable de Makhnovka, en l'occurrence, la veuve de Berl Katzner.

Ce Berl Katzner, il faut bien le dire, avait été un affreux usurier et un avare sans pareil, lésinant sur chaque bouchée, ramassant, disait-on, les miettes tombées à terre après le repas des enfants. Il avait eu un cœur de pierre, cet homme-là.

La veille de sa mort, agonisant, il avait fait appeler son fils aîné et lui demanda d'apporter le livre de comptes. D'un doigt livide, il avait indiqué les échéances non réglées. « Et quant à leur prolongation, murmura-t-il, je te l'interdis rigoureusement, tu m'entends, en vertu du respect que tu dois avoir pour la dernière volonté de ton père ».

Puis il avait appelé sa femme et lui avait ordonné de cacher en un lieu sûr toute la vaisselle de cuivre accrochée au mur. « Dès que je fermerai les yeux, avait-il dit, tout sera voué à l'abandon. » Et ce disant, il avait rendu son dernier souffle.

Aussi ne laissa-t-il pas moins d'un demi-million d'héritage.

Nous l'avons déjà dit, c'était sa veuve qui préparait les noces de sa fille. Elle était d'autant plus pressée qu'elle-même songeait à se remarier sous peu. Le mariage de sa fille lui rendait donc le cœur léger...

Mais si Haïml le musicien avait voulu marier sa fille, il aurait certainement dû ajourner la noce jusqu'à la venue du Messie. Au dernier moment, la veuve se ravisa. Elle eut l'idée de faire venir à la noce de sa fille le grand **Padhazour de Berditchev**. Voici pour quelle raison : au mariage de sa fille, assisteraient beaucoup de nouveaux parents venus tout spécialement de Kiev. Ils étaient tous de grands connaisseurs en matière de musique. Elle aurait donc aimé entendre jouer le *Dieu miséricordieux* sur un air nouveau et non pas avec la pauvre mélodie de Haïml, rebattue et usée jusqu'à la corde. Puisqu'on s'était mis en frais, qu'importait que cela coûtât un peu plus, pourvu que les gens de Kiev fussent satisfaits.

Haïml en mourut presque de chagrin.

La ville tout entière bouillonnait. Car tout le monde chérissait Haïml et, pour tout dire, ce pauvre homme faisait pitié. Et l'on chercha à arranger les choses. Finalement, il fut décidé que Haïml jouerait avec son orchestre à la noce, à condition toutefois qu'il se rendît au préalable à Berditchev aux frais de la veuve et qu'il en rapportât la nouvelle mélodie du *Dieu miséricordieux*.

Haïml toucha quelques roubles dont il laissa la plus grande part à sa femme et à ses enfants, loua une voiture et partit pour Berditchev.

C'est ici que commence l'histoire de la métamorphose.

On dit bien que la malchance poursuit les pauvres. Au moment même où Haïml faisait son entrée à Berditchev par un côté de la ville, Padhazour la quittait par l'autre. Il avait été invité à se rendre à Talna pour jouer à la cérémonie de l'*Accompagnement de la Princesse Sabbath*. Il faut que je vous dise encore que le rabbi de Talna tenait Padhazour en très grande estime. Il prétendait que bien des mystères de la Tora se cachaient dans les mélodies de Padhazour [6]. Et il était grand dommage que le musicien lui-même l'ignorât.

Entre-temps, Haïml, désespéré, épuisé, déambulait

dans les rues de Berditchev. Que faire ? Il ne pouvait, certes, rentrer à la maison sans ramener la mélodie padhazourienne du *Dieu miséricordieux*. C'eût été une catastrophe. Suivre Padhazour à Talna ou attendre son retour à Berditchev, il ne le pouvait guère non plus, vu les dépenses imprévues que cela eût entraîné. Du peu d'argent que la veuve richissime lui avait donné, n'avait-il pas laissé la plus grande part à sa femme ? Le chagrin l'accablait. Tout à coup, il fut frappé par une scène qui se déroula sous ses yeux.

Figurez-vous qu'en ce beau jour de la semaine apparaît dans la rue une femme étrangement parée, comme pour une fête ou, comme on dit dans cette région, tout « miel et vinaigre ». Elle est coiffée d'un bonnet bizarre avec de longs rubans aux couleurs vives. Elle tient à la main un grand plateau d'argent. Plusieurs musiciens la suivent en jouant. La jeune femme avance d'un pas dansant. De temps en temps, elle s'arrête avec les musiciens devant une maison ou devant une boutique et exécute une danse sur place. La musique attire les hommes de tous côtés, les portes et les fenêtres sont pleines de monde.

La musique joue, la jeune femme danse, les rubans aux couleurs vives voltigent dans l'air, le plateau brille au soleil, le public crie sans cesse *Masal-Tov**, bonne chance, et jette des pièces de monnaie. La jeune femme les attrape au vol et les met dans son plateau. Les pièces de monnaie luisent et le bruit qu'elles font en tombant dans le plateau semble marquer le rythme.

Quoi d'étonnant à cela ? Berditchev est bel et bien une ville juive, aux coutumes juives et c'est ainsi qu'on procède pour ramasser la dot d'une jeune fille pauvre...

Haïml connaissait parfaitement ces coutumes. Il savait que les femmes inventaient chaque fois une autre danse et que Padhazour lui-même inventait, à cette occasion, une nouvelle mélodie. Ce bienfait était son privilège. On vient chez lui, on lui raconte la vie de la fiancée, on le met au courant de la situation lamentable de la famille. La jeune fille, lui dit-on, a trouvé un fiancé... Il écoute le récit en silence, les yeux fermés ; quelquefois, il se couvre le visage de ses mains et, dès qu'on a fini de lui parler, Padhazour commence à murmurer un air adapté à la circonstance.

Tout cela, Haïml le savait depuis longtemps. Alors pourquoi restait-il bouche bée devant la jeune danseuse ? C'est qu'il n'avait jamais encore entendu un tel *freilekhs*, une mélodie faite de rires et de pleurs à la fois, une mélodie dans laquelle la tristesse, la joie, le bonheur et le malheur se trouvent réunis, soudés en une seule pièce... Une véritable noce d'orpheline !

Une idée, tout à coup, lui traversa l'esprit : c'était cette mélodie, à n'en pas douter, qui allait le sauver.

A son retour de Berditchev, le voiturier accepta d'autres passagers. Haïml ne s'y opposa pas. Et ces passagers, qui étaient de grands connaisseurs en musique, devaient raconter plus tard que, aussitôt engagés dans la forêt, Haïml s'était mis à chanter. C'était le *freilekhs* de Padhazour qu'il avait entonné ; mais en vérité, c'était tout autre chose. Le *Masal-Tov* s'était transformé en un véritable *Dieu miséricordieux*.

Dans le bruissement imperceptible des arbres, une mélodie presque silencieuse surgit, et elle semblait soutenue par tout un chœur, composé des arbres de la forêt... Cette mélodie douce et tendre implorait, tel un malade priant pour sa vie. Puis, elle s'est mise à gémir et à pousser des cris douloureux. C'était comme si l'on entendait quelqu'un se frapper la poitrine le jour du *Kippour* ou comme si l'on assistait à la confession d'un mourant. Et la voix s'élevait plus haut, déclinante, comme étouffée par les pleurs ou entrecoupée par la souffrance ; puis, quelques sanglots, un cri d'angoisse, encore un cri, puis, subitement... le silence... Quelqu'un est mort...

Et voici que la mélodie s'éveille de nouveau et tombe au milieu d'un tumulte de cris ardents, et ces cris se suivent, s'interpénètrent, se nouent inextricablement. Les cris montent au ciel, tout l'espace se remplit de lamentations, comme lors d'un enterrement. Mais bientôt, de ces obsèques, surgit une mince et faible voix d'enfant, une voix tremblante et effrayée. Un enfant récite le *Kaddich**. Et cette voix se transforme en une suite de songes, de visions et de pensées qui, lentement, se muent en de douces mélodies ; elles semblent vous apporter la consolation, vous communiquer la bonté, le courage, une foi inébranlable ; et soudain vous vous sentez une volonté de vivre, de vivre et d'espérer.

En écoutant cette mélodie, les gens dans la voiture furent sur le point de défaillir.

« Qu'est-ce donc ? demandèrent-ils.

— C'est un *Dieu miséricordieux*, répondit Reb Haïml, un *Dieu miséricordieux* pour l'orpheline Katzner.

— Elle ne le mérite certes pas, firent-ils. C'est dommage de gaspiller une telle mélodie. Reb Haïml, vous allez conquérir le monde entier par elle, les gens de Kiev en mourront... »

Les gens de Kiev n'en sont pas morts. La noce chez les Katzner fut tout autre chose qu'une simple noce de gens riches... Et le *Dieu miséricordieux* ne s'attira pas la faveur de l'assistance. Car les gens de Kiev préfèrent danser avec les dames. A quoi bon la « Manière juive » ? A quoi servent toutes ces mélodies empreintes de morale ? Et, de plus, ce *Dieu miséricordieux* devait-il perpétuer le souvenir du vieil avare ? Si le vieil avare avait été en vie, la fiancée n'aurait certainement pas eu une telle dot, sans parler du trousseau, et toute la noce aurait eu un autre aspect. S'il s'était levé de sa tombe et avait vu cette robe blanche en satin, ornée de dentelles, ce beau voile, s'il avait vu les tables croulant sous tous ces vins, ces tartes, ces plats de poissons et ces plats de viande, il en serait mort une seconde fois et, cette fois-ci, d'une mort bien plus pénible. Et à quoi bon toute cette cérémonie, ces bouffons, ces usages sots et désuets ?

Plus vite ! crient les hôtes de Kiev.

Pauvre Haïml ! Il fit taire l'orchestre et tira tout seul sur les cordes de son archet, l'angoisse au cœur. Les gens simples, eux, avaient déjà les larmes aux yeux, plusieurs personnes pleuraient. Soudain, un homme de Kiev lança :

« Mais, qu'est-ce donc là ? Une noce ou un enterrement ? »

Haïml fit comme s'il n'avait pas entendu et continua à jouer. L'homme de Kiev se mit alors à siffler. Il faut dire qu'en fait de sifflement, l'homme de Kiev excellait. Il réussit à saisir la mélodie par son sifflement et à l'imiter. Et il siffla de plus en plus vite, d'un accent de plus en plus sauvage, toujours le même air.

L'orchestre s'était tu. La bataille faisait rage entre le violon pieux et le sifflement scélérat. Finalement, le sifflement sortit vainqueur. Il avait rattrapé l'archet. Le violon ne pleurait plus. Il gémissait, puis se mit à rire.

Tout à coup, Haïml s'arrête. Ses yeux brûlaient ; il serra les lèvres, puis passa sur une autre corde et se mit à jouer plus vite, car il voulait à tout prix dépasser le sifflement.

Non, cela n'était plus de la musique. Le violon jetait des cris déchirants qui se tordaient en convulsions comme une tornade. Il semblait que tout autour de lui dansait : la maison, l'orchestre, les invités, la fiancée dans son fauteuil, Haïml tout seul avec son violon. Ce n'était ni un *freilekhs*, ni un *Dieu miséricordieux*, ce n'était plus de la musique, mais une folie tourbillonnante, une affreuse épilepsie, que Dieu nous en garde. Et tout ceci, jusqu'à ce que la corde sautât.

« Bravo, Haïml, bravo ! » criaient les gens de Kiev. Rendaient-ils par là un service au vieil avare ? Certes non, non.

Quelques années plus tard, cette mélodie fut introduite au théâtre, sans doute par un des invités de Kiev.

Que signifie le mot « théâtre » ? Les *Maskilim**, hommes éclairés, croyaient jadis qu'un théâtre était plus utile qu'un livre d'édification morale. Ce n'est certainement pas votre opinion. Vous vous dites sans doute que le théâtre est aussi impur que le porc...

Chez nous, on réserve son jugement au sujet du théâtre jusqu'à ce qu'on ait appris quelle pièce on y joue.

Je vais vous raconter à présent une histoire qui se passa à Varsovie. Le théâtre de cette ville était plein à craquer. Déjà, l'orchestre attaquait les premières mesures. Que joue-t-elle, cette musique ? Elle exécute un terrible fracas. C'est un chaos, une tour de Babel. Au fond, c'est toujours l'air du *Dieu miséricordieux* dans l'interprétation de Haïml, mais au lieu du rythme de la danse du *volakh*, vous avez là une précipitation sauvage de sons. Les instruments semblent se poursuivre, se pourchasser, rivaliser de bruit. Ils hurlent et sifflent à qui mieux mieux. Ce n'est pas à un grondement de tonnerre qu'on assiste, pas plus qu'à un écroulement de maisons, mais à un tintamarre sans nom. Est-ce une poursuite à laquelle des esprits malins se livrent sur une mer de glace ? Des milliers de bêtes féroces se sont-elles échappées des enfers ? Le théâtre tout entier vacille sur ses bases.

Tout à coup, la contrebasse fait irruption dans cette cohue. Elle semble en colère, mais à écouter de près, on s'aperçoit que son grondement n'est qu'une feinte.

A ce moment intervient une sorte de flûte bizarre qui traverse tout l'orchestre, tel un éclair en zigzag, ricanant comme un véritable diablotin : ha-ha-ha ; et hi-hi-hi ! La clarinette s'élance à son tour dans cette course folle. Elle se démène, la clarinette. Elle jette un défi à tous les autres instruments. Et maintenant, à n'en pas douter, le tour de trois à quatre violons qui se glissent doucement dans cet océan de musique... Et les violons jouent avec tant de douceur qu'on dirait la volupté entrant en jeu, l'esprit de la volupté à la bouche pleine de miel... Et tous les cœurs s'ouvrent devant cette musique qui les pénètre comme de l'huile et les enivre comme un vin capiteux.

Le théâtre s'est embrasé : les bouches se sont ouvertes et les yeux scintillent.

Voici que le rideau se lève. Sur la scène apparaissent *Lui* et *Elle* — un « prince » et une « princesse ». Ils chantent, c'est du feu et de la lave qui s'envolent de leur bouche comme des serpents enflammés. Un enfer embrasé éclaire leur visage. Ils se jettent l'un sur l'autre comme de beaux diables et ils s'embrassent et ils s'étreignent et ils chantent et ils sautent, de plus en plus vite, de plus en plus déchaînés.

Les spectateurs se trouvent transportés par l'élan de la scène. Dans les galeries, des hommes et des femmes ont le visage en sueur et des yeux égarés. Ils se baignent dans un ouragan de feu...

Le théâtre tout entier chante à présent. Une mer de volupté brûlante déferle sur le public. L'enfer lui-même se consume. Ce sont les diables et les esprits chargés de la torture qui mènent la ronde dans ce cercle de feu.

Voici ce qu'est devenu l'air nuptial de Padhazour, par l'intervention de Haïml, qui en avait fait une mélodie pour son *Dieu miséricordieux*, déformé plus tard par un des invités de Kiev.

Mais cette chute n'a pas encore pris fin. Le théâtre « juif » connut son déclin. Les « princes » sont redevenus les cordonniers, les tailleurs qu'ils étaient auparavant. Les princesses du théâtre ont rejoint leur marmite et certains airs du théâtre ont échoué sur des orgues de Barbarie.

Notre mélodie est désormais méconnaissable.

Dans une cour d'immeuble, on vient de déployer un tapis crasseux. Deux hommes en maillot collant font travailler une pâle et maigre fillette qu'ils ont enlevée quelque part. L'un d'eux a posé une échelle sur ses dents. La fillette grimpe sur l'échelle jusqu'au plus haut degré avec la rapidité d'une flèche et saute aussitôt en bas sur l'épaule du deuxième acrobate où elle se tient en équilibre pendant quelques instants. Elle fait ensuite quelques culbutes avant de se poser à terre, la main tendue pour mendier une aumône.

C'est aussi du théâtre, mais c'est un théâtre destiné aux gens de rien, aux commis, aux servantes. Le théâtre à ciel ouvert n'entraîne pas de dépenses spéciales. Aussi peut-on se passer de faire payer des billets d'entrée. On a recours à la quête. La foule jette volontiers des pièces de deux ou trois kopeks. Il faut dire que la frêle fillette le mérite bien.

De grosses gouttes de sueur coulent sur son visage fardé de rouge. Ses yeux cernés expriment un immense chagrin. Mais la foule ne s'aperçoit de rien. Elle n'a d'yeux que pour ces beaux tours de force, elle n'a d'oreilles que pour la belle musique de l'orgue de Barbarie.

L'âme, dans le corps frêle de la pauvre enfant enlevée et l'air misérable débité par l'orgue de Barbarie, enroués tous deux, gémissent, tremblent et implorent la délivrance.

Mais le destin ne devait pas abandonner la marche

nuptiale de Padhazour. Dans leurs pérégrinations de ville en ville, de cour en cour, les acrobates ont traîné la pauvre enfant jusqu'à ce qu'elle tombât malade, que Dieu vous préserve de cette calamité...

La chose s'est passée à Radziwill, tout près de la frontière. Les acrobates abandonnèrent la fillette malade derrière une haie et passèrent la frontière. Ils s'enfuyaient. Allez poursuivre le vent dans la nature ! La pauvre enfant gisait à demi nue, couverte de bleus et tremblante de fièvre. Des gens de cœur recueillirent l'enfant et la confièrent à un asile. L'enfant se remit de sa fièvre typhoïde, mais en quittant l'hôpital, elle perdit la lumière des yeux. Et la voici qui se traîne de porche en porche, pour demander l'aumône. Elle mendiait presque sans remuer les lèvres, elle ne savait pas trouver les mots... Elle s'arrêtait devant une porte et attendait. Si personne ne s'approchait d'elle, elle se mettait à chanter son air, afin qu'on l'entendît... Et cet air, c'était bien celui de l'orgue de Barbarie.

Mais comment est-il, cet air, maintenant ?

Il implore la charité, la pitié pour une pauvre enfant : « Des hommes méchants m'ont ravie à l'affection d'un père bon, à la tendresse d'une mère aimante, à la chaleur d'un abri sûr. On m'a privée de tous les bienfaits de la vie ; on a tiré de moi toutes mes forces et puis, on m'a abandonnée comme une coquille de noix. Ayez pitié d'une pauvre enfant ! »

Et cet air ajoute : « il fait froid, j'ai faim et je grelotte et ne sais où reposer ma tête. Ayez pitié d'une pauvre aveugle ! »

Voilà ce que signifiait l'air chanté par l'enfant. Et il retrouva par là le moyen de s'élever à un degré plus haut, car il incitait les gens à la charité.

Il y avait à Radziwill un Juif réputé pour sa grande science talmudique. Il n'était même pas *Mithnagued**, c'est-à-dire adversaire du 'hassidisme, et encore moins détracteur du rabbi, mais tout simplement le temps lui manquait de se rendre chez celui-ci... Il restait toujours penché sur les in-folio talmudiques. Il ne pouvait se résoudre à les quitter, ne fût-ce qu'un seul instant. Afin de ne pas être dérangé dans le *Beth-Hamidrach**, la Maison d'études, il préférait rester chez lui et étudier sans cesse. Sa femme gardait la boutique toute la journée et ses enfants étaient à l'école.

Il est vrai que, de temps en temps, l'idée de rendre visite au rabbi effleurait son esprit. Sans doute cette heureuse idée lui était-elle soufflée par son ange gardien. Mais comment agit en pareil cas le *Yetser Hara* [7], le mauvais instinct, demanderez-vous ? Il s'accoutre et prend l'apparence de l'ange gardien pour tenir le langage que voici : « Comme tu voudras. Ce n'est pas une mauvaise idée de se rendre une fois chez le rabbi. Mais, voyons, cela ne presse guère. Avant de te mettre en route, tu devrais avoir terminé l'étude de ce traité, puis l'étude de cet autre traité, et ainsi de suite. »

Et les mois succédaient aux mois, les années aux années, sans qu'il se rendît chez le rabbi.

Mais, sans doute qu'au ciel, on tenait absolument à ce qu'il allât voir Reb Dovidl.

Il arriva ceci :

Un jour, le *Lamdan**, absorbé dans l'étude du Talmud, entendit soudain un chant venir du dehors. Il se fâcha tout rouge et dit : « Lorsqu'on est occupé par la Tora, on ne doit pas prêter l'oreille aux bruits du monde. Il faut plonger tout son être dans la Tora. »

Mais comme il ne pouvait empêcher l'air de parvenir jusqu'à lui, il se boucha les oreilles. L'air se glissa tout de même dans sa tête, se frayant un passage sous ses doigts. Pris de colère, il fourra sa longue barbe dans la bouche et, mordillant son poil, il continua d'étudier, tout en essayant de recouvrer sa tranquillité.

Mais l'air ne lui laissait aucun répit. Il devenait de

plus en plus fort, de plus en plus pénétrant. Et notre érudit s'aperçut soudain que c'était une voix de femme, une voix de jeune fille. « Va-t'en, insolente, s'écria-t-il. Eloigne-toi de ma maison. » L'air, en effet, disparut... Mais — chose effrayante — bien que personne ne chantât plus, la mélodie, tenace, restait présente ! Elle continuait à bourdonner toute seule dans ses oreilles. Elle persistait dans son âme. Il s'efforça de poursuivre sa lecture et d'en saisir la portée... En vain ! Son âme, de plus en plus, était envahie par la mélodie...

Alors, il ferma sa *guemara** et se mit à réciter la prière de *Min'ha**.

Mais il lui fut impossible de prier sans être distrait par la mélodie intérieure. Ni prier, ni étudier, il n'était plus capable de rien ! La mélodie retentissait en lui comme une clochette d'argent. Il se sentait impuissant à en arrêter le chant. C'était à mourir de chagrin ! Un jour passa, un autre jour encore, puis un troisième... Il devint mélancolique. Il jeûna, se mortifia, rien n'y fit. Il ne put se débarrasser de la mélodie obsédante, qui le poursuivait même la nuit et l'arrachait au sommeil.

Il faut ajouter que notre homme n'avait jamais encore, dans sa communauté, rempli le rôle d'officiant. Jamais encore, il n'avait su chanter le moindre air. Même les *Zémiroth**, les hymnes du *Chabbath*, il avait coutume de les réciter plutôt que de les chanter. Pour lui, le chant valait bien moins que la lecture d'une page du Talmud.

Lui, attentif à la musique ? Il comprit enfin que quelque chose se tramait derrière cet événement. Ce ne peut être qu'un tour de Satan, se dit-il, complètement abattu.

Serait-ce le moment d'aller voir un *Tsaddik* [8] ? Mais le mauvais esprit, le *Yetser Hara*, intervint aussitôt : « Tu as certainement raison de vouloir te rendre chez un *Tsaddik*. Mais lequel choisiras-tu ? Car il y en a beaucoup. Et comment sauras-tu reconnaître parmi eux qui est le *Tsaddik* le plus juste, le plus apte à te mettre sur le chemin de la perfection ? » Et notre savant, indécis, méditait ces paroles. Cependant, l'inspiration lui vint d'en haut.

Cette inspiration elle-même fut liée à l'événement que voici : Reb Dovidl se vit un jour forcé de s'enfuir de Talna et de passer par Radziwill. Vous connaissez tous, sans doute, l'histoire de la dénonciation. Quant à moi, je peux vous certifier que ce malheureux événement était, sans conteste, la conséquence d'une punition divine. On n'aurait pas dû enlever Reb Dovidl de Vasilkov et l'installer à Talna en privant une ville juive de son *Tsaddik*. Vasilkov fut couverte de honte et ne devait pas tarder à tomber en ruine. En effet, les hospices durent fermer leurs portes ainsi que les auberges des alentours de la ville. Les Juifs de Vasilkov furent acculés à la misère noire, que Dieu vous préserve d'un sort pareil !

Le châtiment ne tarda pas. Une dénonciation, et le malheur vint s'abattre sur Talna aussi.

Reb Dovidl possédait un fauteuil doré sur le dossier duquel était incrusté le verset : « David, roi d'Israël, subsiste à tout jamais. » Des dénonciateurs abjects, se référant à ce verset, accusèrent Reb Dovidl de nourrir des desseins subversifs.

A Pétersbourg, on prit la chose au sérieux... Nous autres, nous savons parfaitement qu'il faut interpréter cette assertion dans le sens de la maxime talmudique qui se demande : « Qui doit être considéré comme véritable roi ? » et répond aussitôt : « Le rabbi »...

Mais allez donc raconter cela aux généraux de Pétersbourg ! Reb Dovidl dut prendre le large. Sur le chemin de l'exil, il s'arrêta à Radziwill pour y passer le *Chabbath*. La nouvelle ambiance ne l'empêcha nullement d'entourer le troisième repas du samedi de son éclat habituel. Le *Lamdan* de Radziwill tint à y assister.

Mais son *Yetser Hara* ne s'avoua pas encore vaincu. Le savant aperçut un petit bonhomme, un tout petit bonhomme, assis au haut de la table, qui se faisait remarquer par son grand bonnet et les cheveux argentés qui retombaient sur son visage. Tout le monde restait silencieux, personne ne proférait un mot touchant au commentaire de la Tora... Le *Lamdan* n'en crut pas ses yeux et ne cessa de s'étonner.

« C'est cela le *Tsaddik* ? » se demanda-t-il.

Mais Reb Dovidl l'avait aperçu et lui dit : « Prends place, *Lamdan*. »

Au même moment, l'érudit fut touché par le regard de Reb Dovidl et en eut l'âme brûlée.

Sans doute avez-vous entendu exalter le regard du rabbi de Talna. Dans ses yeux se reflétaient et la puissance et la sainteté. Son regard dominait tout. Et lorsque Reb Dovidl dit : « Assieds-toi », on ne put que se serrer pour faire une place au *Lamdan*. Il s'assit donc et attendit. Mais lorsque Reb Dovidl ajouta : « Que le *Lamdan* veuille bien nous obliger en chantant un de ses airs », l'interpellé fut bouleversé ! lui, chanter !

Il ne put même pas articuler un mot de refus, car, déjà, quelqu'un lui tapa sur l'épaule : « Quand Reb Dovidl ordonne de chanter, on chante. »

Bon gré, mal gré, il dut céder aux instances du rabbi, mais sa voix tremblait. Sans élan ni entrain, il égrena les premières notes de son air. Mais quel est donc cet air ? C'est sans doute l'air de l'orpheline. Car il n'en connaît pas d'autre. Péniblement, la mélodie se fraye un chemin à travers les balbutiements. Et voici que l'air, une fois de plus, se métamorphose : il en émane maintenant un parfum de la Tora, un reflet de la sainteté sabbatique, un écho des repentirs ressentis par un *Lamdan*, autrefois indifférent aux choses 'hassidiques. Et au fur et à mesure que son chant se développe, notre *Lamdan* se familiarise avec son air, en règle de mieux en mieux la cadence et se sent tout à fait à l'aise.

Au milieu du chant, Reb Dovidl, selon son habitude, se mit à marquer le rythme tout doucement. L'assistance reprit la mélodie en chœur. Secondé par tous les convives, notre *Lamdan* prit feu. Sorti de son orbite, il chanta son air dans l'extase.

Bientôt, la mélodie devint un fleuve de feu au milieu d'une tempête... Les vagues embrasées montaient, montaient toujours plus haut.

La mélodie s'amplifia de plus en plus et, se sentant à l'étroit dans la pièce, s'élança par les fenêtres, dans la rue. Une mer de sainteté brûlante se déversa dehors et le public émerveillé s'exclama dans la rue :

« C'est l'air de l'orpheline, c'est l'air de l'orpheline ! »

Ainsi donc, la mélodie avait atteint son plus haut degré de perfection et le *Lamdan* trouva son droit chemin.

Avant de prendre congé de la communauté de Radziwill, Reb Dovidl le prit à part :

« Homme érudit, tu as offensé une fille d'Israël ! C'est que tu n'avais pas saisi l'origine de son air. Tu l'as traitée d'insolente.

— Indiquez-moi, rabbi, le genre de mortification que je dois m'infliger, afin de réparer l'injustice que j'ai commise, demanda l'érudit.

— Il est inutile de te mortifier, répondit le rabbi, de bienheureuse mémoire. Accomplis plutôt une bonne action.

— Quelle bonne action, rabbi ?

— Tu dois marier cette jeune fille, car c'est un grand bienfait que d'aider une jeune fille juive à se marier. »

A présent, écoutez la suite de l'histoire :

Quelques années plus tard, longtemps après le

mariage de la jeune fille avec un veuf, copiste de son état, on apprit des détails sur sa famille. Elle n'était autre que la petite-fille du vieux Katzner.

L'histoire de ses malheurs avait commencé le soir où le gendre du vieux Katzner, celui de Kiev, était allé avec sa femme au théâtre. C'est ce soir-là qu'on leur avait volé leur fille unique...

Il ne fut pas possible de leur rendre leur fille. Car la mère était morte depuis longtemps et le père se trouvait en Amérique depuis de longues années...

TOUJOURS MOINS HAUT

(extrait des *Contes de Yohanan le Mélamed*)

Yohanan, le *Mélamed* *, continue...
Si les *Maskilim*, les gens éclairés, ne se sont pas moqués et si les *'Hassidim* eux-mêmes n'ont pas pris ombrage de la première histoire que je viens de conter, cela prouve que j'ai raison ! Il est entendu que toute la différence entre un *Maskil* et un *'Hassid* ne réside que dans l'étiquette qu'il porte. Tout le bruit qu'ils font autour de leurs divergences en s'échauffant, en vociférant les uns contre les autres ne concerne, au fond que cette étiquette...

S'il en est ainsi, je n'ai vraiment plus le droit de me taire...

L'abeille qui suce herbes et fleurs donne du miel ; de même, moi qui ai beaucoup vu et beaucoup appris dans ma vie, mon devoir est de vous faire bénéficier du fruit de mon expérience.

Je veux m'entretenir avec vous de tout ce que j'ai retenu au cours de mon enseignement. Je l'ai retenu grâce à mon élève Itzekl qui aime beaucoup discuter avec moi. Si je ne lui réplique pas, afin de ne pas interrompre la leçon, Itzekl, que Dieu l'assiste ! s'imagine que je me suis rendu à ses arguments.

C'est que le jeune Itzekl a la bouche pleine de louanges pour les temps qu'il appelle « modernes ».

Ce n'est pas rien que le monde moderne, dit-il. Il est plein de machines (son père a une usine), tout marche à la vapeur et à l'électricité. Les machines, ajoute-t-il, sont nos serviteurs : l'une nous moud le grain, l'autre nous prépare le pain ; les machines nous fabriquent le savon et nous transportent d'un bout du monde à l'autre comme avec des bottes de sept lieues...

Il est persuadé, Itzekl, que les inventeurs parviendront dans l'avenir à arrêter les vents et à les atteler aux établis, à capter les rayons solaires et à leur ordonner — mettons — de nous cirer les bottes. Et qui plus est, il voit déjà arriver le jour où l'on volera dans des ballons, comme les anges du service sacré, si j'ose m'exprimer ainsi.

Passe encore le travail manuel, les ateliers, les machines. Puisqu'une génération lègue ses inventions à la suivante, il s'ensuit que le monde s'enrichit de plus en plus en inventions. Pour sûr, l'enfant qui s'assied sur les épaules de son père, le dépasse forcément d'une tête...

Mais mon élève Itzekl prétend que l'homme lui-même devient de plus en plus intelligent, de plus en plus riche en connaissances et en vertus... D'année en année, ajoute-t-il, l'homme se dépasse d'une tête.

L'optimisme de mon élève Itzekl provient peut-être du fait qu'il est tout naturellement optimiste. Il est d'ailleurs satisfait du monde et de la société.

La paix, prétend-il encore, ne cesse de se répandre dans tout le pays, l'esprit de charité fait des progrès énormes (tout le monde se plaît à ouvrir sa bourse aux pauvres) ; son père aussi, le riche industriel, pratique assidûment la charité ; bientôt conclut-il, la prophétie d'Isaïe se réalisera, le loup paîtra avec l'agneau...

C'est précisément ce dont je doute.

Je songe au problème soulevé par le roi Salomon :

qui sait si l'esprit de l'homme s'élève vers le haut [9] ?... Je sais fort bien que l'eau impure, qui se fraye un chemin dans le sable, se purifie en coulant, car le sable absorbe toutes ses impuretés. Par contre, telle eau de source, jaillissant d'un rocher à la cime des montagnes peut, en traversant un tas d'immondices, se charger de toutes les impuretés et devenir poison.

A laquelle de ces deux eaux pourrait-on nous comparer ?

Je tourne et retourne ce problème dans ma tête et, devant mes yeux, apparaissent, d'un côté le fameux Reb Sichélé, de mémoire bénie, qui pendant vingt ans avait guidé la communauté de Zamochtch, et, de l'autre, feu Reb Ye'hiël, Juif aisé, allié par mariage à un homme fortuné de Lublin, et qui, installé dans cette ville, a passé sa vie à étudier la Tora, à pratiquer la charité et à se faire, par là même, une grande renommée d'homme pieux, et ce, bien au-delà des limites de sa communauté.

Je m'en voudrais d'omettre, en l'occurrence, le souvenir d'une troisième personne, le père de mon élève Itzekl, Reb Yosseph — Juif fort riche, estimé de tout le monde, fils de Reb Ye'hiël, qu'il repose en paix ! et petit-fils du *Gaon* * Reb Sichélé, de mémoire bénie — de ce même Reb Yosseph qui habite actuellement Varsovie, y possède une grande usine et jouit de la considération générale.

Mais revenons à Reb Sichélé. Tout le monde sait que Reb Sichélé est un des grands de sa génération.

Dans son enfance, il fut l'élève du rabbin de Lissa, qui fut un *Gaon* dans toute l'ancienne acception du terme. Le rabbin de Lissa tenait son élève en très grande estime. Voici comment il parle de lui dans un écrit : « Et mon savant disciple, notre maître, rabbi Siché, m'a exposé tous les passages talmudiques relatifs à ce problème, en plongeant dans leurs eaux profondes et en ramenant des perles précieuses. Aussi, suis-je persuadé qu'il sera un grand en Israël ».

Et il en fut ainsi.

Reb Sichélé était, comme on dit, une bibliothèque ambulante. Sa mémoire infaillible et sa lucide intelligence avaient fait de lui un *Gaon* riche en vertus.

Mais pourquoi l'appelait-on par son diminutif Reb Sichélé et non Reb Siché ?

D'abord, à cause du grand amour qu'on avait pour lui. C'était un homme modeste et sociable... Il était tel un « lion » dans l'étude de la Tora, dans la pratique du culte et dans toutes les choses relevant de la direction de la communauté ; il ne se laissait jamais influencer par les puissants et les riches. Lorsque ses jugements en matière religieuse pouvaient entraîner pour un membre de la communauté un grand préjudice pécuniaire, il les subordonnait à la situation économique de l'intéressé, même au cas où de tels jugements s'opposaient à ceux d'un rabbin précédent, plus intransigeant. Lorsqu'il s'agissait de l'argent juif, il avait coutume de dire : « Mon prédécesseur était rabbin en son temps et dans sa communauté ; moi, je suis rabbin en mon temps et dans ma ville. »

En bon berger, menant ses brebis au pâturage, ce Reb Sichélé savait guider sa communauté hétérogène, composée de Juifs aux « mœurs éclairées à l'allemande », de *'Hassidim* différant les uns des autres par leur adhésion à tel ou tel rabbi, et d'artisans.

Tout le monde le respectait et personne ne contestait son autorité. Il lui suffisait de dire : « J'estime que... » et tout le monde était d'accord. Car, autrement, « Reb Sichélé aurait eu de la peine ».

Et pour que Reb Sichélé n'eût pas de peine, celui qui détenait le monopole de la vente de la viande renonçait à pratiquer la hausse des prix... Pour que Reb Sichélé n'eût pas de chagrin, le prêteur sur gages renonçait à vendre ce que le pauvre n'avait pu dégager... Pour que Reb Sichélé n'eût point de peine, la société des Pompes funèbres n'injuriait plus les croque-morts et ceux-ci ne se rebellaient plus contre les chefs des pompes funèbres... Pour que Reb Sichélé n'eût pas de peine, les *Hassidim* allaient même jusqu'à renoncer à avoir leur propre *cho'het* *.

Et cependant que tout le monde tremble devant Reb Sichélé, cette pure colombe, lui-même tremble devant le *'hametz* * qui risquerait de compromettre la stricte observance de la Pâque.

Tout au long de l'année, Reb Sichélé se laisse guider par le principe rabbinique qui, dans un cas controversé, autorise la consommation... « C'est *kacher* * », décide-t-il ; en cas de grand préjudice pécuniaire — c'est *kacher* à plus forte raison. Mais pendant la Pâque, tout est *tréfa* * ! Tout est *tréfa* et *tréfa* pour tout usage ; il est strictement interdit de consommer toute nourriture entachée par un soupçon de *'hametz* ; il est interdit d'en profiter d'une manière quelconque ; la vaisselle touchée par une telle nourriture doit être détruite. Bref, interdiction absolue !

Que redoute-t-il, Reb Sichélé ? Il redoute tout simplement ces « petits riens », ces soupçons de *'hametz* strictement interdits sous peine de *Kareth* *, ainsi qu'il est écrit : « Quiconque mangera du *'hametz* sera retranché de la communauté d'Israël [10]. »

Et il en conclut : « Epargnez les pauvres sous d'un Juif, j'en assume toute la responsabilité. Car je préfère, lorsqu'il y va de ma propre personne, endurer les affres de l'enfer plutôt que d'être la cause du retranchement d'une âme juive de la communauté d'Israël. »

Quelle pensée profonde !

On l'appelait aussi Reb Sichélé, à cause de sa petite taille. La grande âme de Reb Sichélé trouvait abri dans un corps qui pouvait facilement se promener sous la table.

Quand Reb Sichélé préside quelque réunion de la

communauté, il reste invisible, bien qu'il porte un *spodek* *, une haute calotte fourrée...

Un membre de la communauté vient-il en retard, il ne manque pas de demander si « notre Reb Sichélé » est déjà arrivé, car il sait qu'il aura beau jeter son regard partout, ses yeux ne l'apercevront nulle part. Par contre, s'il arrive à un moment où tout est silencieux et s'il voit que les assistants penchent la tête de côté, dans une attitude attentive, il sait que Reb Sichélé est là.

Un sourire se répand alors sur son visage et il se dit : « Des perles précieuses jaillissent de la bouche de Reb Sichélé... L'assistance est muette et se délecte des paroles de notre rabbi. Que Dieu accorde longue vie à Reb Sichélé !... »

Reb Sichélé vouait une sollicitude particulière aux enfants, car il les aimait beaucoup.

Ceux du *Beth-Hamidrach* le savaient depuis longtemps. Il suffisait que Reb Sichélé s'y montre la veille du jour du *Petit Kippour* * ou d'une réunion quelconque de la communauté, pour qu'une nuée de jeunes, les traités talmudiques entrouverts à la main, s'élancent vers lui, l'assaillant de toutes sortes de questions, demandant des éclaircissements sur tel ou tel chapitre ou sur un passage difficile du Commentaire de Maïmonide. Il était alors tout sourire ; il avait réponse à toute question. Alors, une allégresse et une bienveillance extrêmes dans ses yeux d'enfant qui ne changèrent pas jusqu'au jour de sa mort, un sourire aux lèvres, il aplanissait de sa voix douce, rappelant le timbre d'une sonnette d'argent, les difficultés rencontrées par ces jeunes élèves. Mais sa silhouette restait invisible en dehors du cercle formé par ce petit monde.

Un jour, il advint ceci :

La ville de Chebrechine, à trois lieues de Zamochtch, fit venir d'on ne sait où un nouveau rabbin. Ce rabbin n'avait jamais vu Reb Sichélé et aussitôt après le premier *Chabbath* passé à Chebrechine, ayant prononcé son premier sermon, il partit pour Zamochtch afin de rendre visite à Reb Sichélé. Ne l'ayant pas trouvé chez lui, il se rendit au *Beth-Hamidrach* (un rabbin de Chebrechine, où irait-il, sinon au *Beth-Hamidrach* ?). Un groupe de garçons était réuni dans la Maison d'études. L'un d'eux dominait de la voix ses condisciples, donnait des réponses l'une après l'autre...

Le rabbin de Chebrechine s'approcha du groupe et, apercevant le fort en Talmud, il ressentit comme un choc : Qu'est-il arrivé à ce garçon ? Par quel malheur ses cheveux sont-ils blancs, comme ceux d'un vieillard ?

Le jour du nouvel an, Reb Sichélé tenait à célébrer l'office de *Moussaf** devant l'arche de la Maison de prières. L'arche dans la *Choul** étant située à l'emplacement le moins élevé, conformément au verset : « Je t'invoque, ô Dieu, des profondeurs... », il demeurait invisible aux fidèles. Et comme ceux-ci voulaient à tout prix voir se balancer la petite tête du rabbin, sachant que tous ces balancements et les merveilleuses expressions de son visage pouvaient les aider à interpréter les prières, ils se tenaient pendant tout l'office de *Moussaf* sur la pointe des pieds ; certains grimpaient même sur le banc pour mieux voir leur rabbi.

Reb Sichélé n'avait assurément aucune soif de gain. Presque tous les ans, des émissaires venaient des grandes villes offrir à Reb Sichélé le poste de rabbin. On voulait le couvrir d'or... Mais lui ne voulait rien entendre. A toutes ces insistances, il répondait par cette boutade : « Ai-je assassiné quelqu'un, que Dieu m'en garde, pour que je sois obligé de m'expatrier ? »

Alors la communauté le suppliait : « Cher Reb Sichélé, acceptez au moins qu'on augmente vos honoraires ! » Alors il se fâchait : « Vous voulez faire de moi un glouton, en mes vieux jours ? Je mange à ma faim, cela me suffit. »

Et combien Reb Sichélé touchait-il par semaine ? Cinquante zlotys, en tout et pour tout, comme honoraires fixes. Quant aux revenus subsidiaires, il n'en avait point. « Je suis un rabbin, disait-il, et non un mendiant. » Les suppléments d'honoraires pour la Pâque, il les répartit entre les *Dayanim* *, juges rabbiniques, car il ne vend pas la Tora, dit-il. Il ne monnaie pas non plus le bon sens dont il se sert lors d'un arbitrage entre deux plaideurs. Quant aux offrandes qui affluent chez lui à l'occasion d'une fête, il en fait don au bedeau. Il ne prend même pas la peine de justifier ce geste par quelque prétexte, se contentant de dire : « Ce sont des Juifs pauvres. »

Quant à la coutume de l' « échange de cadeaux », pratiqué à l'occasion de la fête de *Pourim*[11], il s'y conforme de la façon suivante : ce qu'il reçoit des riches, il l'expédie aux pauvres ; ce que les pauvres lui envoient, il en gratifie les riches. Pour lui-même, il se contente de ce que sa femme prépare dans son four...

Mais je vous ai conté tout cela en passant... Car en évoquant le souvenir de Reb Sichélé, on ne peut passer sous silence ses faits et gestes. Je voudrais en particulier relever un trait lumineux de son caractère.

En quittant le dernier sa maison, il fermait la porte à clé. Mais, s'apercevant un jour que la vieille porte menaçait ruine, que la serrure fermait mal et que toutes deux, porte et serrure, ne pourraient résister au moindre heurt, il en concluait qu'une effraction serait chose aisée et, comme il se trouve parmi les Juifs beaucoup de voleurs et que Reb Sichélé, lui, voulait éviter à tout prix qu'un Juif cédât à la tentation du vol par suite de sa négligence à réparer la porte, il eut recours à la formule suivante : « Maître du monde, je te prends à témoin ! Je renonce à tout mon avoir, à tous mes biens mobiliers et à tout argent que je peux posséder, que je le sache ou non — je verse le tout au domaine public. »

Et désormais lorsqu'il revenait à la maison, il ne faisait que retirer ses biens du domaine public pour en redevenir le propriétaire.

Je me suis trop longtemps attardé auprès de Reb Sichélé, de mémoire bénie. Je serai donc plus bref pour son fils et pour son petit-fils.

Comme nous l'avons dit, Reb Sichélé trouva à Lublin une femme pour son fils, Reb Ye'hiël. Pendant longtemps, celui-ci fut à la charge de ses beaux-parents ; puis il s'est installé à son propre compte. Il possédait une fortune considérable et vivait des revenus provenant des intérêts du capital, ce qui lui permit de s'adonner à l'étude de la Tora et à la bienfaisance.

Ce ne fut certes pas un usurier.

De son père, Reb Sichélé, il avait hérité la vertu de n'offenser personne en aucune circonstance. Et surtout de fuir tout orgueil jusqu'à l'effacement de lui-même.

Bien que Reb Ye'hiël prît une part active à la direction de toutes les affaires de la communauté, il déclina toujours l'offre qui lui était faite d'en devenir le chef, ou, tout au moins, le *gabbaï* * d'une de ses œuvres.

Quant à la charité, il ne la pratiquait que sous l'anonymat. Il lui arrivait de sortir en hiver, à l'aube, dans la rue. Et lorsqu'il rencontrait des chars remplis de bois (à cette époque, le charbon était encore inconnu sur le marché), il en achetait au paysan une, deux, trois cargaisons en lui indiquant simplement l'adresse de celui qui devait en être le bénéficiaire. Reb Ye'hiël savait où habitaient des Juifs indigents transis de froid ; à la veille de chaque fête, il avait aussi pour habitude de faire distribuer par la poste des libéralités aux nécessiteux de la communauté ; il était très adroit dans l'art de l'écriture, mais les adresses, il les griffonnait de sa main gauche de peur qu'on ne reconnût son écriture dont il se servait parfois pour intervenir auprès des grands seigneurs, en faveur des Juifs.

De là naquit la rumeur que les dons expédiés par la poste provenaient d'un pécheur repenti anonyme, ne pouvant retourner l'argent dérobé à son véritable propriétaire... Ce n'est qu'après la mort de Reb Ye'hiël qu'on apprit qui était le « bandit des grands chemins ». Il ne donnait jamais d'aumône proprement dite de la main à la main, et quand il distribuait ouvertement quelque argent à des nécessiteux, il le faisait comme un prêt, sauf au cas où il versait ses dons dans le tronc des bonnes œuvres... Il disait chaque fois : « Tu me le rendras avec l'aide de Dieu, petit à petit ou d'un seul coup ; tu me le rendras à moi ou à un autre nécessiteux en mon nom. »

Un jour, il arriva ceci : Rentrant chez lui, Reb Ye'hiël surprit quelqu'un, livide de peur. L'intrus semblait dissimuler quelque chose sous son caftan.

A en juger par l'attitude de ce Juif, Reb Ye'hiël comprit aussitôt qu'il n'avait pas affaire à un voleur ordinaire. C'était sans doute quelqu'un qui, tombé dans la misère, était venu chez lui pour lui demander un service et qui, n'ayant trouvé personne à la maison, n'avait pu résister à la tentation et avait obéi à ses mauvais instincts...

Reb Ye'hiël s'approche amicalement du malheureux et lui dit, un sourire aux lèvres :

« Vous avez sans doute voulu emprunter quelque argent sur un gage. Montrez-moi donc ce gage... »

Le pauvre homme claquait des dents.

« Il ne faut pas vous gêner, dit Reb Ye'hiël d'une voix calme. La roue de la chance tourne sans cesse. L'argent est rond. Aujourd'hui, vous empruntez chez moi, demain, ce sera moi qui emprunterai chez vous... »

Ce disant, il glissa la main sous le caftan de l'interpellé et en retira deux candélabres d'argent. Il les posa doucement sur la table, les contempla longuement, comme s'il les voyait pour la première fois et comme s'il voulait en estimer le prix, pour savoir quelle somme il pourrait avancer à l'indigent. Le pauvre homme aurait donné tout pour pouvoir s'échapper, mais ses jambes étaient clouées sur place.

« Bref, demanda Reb Ye'hiël, quelle somme voulez-vous emprunter là-dessus ? »

Le Juif ne pouvait remuer la langue dans sa bouche.

« Vous êtes un homme très timide... Que faire ? Puisque vous avez la parole difficile, j'essaierai de me mettre à votre place. La Pâque approche — écoutez-moi bien et dites-moi si je me trompe. La Pâque approche, et je vous soupçonne fort de n'avoir pas de quoi payer votre pain azyme... Eh bien ! un signe de votre tête me dira si j'ai raison ou non. »

Le pauvre Juif fit un signe affirmatif.

« Eh bien ! il n'est pas besoin d'être prophète pour voir ce qui vous manque. Votre visage vous trahit. Mais voyons, vous avez peut-être aussi une fille à marier ? Ne dites rien, faites-un signe de la tête. Oui ou non ? »

Cependant, les écluses s'étaient ouvertes dans les yeux du pauvre Juif qui éclata en sanglots.

« Vous êtes un drôle d'homme, fit Reb Ye'hiël. Pourquoi pleurez-vous ? Ne vous ai-je pas expliqué que la roue de la chance tourne ? »

Mais le Juif ne pouvait toujours pas retenir ses larmes. Alors, Reb Ye'hiël feignit de se fâcher et de lui en vouloir :

« Conformément au *din* (la loi juive), conformément à nos lois, je suis, mon cher, obligé de vous assister ; il est écrit : " Tu l'aimeras [12] ". La loi, c'est la loi, je dois m'y soumettre, bon gré mal gré. Mais indiquez-moi, je vous prie, un commandement qui m'obligerait à supporter vos pleurs. »

Le pauvre Juif essaya de toutes ses forces de se maîtriser. Mais Reb Ye'hiël ajouta :

« Si vous le voulez bien, mon cher, je fixerai moi-même la somme que je pourrais vous prêter sur votre gage. Il vaut, à mes yeux, à l'approche de la Pâque, cent cinquante roubles pour le moins. Je vous prêterai donc soixante-dix à quatre-vingt roubles. Dix roubles vous suffiront pour les préparatifs de la fête ; vous mettrez soixante roubles de côté pour la dot de votre fille et dix roubles vous serviront d'arrhes pour son trousseau et les frais de la noce ; Dieu vous enverra le reste. Et quand Dieu vous aidera, ajouta Reb Ye'hiël comme d'habitude, vous vous acquitterez de cette dette. Je suis sûr que vous serez à même de le faire. »

Passons à présent au petit-fils de Reb Sichélé.

Un jour que l'école était fermée, mon élève Itzekl me demanda avec insistance de venir visiter l'usine de son père. Il voulait absolument me faire admirer toutes ses machines ingénieuses et compliquées...

Comme c'était un jour de congé, je ne voulus pas refuser.

Pour arriver à l'usine, il fallut traverser un couloir étroit où deux hommes ne peuvent passer ensemble. De là, nous gagnâmes une grande cour, puis nous entrâmes enfin dans l'atelier, plus grand encore que la cour.

L'usine était encombrée de toutes sortes de machines, devant lesquelles des ouvriers maniaient des outils. L'agitation semblait avoir gagné chaque machine ; secouée, bouleversée, elle entraînait l'ouvrier dans son mouvement, au point que tous deux semblaient former un seul corps épileptique, se tordant convulsivement.

Mais quelle était l'âme de ce corps ? C'était assurément la vapeur. C'est elle qui commandait tout, au moyen des courroies de transmission dont chaque machine était pourvue. Le corps ne possédait pas d'autre âme que la vapeur. Ni la machine, ni l'ouvrier qui ne cessait de l'imiter : ils étaient en vérité, l'un comme l'autre dépourvus d'âme, de volonté, de connaissance... Ainsi me sembla-t-il.

Mon élève tenait à m'expliquer tout ce qui se faisait dans cette usine, tout ce qui s'y fabriquait, ainsi que les procédés de fabrication ; mais moi, je ne l'écoutais plus, car j'avais en horreur ce *Golem* * qui se démenait. Les oreilles commençaient à me faire mal à force d'entendre ce fracas et ces trépidations. Je me vis noyé dans une mer de bruit terrible, submergé par un déluge de cris stridents, de grincements et de sifflements...

Cependant, une idée soudaine me traversa l'esprit : si nos plus grands prophètes, Isaïe, Jérémie, par exemple, si notre maître Moïse lui-même, venaient dans ce vacarme pour y apporter la consolation, pourraient-ils, de leur voix, dominer cet enfer ? Ou encore : ces âmes suppliciées seraient-elles capables de les entendre ? Non, assurément non !

Tout en sueur, effrayé, je quittai l'usine. Et nous voici, Itzekl et moi, engagés dans le couloir étroit où, ne pouvant marcher de pair, il était obligé de me suivre.

« Pourquoi le couloir est-il si étroit ? lui demandai-je.

— C'est ici qu'on passe au crible les ouvriers lorsqu'ils quittent l'usine, répondit Itzekl. On les passe au crible un à un.

— Pourquoi donc au crible ?

— Parce que les vols sont fréquents à l'usine... On vole des outils, des marchandises...

— Vos ouvriers sont-ils des voleurs ?

— Pas tous, que Dieu nous en garde ! Mais quelques-uns d'entre eux sont suspects.

— Alors, si quelques-uns seulement sont suspects, pourquoi les fouille-t-on tous ?

— Mon père dit que c'est afin de ne pas couvrir de honte les ouvriers suspects. C'est pourquoi on passe au crible tout le monde, même les contremaîtres... »

Un principe moral nous ordonne, en effet, mais sous un tout autre aspect, de « ne pas couvrir de honte » autrui.

LES RÉCITS DE RABBI NA'HMAN'KÉ

La Révélation
ou L'Histoire d'un Bouc

Un soir, à l'issue du *Chabbath*, quelques semaines après s'être révélé au grand jour, Reb Na'hman'ké raconta cette histoire.

Il s'était fait connaître, comme cela se passe toujours en pareil cas, sans l'avoir voulu : un Juif ou une Juive survient, vous attrape par le pan de votre lévite et vous arrache aux *sphères supérieures* dans lesquelles vous étiez plongé.

Il est pressé de vous consulter : il peut s'agir de son gagne-pain de plus en plus difficile à trouver, d'un parti pour une vieille fille, d'un remède pour une femme à l'accouchement délicat, ou encore d'une maladie qui surviendrait à l'improviste, et pour laquelle il se renseigne à tout hasard.

Vous ne pouvez refuser aide et assistance à un Juif en détresse. Vous prononcez donc une bénédiction, et il se trouve qu'elle se révèle efficace. Une première, puis une deuxième fois. Et c'est ainsi que la nouvelle de ce prodige se répand comme de l'huile sur l'eau et que les Juifs commencent à vous assaillir de tous côtés...

Voilà ce qui arriva à Reb Na'hman'ké. A-t-il jamais refusé un service à quelqu'un ? Certainement pas !

La flamme de la veilleuse s'est levée et voilà qu'elle éclaire toute la ville !

Le *Chtetl* * trépigne de joie. Le malheur n'y manque jamais et un Juif faiseur de miracles peut toujours être utile. On voit déjà que la prospérité s'installera ici, car on y vient de tous les coins de la terre et les petits prodiges, les miracles maison, poussent comme champignons après la pluie. Puisqu'on vous dit que le rabbi est un homme qui ne peut jamais rien refuser à personne et que tout ce qui sort de sa bouche est un « décret du roi » !

La bonne nouvelle se propage aux alentours et, pour *Chabbath*, on est obligé d'abattre deux cloisons de la maison du rabbi afin de dresser une table sur toute la longueur des trois pièces. Les Juifs de la grande ville toute proche et des villages environnants accourent... On met sur la table des bouteilles de vin, des fruits et que sais-je encore... Cette année-là, soit dit en passant, il y avait une bonne récolte de fruits.

Et avec chaque nouveau venu, la joie dans la maison du rabbi grandit. Au troisième repas sabbatique éclatent, à travers les fenêtres, les chants du « Bné Heikhala [13] », de sorte que les petites étoiles dans le ciel, pénétrées d'une joie profonde, se mettent à danser. Et l'on s'exclame : « Loué soit Son Nom ! » On esquisse une ronde autour de la table. Lui, Reb Na'hman'ké, source de cette joie, trône au bout de la table, et c'est bien ainsi. Mais à l'heure de la prière de *Havdala* *, le rabbi est saisi d'une profonde tristesse, au point que ses mains se mettent à trembler et que l'on peut craindre que la coupe et la bougie de la *Havdala* ne tombent de ses mains. Après la prière de *Havdala*, il s'installe dans un coin, prie ce qu'il doit prier et, soudain, il se lève de sa chaise et quitte la pièce.

Bien sûr, la foule s'apprête à le suivre, mais le rabbi se détourne et lui fait signe de le laisser seul. Alors tout le monde s'arrête, puis se précipite à la fenêtre. De là, on peut voir le rabbi avancer à petits pas sur la place du marché puis, marchant tout courbé, d'un pas hésitant, comme une âme en peine, quitter le *Chtetl*. Chacun alors ressent la tristesse du rabbi.

Quelques convives se rassoient autour de la table, d'autres arpentent la pièce, d'autres enfin rentrent chez eux. On essaie d'entonner les chants de l'issue du *Chabbath* qui commencent tous par les mots « Elie-le-Prophète », mais sans aucune conviction. On envoie chercher de l'eau-de-vie, mais personne n'a envie de trinquer.

« Que peut-il bien manquer à cet homme-là ?

— Sûrement pas son gagne-pain, lance un malappris, car notre rabbi n'a vraiment plus de soucis à se faire ! »

On lance au grossier personnage un regard tel qu'il en reste pétrifié, et cependant, une fois cette remarque proférée, on y réfléchit.

Et toute l'assemblée de penser : lorsqu'un homme atteint un tel degré de perfection, il devrait déborder d'une joie intense !

Parmi les disciples du rabbi se trouve un certain Reb Yehochoua, un *Mélamed* originaire de la ville de Partsev, un de ceux qui « se tenaient devant le roi », c'est-à-dire un de ceux qui ont approché le Baal-Chem [14] en personne. C'est un homme doux, un être sans fiel et sans amertume aucune, et cet homme-là, tout à coup, se fâche :

« Le rabbi est tri-triste, bégaye-t-il, car, malheureusement, Reb Yehochoua a la parole difficile.

— Que signifie être tri-triste ? Quand un Juif atteint un tel degré de perfection qu'il peut rendre service aux autres Juifs, qu'il peut casser comme on dit le jugement céleste... Voyons ! Voyons !

— Mais bien sûr ! Bien sûr ! acquiescent les autres, le rabbi a déjà fait ses preuves, et quelles preuves ! »

Et on se met à raconter des histoires merveilleuses

à propos des prodiges du rabbi. De tous ces récits, il ressort qu'il est déjà intervenu là-haut maintes et maintes fois avec grande efficacité...

Tout cela est bien connu, d'ailleurs, et il serait vain de s'attarder plus longuement sur les exploits du rabbi, car tout ce qu'on pourrait rajouter ne serait qu'une goutte de la mer par rapport à ce qui se produisit par la suite...

Pourtant l'histoire de la chèvre, il faut bien que je vous la raconte, car elle illustre à merveille la grande modestie et la bonté sans limites du rabbi.

Il y avait dans le *Chtetl* une vieille femme, toute simple, la veuve d'un tailleur. Cette veuve avait une chèvre dont elle tirait toute sa subsistance. La chèvre elle-même ne valait pas une prise de tabac, mais une vieille Juive s'en contente.

Avec les années, elle eut de plus en plus de mal à traire la chèvre, car ses mains tremblaient de plus en plus — que cela ne vous advienne jamais ! — et, à cause de cela, il lui arrivait de laisser tomber à côté du seau quelques gouttes du lait que la pauvre chèvre pouvait lui donner.

Devant ce malheur, elle alla se plaindre à Reb Na'hman'ké, accusant la chèvre d'être méchante, de manquer de respect à une vieille Juive, de ne pas se laisser traire calmement, posément. Le rabbi l'écouta, et une sorte de sourire se dessina sur ses lèvres. Il lui dit · « Va chez toi, Juive, et Dieu te viendra en aide ! »

Et, en vérité, elle fut aidée. Certes, ses mains ne cessèrent pas de trembler, car elle était très vieille, dans les quatre-vingts ans et peut-être davantage, mais la chèvre, elle, était devenue tout autre : désormais, elle se présentait, l'heure venue, toute seule, prête à être traite ; elle prenait une position commode pour la vieille femme, soulevait une patte et restait ainsi jusqu'à ce qu'elle eût donné la dernière goutte de lait.

Une fois terminée l'histoire de la chèvre, quelqu'un d'autre veut, lui aussi, semble-t-il, raconter un exploit du rabbi, dont bénéficia un père qui avait des difficultés avec ses enfants. Mais à peine a-t-il commencé son récit qu'une voix se fait entendre dehors.

« Je vous souhaite pour la seconde fois une bien bonne semaine, mes Juifs ! »

C'était la voix du rabbi.

Et tous de se précipiter à la fenêtre. Ils voient alors Reb Na'hman'ké debout, accoudé au rebord de la fenêtre, la tête dans les mains. Ses yeux reflètent une bonté infinie, encore empreinte de la même tristesse. Voulez-vous, dit-il, que je vous conte une histoire étonnante ?

On lui tend un tabouret. Non, il n'en veut pas. Il préfère rester debout. Alors la moitié des convives sort et se range derrière lui. Il est debout près de la fenêtre et, de là-haut, la lune semble se poser sur sa tête comme une couronne. C'est dans cette posture qu'il raconte l'histoire du bouc, du bouc qui est sorti de sa retraite et s'est fait connaître.

Au temps jadis, commença-t-il de sa voix un peu triste, il y avait un bouc.

Un bouc comme tous les autres à première vue... sans qu'on puisse en être sûr, car peut-être n'était-il pas un bouc comme tous les boucs... Personne ne l'avait jamais regardé de près, personne ne l'avait jamais scruté — pour voir qui il était vraiment, ce bouc. Personne ne le connaissait, car il aimait la solitude et évitait les gens. Peut-être était-il un *bekhor* [15], un premier-né, peut-être que non...

Derrière la ville, et depuis des générations, s'élevait une vieille ruine. On disait — et il semblait que ce fût vrai — que c'était la ruine d'une *choul* ou d'un *Beth-Hamidrach*. Autrefois, on y priait, on y étudiait la Tora, et peut-être quand cette Sainte Maison fut détruite, quelqu'un y avait-il laissé sa vie, y avait-il péri en sanctifiant Son Nom... De vieilles histoires que tout cela... Aujourd'hui, sur cette ruine, pousse une herbe étrange, l'herbe de Dieu, car personne ne la sème et personne ne la coupe...

Et c'est dans cette ruine-là qu'habitait le bouc, et c'est de cette herbe-là qu'il mangeait.

Comme nous l'avons dit, dans cette ruine pousse une herbe des plus étranges, une herbe particulièrement favorable à la croissance des cornes de bouc... Grâce à cette herbe-là, elles poussent très vite et très haut. Elle a encore la propriété, en faisant pousser les cornes, de les doter d'une véritable vie. Elles peuvent se tordre, s'entortiller, se cacher, se rendre invisibles pendant un certain temps, pour se révéler au grand jour et se dresser encore... Aussi longtemps qu'elles demeurent cachées, rien ne se passe... Elles restent silencieuses, repliées sur elles-mêmes, et personne ne sait ce qu'il peut advenir et jusqu'où la chose peut aller... Mais aussitôt qu'elles se dressent, ces cornes, elles peuvent toucher le cœur du ciel lui-même !

Le bouc dont nous parlons, était un grand *nazir* *, un ermite des plus scrupuleux ! Il ne voulait jamais toucher une autre herbe que celle qui poussait dans la ruine, rien que l'herbe de la ruine, et même pas de toute la ruine... Car il s'y connaissait en herbe, le bouc. Aussi choisissait-il la meilleure, la plus belle, tant pour la saveur que pour l'odeur... Telle herbe, sentait-il, poussait à un endroit où on avait étudié la *Tora* pour elle-même [16]... Telle autre poussait là où on avait eu l'habitude de prier avec une ferveur toute particulière... Telle autre encore, en un lieu où du sang juif avait été versé pour la sanctification de Son Nom. C'était surtout de l'herbe de cette espèce-là qu'il recherchait.

Alors les cornes du bouc poussaient plus haut, toujours plus haut...

Ses cornes, il les courbait, il les tordait, il les cachait, car c'était un ermite mystérieux. Mais à minuit, lorsque toute la bourgade dormait et que les Juifs fervents récitaient dans la maison de prières et dans les *Batei-Midrachim* * la prière de *'Htsoth* [17], la prière de minuit, et que le chant déchirant, « Près des fleuves de Babylone », éclatait par les fenêtres et remplissait l'air entre ciel et terre, le bouc était saisi d'une nostalgie indicible. Il se cabrait sur ses pattes de derrière, il tendait tout son corps, les cornes pointées en avant, et si, à ce moment-là, la lune apparaissait toute jeune, bénie et sanctifiée, alors le bouc, par les extrémités de ses cornes, accrochait les pans de la lune. Il l'arrêtait dans sa marche et lui disait :

« Que se passe-t-il, là-haut, sainte lune ? Le temps n'est-il pas venu que le Messie enfin arrive ? »

Et la lune répétait la question du bouc aux étoiles. Les étoiles s'effrayaient et, à leur tour, elles arrêtaient la lune dans sa marche. Et tout devenait silence. Silencieuse était la nuit. Son chant s'interrompit...

Alors, là-haut, autour du trône céleste, ce fut l'étonnement. On s'étonna de ne plus entendre le chant de la nuit, et on envoya quelqu'un ici-bas pour se renseigner. Le messager rapporta que la lune, ainsi que les étoiles, avaient arrêté leur course et tous se demandèrent si le temps de la rédemption n'était pas encore venu...

Auprès du trône céleste, on gémissait. Ces gémissements célestes peuvent s'avérer efficaces...

Ici, la voix de Reb Na'hman'ké s'interrompt... Il cache son visage dans ses mains et on voit que sa tête et ses mains tremblent, et la lune, là-haut, qui se pose comme une couronne sur sa tête, semble-t-il, tremble, elle aussi.

Passe un moment, et le rabbi redresse la tête, pâle

est son visage, pâle et blême, et ce qu'il narre ensuite, c'est d'une voix étonnamment tremblante qu'il le fait :

« Si le bouc se tenait toujours là, dit-il, c'était grâce à sa grande mansuétude. »

Un autre bouc, à sa place, avec de telles cornes, aurait accroché sans tarder la lune ; il aurait fait un petit bond, une culbute vers le haut, juste pour atteindre le ciel, et il serait entré vivant au paradis. C'est tout. Il ne se serait occupé de rien d'autre.

Mais notre bouc était un bouc miséricordieux, qui ne voulait pas laisser la communauté à l'abandon, cette communauté où, de temps à autre, la famine rôde, une communauté en train de se disloquer : où les femmes vendent leurs bijoux, les hommes les broderies en or de leurs *kitls* * et de leurs châles de prière ; où l'on bazarde les lampes de 'Hanoukka, les candélabres sabbatiques, les habits de fête et où l'on abandonne le *Chtetl*, car tout y va de mal en pis... Où l'on retire les enfants du *'heder* * parce qu'on n'a plus de quoi payer le *Mélamed*, et où les Juifs, accablés qu'ils sont par les graves maladies provoquées par la famine, sont sur le point de défaillir...

C'est alors que le bouc doit intervenir, et vigoureusement !

Il existe au ciel une « voie lactée ». C'est ainsi que les observateurs d'étoiles nomment les taches blanchâtres qui sont dispersées au ciel... Pourtant, en vérité, ce n'est pas une véritable voie... Personne n'y marche, personne n'y roule.

Ce sont des champs immenses, parsemés de pierres précieuses et de diamants innombrables — joyaux et couronnes pour les *Tsaddikim*, qui demeurent au paradis. Nul n'a jamais compté ces joyaux, car ils sont aussi nombreux que les grains de sable au bord de la mer ; ils poussent et ils se multiplient au ciel, bien que le nombre des Justes, lui, ne fasse que diminuer...

Et il y a tellement de joyaux de plus en plus nombreux que les champs célestes s'agrandissent !

Lorsqu'on s'aperçut que toutes les dates prédites pour l'avènement messianique étaient inexactes, que l'exil est toujours là et que la sentence céleste ne saurait être révoquée, à Dieu ne plaise [18] ! Le possesseur mystérieux de ces cornes si vigoureuses, si vivaces, se faufila dans la nuit silencieuse. Alors que la bourgade était plongée dans le sommeil et que, des Maisons de prière et des *Batei-Midrachim* jaillissaient des pleurs sur l'exil d'Israël, et sur l'exil de la *Chekhina*, le bouc, lui, se cabra sur son train postérieur ; il redressa ses cornes, projeta leurs pointes vers la Voie Lactée et en arracha un joyau qu'il lança sur la place du marché. Un tel joyau ne peut qu'éclater en mille morceaux. Et, lorsque les Juifs quittèrent la *choul*, après avoir terminé leur prière de *'Htsoth*, ils virent la place du marché parsemée de pierres précieuses. Ils ramassèrent ces trouvailles bien méritées et eurent de quoi subsister longtemps.

Voilà pourquoi le bouc ne pouvait aller résider là-haut...

A nouveau, la voix de Reb Na'hman'ké s'interrompt, pour reprendre peu après son récit :

C'est précisément cette compassion du bouc pour la communauté qui l'a perdu... C'est grâce à la compassion qui l'animait qu'il a pu se révéler au grand jour, ou plutôt révéler le pouvoir de ses cornes, mais c'est à une broutille qu'il doit sa chute...

Ici, à la fin de son histoire, la voix de Reb Na'hman'ké se met à trembler de telle sorte qu'on ne sait plus s'il rit ou s'il **sanglote** :

C'est à cause du tabac à priser, reprend-t-il, parce qu'on s'était mis dans la bourgade à priser le tabac. On sait qu'à chaque prise de tabac, les yeux deviennent plus clairs et voient plus loin. Mais quand on se met à priser, il faut bien mettre le tabac quelque part et on a besoin de tabatières... Donc, l'on recherche de la corne. On en trouve souvent dans les ordures et, une fois ramassée, on la transforme en tabatière. Mais certains procèdent autrement : s'ils rencontrent sur leur chemin une chèvre ou une autre bête cornue, ils mendient un bout de corne. Naturellement, ils reçoivent une ruade en retour... Mais si un Juif passe à côté de la ruine et qu'il ait la chance de rencontrer notre bouc, il ne manque pas de lui demander :

« Que tu sois *bekhor*, premier-né ou non, puisque tu as tant de corne sur toi, il t'est facile de m'en donner un morceau, pour que je puisse en faire une petite boîte. »

Le bouc ne saurait refuser à un Juif si peu de chose ; il lui en fait cadeau, et notre Juif, en possession d'une tabatière, parade dans le *Beth-Hamidrach :* on lui demande où il a bien pu trouver cette corne ; il révèle à tout le monde qui en est le donateur et alors, toute la petite ville, hommes et femmes, vieillards et enfants, se dirige vers la ruine à la recherche de corne.

Le bouc ne la garde pas pour lui, sa corne, il la donne volontiers à celui qui prise du tabac ; il baisse sa tête devant chaque quémandeur, comme s'il voulait dire : « Coupes-en, coupes-en ! » Et tout le monde coupe un bout de corne, et bientôt les tabatières sont nombreuses dans la bourgade. La corne de notre bouc et sa renommée ne cessent de grandir. De toute la région, on se rue vers la ruine... Bientôt, toute la Diaspora va y faire son pèlerinage et il y a des tabatières à profusion.

Mais la communauté doit aussi accrocher la lune

pour lui demander quand le Messie voudra bien apparaître. Et bientôt, il n'y a plus de corne pour le faire et il devient impossible aussi, du moins avant longtemps, de jeter du ciel, ici-bas, le moindre joyau...

Alors Reb Na'hman'ké tourne le dos à la foule et s'en va...

Au même moment surgit un nuage qui couvre la lune et une grande tristesse, presque une frayeur, s'abat sur la foule.

Cependant, comme tout le monde le sait, cet événement est resté sans suite néfaste.

LUI DE MÉMOIRE BÉNIE ET SES PROCHES

(D'une vie 'hassidique très simple)

Lui de mémoire bénie. Son comportement.

I

Vous me demandez quel était le comportement, quelle était la manière de vivre de mon rabbi de mémoire bénie ?

Vous allez peut-être rire, mais je peux vous certifier qu'il se conduisait comme un simple Juif, sans plus. Oui, il était la simplicité même. Je considère une telle attitude comme la plus grande qualité qui soit.

Car le *Yetser Hara* se faufile partout, il s'attaque à tout. Or, nous savons que plus grand est l'arbre, plus grande aussi est l'ombre qu'il projette. Il en est de même en ce qui concerne l'homme : plus il a d'envergure et plus son *Yetser Hara* est vigoureux. C'est ce qu'affirme le Talmud [19] !

De quelle nature est donc le *Yetser Hara* d'un rabbi faiseur de miracles ? Il ne peut que flatter son orgueil, l'inciter à divulguer sans retenue à ses disciples, lors de chaque *Chabbath*, les mystères de la Tora. Il œuvrera pour que les anges virevoltent jour après jour au-dessus de la tête de ses fidèles, il fera en sorte que les *Dibboukim*, les âmes possédées, se nourrissent des années durant à sa table et que les femmes stériles, et les femmes délaissées par leurs maris, encombrent tous les coins et les recoins de la maison en attendant que lui, le rabbi, soit à même de les délivrer de leur détresse.

Non, tout cela n'était pas de mise chez mon rabbi, aussi nombre de fidèles qui étaient venus chez lui, l'ont-ils quitté désemparés. Il est bien difficile d'apprécier ce qui est simple. Mais loué soit Son Nom, je savais l'apprécier. Il s'est révélé à moi comme une lueur dans la nuit.

II

L'ordre des choses veut que « les enfants héritent de la manière de vivre de leurs parents ». Un jeune marié tout seul ou accompagné de son père ou de son beau-père, chez quel rabbi ira-t-il ? Si tous deux vont chez le même rabbi, on ne peut que s'en féliciter. Le jeune marié est alors à l'abri de tous les doutes qui pourraient l'assaillir.

Mais chez moi les choses se sont passées autrement.

Mon père — qu'il repose en paix — n'était ni *'Hassid* ni *Mithnagued*, c'est-à-dire un adversaire des *'Hassidim*, il n'était qu'un humble serviteur du culte, un bedeau dans le *Beth-Hamidrach*, qui consacrait à l'étude de la Tora[20] chaque moment qu'il pouvait sauver. En revanche, mon beau-père — qu'il soit notre intercesseur — était un *Mithnagued* farouche, en cachette, bien entendu, car déjà, à cette époque, on craignait un peu les *'Hassidim*. Mais je sais — qu'il veuille bien me pardonner là où il se trouve — qu'un *Veyatzma'h Pourkaney*[21] l'agaça au plus haut point.

Et si je suis devenu, moi, un *'Hassid*, ce fut à la suite d'une réflexion que je me suis faite :

A cette époque, je n'étais qu'un godelureau, je n'avais

que deux enfants, mais je me rendais bien compte qu'il était très difficile d'être un vrai Juif, un Juif sans faille, si on restait livré à soi-même. Mener la guerre contre le *Yetser Hara* en solitaire, sans être incorporé dans une armée, sans être encadré par des officiers, me semblait impossible. Car le *Yetser Hara* ne fait que vous guetter, il jette son filet partout. Si vous vous occupez de futilités, des choses de ce monde, l'issue de la bataille que vous avez engagée contre lui reste incertaine.

C'est là le sens de ce qui est dit dans le Traité des Pères : « Cherche-toi un maître [22] ! ». C'est aussi celui du verset : « Donnons-nous un chef [23] ! », ce qui signifie encore : pauvres brebis que vous êtes, cherchez un berger qui puisse vous mener aux pâturages afin que vous ne vous égariez point dans les vallées et les montagnes et que les bêtes sauvages ne vous dévorent pas !

Au bout de quelque temps, cela me parut aussi clair que le jour et je décidai de chercher un rabbi. Mon épouse n'était pas ravie de mon projet... Cela coûterait en effet de l'argent, et c'était elle qui faisait vivre la maisonnée... Mais tout cela était pure bêtise : je ne m'abaisserais tout de même pas à écouter les propos d'une femme.

III

Bref, il fallait se rendre chez un rabbi, c'était évident. Mais la question se posait : chez quel rabbi ? Certes, il ne manque pas chez nous de *Tsaddikim*, Dieu soit loué. Il y en a même beaucoup — que Dieu les préserve du mauvais œil ! Mais sont-ils tous de véritables *Tsaddikim* ? Il est difficile de le croire. Ce serait trop beau, car s'ils étaient d'authentiques *Tsaddikim*, le Messie serait déjà venu depuis longtemps. Tout au moins, les persécutions et les autres calamités auraient déjà cessé depuis belle lurette. Comme les mesures antijuives ne font que se multiplier, et que les « douleurs messianiques » ne profitent qu'aux Juifs qui se comportent à la « manière allemande », cela prouve que tout ne va pas pour le mieux.

Vous allez me demander pourquoi tant de Juifs, des érudits talmudistes tout comme des Juifs peu instruits, pourquoi des riches, des Juifs « éclairés », des Juifs de toute sorte vont chez ces *Tsaddikim* renommés ? Comment ne s'aperçoivent-ils pas qu'ils font fausse route ?

Bien sûr, tel ou tel Juif stupide, un de ces « Juifs à l'allemande » aura une réponse toute prête : il nous dira que tous ces *Tsaddikim* sont des voleurs, des escrocs, qu'ils jouent la comédie et que les *'Hassidim* sont des brebis qui se laissent tondre, traire et égorger... Oui, c'est ce qu'ils disent et c'est ce qu'ils répètent !

Mais nous autres, nous savons qu'un *'hassid* est capable de mener par le bout du nez une dizaine de ces minables « Juifs à l'allemande ». La question reste donc posée.

La réponse, voyez-vous, est ailleurs :

Il peut arriver, par exemple, qu'un grand *Tsaddik*, un de ces « justes de la génération », un *Tsaddik* authentique, soit invité à quitter ce monde. Il laissera derrière lui un fils, et ce fils ne sera ni un scélérat ni un rebelle en Israël — que Dieu nous en garde — tout au contraire : il les fera, ses prières, avec toute la ferveur voulue, il ne manquera pas d'aller tous les jours à la *mikveh* *, de prendre son bain rituel, et il montrera une assiduité exemplaire pour l'étude de la Tora. Les fidèles du défunt rabbi continueront donc à se rendre régulièrement chez son fils...

Que voulez-vous ? On a ses habitudes ! On connaît bien la maison du rabbi disparu, la ville qu'il habite, l'hôtellerie où trouver un lit, bref on sait à quoi s'en tenir. Une vieille habitude devient une seconde nature. On tient compte aussi du « mérite des ancêtres », puisqu'on a affaire à un rabbi, petit-fils d'un rabbi.

Quant au jeune rabbi, lui n'est pas fautif... Ce qu'on dit de lui dans les sphères supérieures, il l'ignore. Mais voilà qu'une foule emplit sa maison et ne cesse de clamer : « Saint ! Saint ! Saint ! » Il se prend donc pour un saint !

Si on y réfléchit, tout cela n'est pas bien grave, et peut même offrir certains avantages.

Tout d'abord, si l'occasion se présente à un Juif de s'arracher à sa vie quotidienne, autrement dit aux affres de l'enfer, s'il peut trouver une ambiance propice à lui épargner tout souci de gagne-pain, s'il peut se joindre à une foule de fidèles qui lui communique la ferveur et l'ardeur, c'est toujours ça de pris ! De plus, il n'est pas impossible qu'à force d'accomplir telle ou telle prescription sans y prêter une attention spéciale, on finisse par faire son devoir de façon désintéressée. Le mérite de ses ancêtres dont bénéficie le *Tsaddik* ainsi que le mérite de toute une Assemblée d'Israël, tout cela peut faire de lui un *Tsaddik* authentique.

Mais pourquoi risquer de se mettre dans de mauvais draps ? J'y ai réfléchi et, finalement, j'ai décidé d'essayer plusieurs rabbis. Je me suis dit : je vais courir ma chance et je continuerai jusqu'à ce que mon cœur s'accroche quelque part. Il est vrai que je ne suis pas un grand talmudiste, encore moins un kabbaliste averti, mais l'Ecriture ne nous dit-elle pas que « Dieu sauvegarde les hommes simples [24] » ? L'homme doit rester confiant.

Et Dieu ne m'a pas abandonné.

IV

Ce fut avec lui, de mémoire bénie, que je fis ma première tentative. J'ai commencé par lui, premièrement parce que la localité où il habitait n'était pas trop éloignée de la mienne et que je pouvais m'y rendre par le train. Même un vendredi d'hiver, un vendredi de courte durée, je pouvais prendre le train et arriver à une heure où on peut encore aller à l'établissement de bains.

Deuxièmement, Wolf-Ber, un habitant de notre bourgade, un Juif qui connaissait la Tora comme pas un, et un vrai craignant-Dieu, allait le voir régulièrement.

J'ajouterai que Noské, un richard et un grand bienfaiteur de notre communauté, était, lui aussi, un fidèle de ce rabbi... De toute façon, pensais-je, essayons toujours, on verra bien !

Troisièmement, Dieu en a certainement décidé ainsi ! Car, à tout bien considérer, le *Yetser Hara* de tout *'Hassid* l'incite généralement à « faire venir son pain de loin », c'est-à-dire aller chercher un rabbi dans une ville lointaine. Et si ce *'Hassid* peut en trouver un au-delà des mers, il est encore plus content. Voici pourquoi les rabbis comptent si peu de disciples parmi les habitants de leur propre ville et des villes voisines. Moi, en revanche, je me suis entêté à dénicher un rabbi à proximité de ma ville natale, et, Dieu soit loué ! j'en ai trouvé un qui me convient !

Je suis arrivé chez lui, je m'en souviens comme si c'était hier, à la veille d'un *Chabbath* qui précédait le commencement du mois. Le rabbi, de mémoire bénie, a, selon son habitude, récité lui-même les prières qu'on dit au début de chaque mois. Quand je l'entendis prononcer les mots « Donne-moi une vie remplie de crainte du Ciel et de crainte du péché », les larmes s'étranglèrent dans ma gorge et mon cœur se mit à battre comme s'il voulait quitter mon corps pour rejoindre le sien. Je sus alors que je resterais avec ce rabbi-là.

Puis, je me suis fixé comme règle d'observer de près son comportement, sa façon de vivre [25].

C'était un Juif tout ce qu'il y a de plus intègre, un Craignant-le-Péché comme pas un.

Les Juifs d'autrefois, avait-il coutume de dire, étaient de véritables héros quand il s'agissait de livrer bataille à leur *Yetser Hara*. Aussi étaient-ils toujours vainqueurs. Pour eux, battre à plates coutures leur Mauvais Penchant était un jeu d'enfant, mais aujourd'hui, hélas, celui qui trouve assez de force pour le fuir, pour lui échapper, peut s'estimer heureux.

Quant au rabbi, il mettait toujours entre lui et le péché une distance de dix milles.

Est-il possible de raconter tous ses exploits ?

Le vin de *Kiddouch* * par exemple, il le versait dans la coupe, le vendredi, avant tout le monde, avant qu'il ne fasse nuit. La raison ? Elle est simple. Il faut remplir la coupe jusqu'au bord, alors il peut arriver que le vin déborde et qu'il tache la nappe sabbatique. Si c'est du vin blanc, on se fait blanchisseur, si c'est du vin rouge, on devient teinturier !

Les prières sabbatiques étaient reproduites en grandes lettres d'imprimerie sur des panneaux suspendus aux quatre murs du *Beth-Hamidrach* du rabbi. Pourquoi ? Nous savons qu'il ne faut pas prier par cœur. Mais si on ouvre un livre de prières relié le jour du *Chabbath*, on risque fort de froisser le dos de la reliure, ce qui constitue un travail interdit le jour du *Chabbath*.

Il arrivait au rabbi, de mémoire bénie, de commander un nouveau vêtement. L'habitude du rabbi était d'ôter la veille de Pâque son vieil habit et de le donner à un de ses disciples de marque, le plus souvent à

Wolf-Ber, pour pouvoir mettre son habit neuf et louer Dieu à cette occasion.

Vous pensez sûrement que se faire confectionner un nouveau vêtement est chose aisée : on achète l'étoffe, on la porte chez le tailleur et on n'a plus qu'à attendre qu'il vous le fasse.

Que non ! Tout d'abord les tailleurs ne sont plus aussi scrupuleux qu'autrefois. Le rabbi s'inquiétait au sujet des restes d'étoffe qui doivent être rendus à leur propriétaire. Dans le temps, un tailleur juif se faisait construire, à la veille de sa mort, son cercueil, avec le bois de sa table de travail, en ordonnant qu'on lui mette dans la main, le jour de son enterrement, le centimètre avec lequel il prenait les mesures, pour que cercueil et centimètre portent témoignage devant le « Tribunal céleste » qu'il n'avait jamais volé personne de toute sa vie de tailleur [26]. Les temps ont bien changé et les apprentis-tailleurs surtout font désormais peu de cas du commandement : « Tu ne voleras point. » Or, le rabbi ne voulait pas qu'un Juif trébuchât et passât outre à l'interdiction de voler à cause de son habit.

Il y avait aussi la crainte de transgresser l'interdiction de porter du *chaatnez* [27], c'est-à-dire de porter une étoffe faite d'un mélange de lin et de laine. Quand on dit sa prière habillé d'un vêtement *chaatnez* — et ceci je l'ai entendu de sa sainte bouche, puis je l'ai lu dans le livre *Kav Hayachar* [28] — la prière en a les ailes brisées, elle ne peut pas s'envoler au ciel et elle échoue finalement — que Dieu vous en garde — à la « Porte des Ordures [29] ». Ceci se produit quand le Juif ne sait pas qu'il porte du *chaatnez*. Mais quand il en est conscient, sa prière sombre alors dans le *cheol* *, dans le purgatoire, où elle se transforme en couronne qui ira sur la tête du Malin — que Dieu nous en garde !...

C'est précisément ce que le rabbi voulait éviter à tout prix ! Ses prières à lui devaient s'élever très haut et conduire celles de toute une assemblée de Juifs (que le mauvais œil les épargne) aux « Portes des Larmes [30] ».

Alors il ne restait au rabbi, de mémoire bénie, qu'à faire confectionner son vêtement dans sa propre maison. Les *'Hassidim* montaient la garde deux par deux et en se relayant. Même les fils étaient préparés chez le rabbi, de mémoire bénie, et sous la surveillance de son *gabbaï*, de son premier adjoint.

Est-il possible d'énumérer tous les faits et gestes du rabbi ? Il y en a des montagnes !

V

Le rabbi se montrait plus strict encore en ce qui concerne les femmes. Il avait décidé une fois pour toutes de ne pas admettre de femmes chez lui, et ceci sous aucun prétexte.

C'est pour cette raison qu'on avait engagé comme gardien un incirconcis...

Un Juif aurait pu se permettre de temps en temps une incartade et passer outre à l'interdiction. Il aurait pu laisser entrer une femme en se laissant graisser la patte moyennant deux fois *'haï* *, deux fois dix-huit pièces de monnaie, tout en faisant remarquer que d'autres *Tsaddikim* les admettent bien et qu'il y en a même qui reçoivent surtout des femmes ! Mais un incirconcis ne cède pas à de pareilles arguties. Quand on dit non, c'est non, et si on insiste, il est capable de chasser les intrus avec un balai et, si vous vous approchez de la grille, il peut vous rouer de coups.

Le rabbi avait même appris à l'incirconcis l'art de distinguer d'un seul coup d'œil en pleine nuit, un homme d'une femme. Aussi reconnaissait-il de loin, à la voix et au bruit des pas, si c'était un mâle ou une femelle.

Mais tout cela n'avait servi à rien. Alors le rabbi avait dû congédier l'incirconcis et lui reprendre en même temps le coup d'œil qu'il lui avait donné.

Il est vrai que le rabbi en a subi un grand préjudice. Mais que voulez-vous ? Il était comme ça, le rabbi, et rien n'aurait pu lui faire changer sa règle de conduite. D'ailleurs, il n'en voulait pas seulement aux femmes mais aussi aux chapeaux et même aux cols durs. Quand il disait un *Cholem Aleikhem* [31] il ne manquait pas de fourrer un doigt dans la manche des gens pour voir s'ils ne portaient pas de manchettes.

La moitié de Varsovie s'en est alarmée, car les Varsoviens, on le sait, naissent tous coiffés d'un chapeau. N'insistons pas !

Mais c'est surtout en ce qui concerne les femmes que le rabbi ne cédait jamais. Tenez ! Quand il maria sa fille — c'est avec le fils du rabbi de Yampol qu'il la maria — la noce eut lieu chez lui, de mémoire bénie, et il dut, bon gré mal gré, laisser des femmes assister à cette cérémonie. Or, le lendemain matin, on dut raboter tous les bancs sur lesquels des femmes s'étaient assises pendant le repas de noce.

Et cela, ce n'est pas par ouï-dire que je le sais, je l'ai vu de mes propres yeux.

Autre chose. Une fois il fallut refaire la cuisine du rabbi, de mémoire bénie. La cause des dégâts restait quelque peu mystérieuse. Un vent violent souffla dans la cuisine d'on ne sait où, puis crac ! Comme si le tonnerre venait de s'abattre. On accourut et on constata que le pousseur du tuyau du fourneau était arraché et qu'une moitié de la cuisine s'était effondrée. Le rabbi, de mémoire bénie, se précipita en personne.

« C'est un vrai miracle, déclara-t-il, que personne n'ait été blessé ! » Mais la véritable cause de ce désastre, il ne la révéla jamais.

Passons !

On fit venir un incirconcis pour qu'il répare les

dégâts. Etant moi-même quelque peu bricoleur, je regardais l'ouvrier travailler tandis que son aide préparait la terre glaise dans un petit baquet. Le *gabbaï* du rabbi qui devait surveiller les travaux s'assoupit après m'en avoir confié la garde.

Soudain le rabbi, de mémoire bénie, entra, jeta un regard sur le baquet et demanda :

« *Milchik ou Fleichik ?* Maigre ou gras ? »

J'en suis resté bouche bée. Mais le *gabbaï* du rabbi se réveilla en sursaut et répondit :

« C'est le baquet de l'incirconcis ! »

Alors le rabbi, de mémoire bénie, eut un accès de colère, il ordonna de détruire le fourneau, d'enlever l'argile pétrie, d'aller acheter un baquet neuf, « neutre », de pétrir la terre à nouveau, et de réparer ce qu'il y avait à réparer.

Il fut impossible de trouver un baquet neuf (depuis longtemps il n'y avait plus de jours de marché dans la bourgade). Il ne restait donc plus qu'à creuser un trou dans le sol pour y pétrir la pâte à argile nécessaire.

Le *gabbaï* du rabbi fut réprimandé.

VI

Quant à l'amour qu'il vouait au peuple d'Israël, il était chez lui sans bornes.

Je vous rapporte ses propres paroles :

« " Et voici les statuts que tu exposeras devant eux [32] ", ce qui veut dire qu'il faut œuvrer pour eux... travailler pour tout Israël ! " Qu'il sorte devant eux et rentre devant eux [33] ", ce qui veut dire que le " guide de la génération ", doit précéder chaque homme d'Israël et, s'il le faut, mourir, se sacrifier, pour chaque homme d'Israël. »

Et chaque fois qu'une nouvelle mesure anti-juive

était prise, quels soupirs ne poussait-il pas ! quels gémissements !...

Aurais-je pu trouver un meilleur rabbi ?

En ce qui concerne les conseils à propos du gagne-pain, il savait en donner des plus efficaces.

Quelques semaines avant son décès, comme je me plaignais devant lui que les recettes de la boutique de mon « autre moitié » baissaient de plus en plus, il me dit : « Essaie donc d'aller à Varsovie. »

Je me suis dit que lui savait certainement pourquoi je devais me rendre à Varsovie.

Vous comprenez, à Varsovie habite un de mes parents, un Juif assez riche qui est reçu dans la haute et qui est même écouté au conseil de la communauté. Alors je me suis dit que le rabbi pensait sûrement que je devais aller chez lui demander de m'aider et qu'il pourrait peut-être me trouver un gagne-pain grâce à ses diverses relations.

A vrai dire, ça m'étonnait un peu, car avec lui toute demande de prêt en espèces était vouée à un échec certain. Il était radin comme personne et il ne les lâchait même pas avec un élastique. A part cela, il se prenait pour une lumière et prétendait faire le bonheur du monde entier. Aussi à chaque demande d'aide répondait-il : « Pour quoi faire ? » Pour la plus petite pièce qu'il m'aurait donnée il aurait sûrement voulu, en contrepartie, un bout de l'au-delà, tout en prétendant qu'il venait d'assurer mon existence ici-bas pour au moins une vingtaine d'années.

J'avais déjà essayé de postuler auprès de lui un emploi dans l'administration de la communauté, mais cet imbécile me demanda si je savais parler polonais. Cependant, puisque le rabbi me dit d'aller à Varsovie, j'y vais. J'aviserai sur place.

Mais lui, de mémoire bénie, avait comme on le verra, une autre idée derrière la tête.

Me voilà dans le train. J'aperçois à côté de moi un

Juif coiffé d'un *spodek* ; la conversation s'engage, je lui demande où il va, il se tait ; je le fais parler et il ressort de ses propos qu'il est un petit rabbin d'une bourgade et qu'il va à Varsovie dans l'espoir d'être admis en tant que *Dayan*, juge rabbinique...

Que vous dire de plus ? Il m'a donné un billet de vingt-cinq roubles en me demandant de le recommander à mon parent.

Moi, comme je suis un honnête homme, j'ai convenu avec lui que je ne ferai que parler. Pour ce qui était de l'efficacité, je ne garantissais rien.

Comment cette affaire a-t-elle fini ? Je l'ignore. Mais la Pâque que je me suis offerte, je la souhaite à tout Israël.

Lui, de mémoire bénie. Les proches du rabbi.

VII

Je vous ai déjà parlé des familiers du rabbi, de mémoire bénie.

Ici, il faut citer Wolf-Ber en premier.

Lui, de mémoire bénie, avait l'habitude de s'exclamer :

« Wolf-Ber, ça c'est un Juif ! »

Venait ensuite Noské ! Rien d'étonnant à cela.

Wolf-Ber avait le mérite d'avoir été avec le rabbi au même *'heder*. On prétend même que Wolf-Ber était beaucoup plus doué que le futur rabbi et qu'il se moquait de lui. Wolf-Ber en fut bien puni. Gamins, ils étaient une fois grimpés sur un toit et Wolf-Ber s'était moqué de son camarade : « Vois-tu, le taquinait-il, pour ce qui est de grimper, tu grimpes fort bien, mais quand il s'agit d'apprendre, là, rien du tout... »

A ces mots, Wolf-Ber tomba du toit et se fendit le crâne. Il est vrai qu'on le sauva, mais il en garda toute sa vie un défaut d'élocution, et quand il voulait montrer son grand savoir, il ne pouvait que bégayer, sans jamais réussir à finir ses phrases, en sorte qu'il parlait plus avec ses mains qu'avec sa bouche...

Mais on savait déjà que c'était une sommité.

Il fit un très beau mariage, cependant, comme il n'avait pas de chance, il perdit tout son argent, et dut accepter le poste de *Mélamed* chez le rabbi.

Après que le rabbi eut marié ses deux fils, il n'oublia pas Wolf-Ber.

Pendant la mi-fête de *Souccoth**, le rabbi apostropha Noské, en lui tapant sur l'épaule :

« Noské, c'est entendu, tu es un vrai bienfaiteur, et tu mérites bien ta part dans le monde à venir, mais en ce qui concerne l'étude de la Tora, tu es nul, et on devra, dans l'au-delà, t'envoyer au *'heder*.

— Que puis-je faire, rabbi ?

— Prends Wolf-Ber avec toi, lui dit le rabbi, procure-lui une situation et, en contrepartie, il t'expliquera un peu chaque matin, avant la prière, les *Michnayoth**. »

Et il en fut ainsi :

Wolf-Ber s'installa dans notre *Chtetl.*

VIII

Mais il n'y resta pas longtemps.

Quelques années plus tard, Noské et Wolf-Ber se rendirent chez le rabbi pour y passer la fête de *Roch Hachana**. Ils ne vinrent pas ensemble. Car Noské prend le train comme tout le monde, tandis que Wolf-Ber, lui, ne veut pas perdre le mérite supplémentaire que gagnent ceux qui font le pèlerinage à pied. Ce fut donc à pied qu'il se rendit chez le rabbi.

Quant à nous autres, usagers du train, pour ne pas perdre ledit mérite du pèlerinage à pied, nous nous voyions obligés de courir sans cesse d'un wagon à l'autre pendant tout le trajet. Mais si Wolf-Ber ne voulut pas prendre le train à l'aller, il y consentit, en revanche, pour le retour. Noské le prit alors en charge. Il donna quelques kopeks à l'employé et ils voyagèrent ensemble. Le hasard fit que le contrôleur arriva au moment où Wolf-Ber faisait sa prière, c'est-à-dire à un moment où il était inabordable, recouvert du *Talith** et le bras entouré de *Tefilin** ; Noské paya donc l'amende pour lui.

Quand l'heure vint de quitter le rabbi, ils allèrent le voir ensemble pour prendre congé. Noské, selon son habitude, lui laissa un cadeau. Cette fois-ci c'était, me semble-t-il, un dessus en soie blanche. Ils échangèrent quelques mots au sujet des difficultés à gagner sa vie.

Le rabbi esquissa un sourire :

« Tu es bien modeste, Noské. Tu parles de gagner ta vie, mais c'est à la richesse que tu penses.

— Je ne dirais pas non à la richesse, répondit Noské, il y a suffisamment de pauvres comme ça ! et quand on a les moyens d'être large, je pense qu'il n'y a pas de mal à ça ! »

Je vous raconterai tout à l'heure quelle sorte de bienfaiteur ce Noské était.

Et le rabbi de rétorquer :

« Tout à fait de ton avis ! Et, pour augmenter ta chance de t'enrichir, je vais te donner un associé ! »

Comment Noské devait-il comprendre les paroles du rabbi ?

Il savait bien que des jeunes gens aisés venaient chez le rabbi lui demander comment s'y prendre pour réussir en affaires, et que le rabbi voulait chaque fois leur donner un associé. Noské était un brasseur d'affaires, d'affaires importantes, mais il est vrai aussi qu'à cette époque il n'avait pas encore amassé un très grand magot et qu'il était même quelquefois à court de liquide. D'accord, se dit Noské. C'est peut-être le rabbi lui-même, pensa-t-il, qui veut devenir mon associé. Le rabbi de Gour et d'autres grands rabbis ont bien l'habitude de s'associer aux affaires de leurs disciples. Cette pensée faisait tressaillir Noské de joie.

Mais le rabbi avait une autre idée en tête :

« Je te donne comme associé Wolf-Ber ! Prends soin de lui, il a mauvaise mine. Grâce à ses mérites, qui sont grands, il est certain qu'un Juif de ta trempe ne pourra que s'enrichir !

Noské accepte, mais Wolf-Ber refuse. Et même il se fâche :

« Ne pouvez-vous pas, rabbi, me réserver votre bénédiction ? Si c'est moi qui deviens riche, tout seul, je serai un bien plus grand bienfaiteur que Noské. »

Mais le miracle produit par Elie-le-Prophète nous enseigne que c'est seulement lorsqu'il reste un peu d'huile dans la cruche qu'une bénédiction est susceptible d'en augmenter le volume [34]. Mais que si la cruche est complètement vide, cette bénédiction ne sert décidément à rien.

Et Wolf-Ber demeura dans un grand dénuement. Il s'affaiblit au point qu'il dut abandonner son métier de *Mélamed*. Désormais, Noské resta seul à profiter de l'enseignement de Wolf-Ber.

Il s'entêta pourtant en disant que s'il devait recourir à la charité des hommes, il préférait encore rester à la table du rabbi.

« Que dis-tu, Wolf-Ber ? »

Wolf-Ber resta ferme :

« Aussi longtemps, rabbi, dit-il, que vous ne m'accorderez pas la bénédiction qui m'assurera le gagne-pain, la gloire et la richesse, que je ne m'appelle plus Wolf-Ber si je bouge d'ici ! »

Si un autre avait dit ça, seul le Créateur du Monde aurait su ce qu'il serait devenu. Mais c'était Wolf-Ber qui avait prononcé ces mots. Alors le rabbi se tut et Wolf-Ber resta chez lui.

UN ENTRETIEN

Par un beau jour de 'Hol-ha-Moëd*, un jour de mi-fête, Reb Chakhna, un Juif maigre et sec de haute taille, un des derniers survivants des vieux disciples du rabbi de Kotzk [35], et Reb Zora'h, aussi maigre que Reb Chakhna mais plus petit, un des derniers disciples du rabbi de Belz [36], se promènent derrière la ville.

Dans leur jeunesse, ils se détestaient et se considéraient chacun comme l'ennemi mortel de l'autre. Reb Chakhna, à la tête des Kotzkéens, faisait la guerre aux Belzéens, tandis que Reb Zora'h menait à la bataille les Belzéens contre les Kotzkéens. Mais à présent que tous deux ont avancé en âge, que les Kotzkéens ne sont plus ce qu'ils étaient et que les Belzéens ont aussi beaucoup perdu de leur ardeur, les deux hommes se sont écartés de leurs confréries respectives, ils ont quitté les *chtiblekh**, où les 'Hassidim de la génération montante, moins fervents, mais plus vigoureux, font la loi.

Un jour d'hiver, dans le *Beth-Hamidrach*, assis près du poêle, Reb Chakhna et Reb Zora'h ont fait la paix. Et voici qu'au premier beau jour de la mi-fête de la semaine de Pâque, ils sortent de la bourgade et se promènent dans la campagne.

Le soleil illumine le ciel bleu, l'herbe dans le champ pousse en un clin d'œil, l'ange frappe chaque brin d'herbe et lui dit : « Pousse donc ! Pousse donc [37] ! ». Les oiseaux s'envolent dans toutes les directions à la recherche de leur nid de l'année passée. Reb Chakhna apostrophe Reb Zora'h :

« Les Kotzkéens — j'entends, par là, les vieux Kotkéens, parce que ceux d'aujourd'hui, il vaut mieux ne pas en parler — les vrais vieux Kotzkéens, comprends-tu, n'estiment pas tellement la *Haggada* *...

— Tu veux dire qu'ils préfèrent les boulettes ? sourit Reb Zora'h.

— Je t'en prie, ne te moque pas des boulettes, lui répond Reb Chakhna d'un ton sérieux — il n'y a pas de quoi se moquer... Connais-tu le secret du verset : " Tu ne livreras pas à son maître un esclave s'il vient se réfugier auprès de toi [38] " ? »

Le Belzéen, tout fier d'être modeste, répond :

« Moi, il me suffit de connaître les *Kavanoth* [39] profondes de la simple prière. »

Reb Chakhna fait comme s'il n'avait rien entendu et continue :

« Voyons ! Le premier sens du verset est très clair : si un esclave, un valet ou un serf s'enfuit de chez son maître, il est interdit selon la *Tora* de le rattraper, de le ligoter et de le livrer à son seigneur, car, si un homme s'enfuit, il faut supposer qu'il ne peut plus supporter les corvées qu'on lui impose, qu'il les estime dangereuses, mortellement dangereuses, peut-être ! Quant à la signification cachée de ce verset, elle est aussi tout ce qu'il y a de plus clair : le corps humain doit être considéré comme un esclave, car il est assujetti à l'âme ! Mais le corps est plein de désirs et de convoitises, il suffit qu'il aperçoive un morceau de porc, une femme mariée, une idole quelconque, que sais-je encore ? et il ne tient plus en place. Alors son âme intervient et lui rappelle : « Ne le fais pas ! » Et le corps est obligé d'obéir. Considérons maintenant le cas contraire : quand l'âme veut absolument accomplir une *mitsva* *, une prescription religieuse, le corps n'a plus qu'à satisfaire cette exigence... Les mains travaillent, les pieds courent, la bouche parle... Pourquoi ? parce que son maître, son âme, l'ordonne ! Mais l'interdiction de " livrer l'esclave ", c'est-à-dire de livrer le corps entier, pieds et poings liés, à l'âme n'en existe pas moins ! Sinon l'âme en feu pourrait brûler le corps et le réduire en cendre. Autre chose encore : si le Maître de l'Univers avait voulu avoir un monde peuplé d'âmes sans corps, Il n'aurait pas créé la terre. C'est pour cette raison que le corps a aussi ses droits. " Celui qui multiplie les jours de jeûne doit être appelé pécheur" dit le *Talmud*[40]. Le corps a besoin de manger. Celui qui veut prendre la route doit nourrir son cheval ! Voilà qu'arrive un jour de fête, un jour de détente ! Réjouis-toi, mon corps, et prends un petit verre d'eau-de-vie ! L'âme et le corps peuvent à cette occasion tous les deux trouver leur plaisir : l'âme dans la bénédiction que l'on dit avant de boire, et le corps dans l'eau-de-vie elle-même. Et voici la Pâque, la fête de notre libération ! Viens ! Viens mon corps ! N'aie pas peur ! Approche un peu, attrape vite une boulette ! Et l'homme se sent beaucoup mieux parce qu'il est joyeux d'avoir accompli une *mitsva*. Non, petit frère, ne te moque pas des boulettes ! »

Reb Zora'h doit admettre que l'explication de Reb Chakhna tient debout, qu'elle est même d'une profondeur étonnante et qu'elle se laisse entendre, mais il ne mange pas *cherouya*, pain azyme trempé dans l'eau :

« Eprouves-tu du plaisir, ajoute Reb Chakhna, en mangeant le pain azyme ?

— Je n'en ai pas assez pour avoir le temps d'éprouver du plaisir... sourit malicieusement Reb Zora'h... et où trouver les dents...

— Alors comment peux-tu, en ce qui concerne ton corps, te conformer au verset : " Et tu te réjouiras de ta fête[41] " ?

— Comment te dire ? réplique Reb Zora'h. Si c'est le vin de raisin sec qui convient à mon corps, pourquoi le contrarier ? Mais en ce qui me concerne, j'ai beaucoup d'estime pour la *Haggada* ! Ces plaies d'Egypte, je les compte, je les multiplie et je les remultiplie...

— Tout cela est lourd, grossier, matériel.

— Grossier, dis-tu ? Tu penses qu'il est grossier de tellement compter les plaies qui ont frappé les Egyptiens ? Moi, je trouve qu'au contraire cette compensation est encore trop petite pour les misères et calamités que nous avons subies durant le long *exil de la Chekhina*. A mon avis, il faudrait établir l'usage de réciter sept fois de suite le " Verse ton courroux [42] ". Ces plaies, moi, je les déguste, je m'en réjouis ! C'est au moment de dénombrer les plaies que je voudrais ouvrir la porte [43]... Qu'ils l'entendent bien, les autres, ce cri-là ! ça ne fait rien, qu'ils écoutent ! je n'ai pas peur, moi ! Et puis est-ce qu'ils comprennent la langue sainte ? »

Reb Chakhna se tait un moment, puis il se met à raconter ce qui suit :

« Tu m'écoutes ? C'est chez nous que cette histoire arriva un jour. Un boucher habitait près de la maison du rabbi, de mémoire bénie, disons, pour être plus exact : dix maisons plus loin. Sans vouloir commettre le péché de calomnier un Juif qui se trouve déjà dans le " Monde de la Vérité ", force est de constater que ce boucher ressemblait tout à fait à un boucher : c'était une espèce de brute, un balourd, avec une nuque de taureau, des sourcils comme des brosses et des mains comme des bûches. Et quand il parlait, on croyait entendre le tonnerre ou un tir d'artillerie. C'était, me semble-t-il, un *'Hassid* belzéen.

— Et puis après ? s'impatiente Reb Zora'h.

— Peu importe ! continue Reb Chakhna sans se laisser démonter par la mauvaise humeur de Reb Zora'h. Ce boucher-là accompagnait sa prière de gestes désordonnés et de toutes sortes de sons aigus ou graves.

Quand il prononçait les deux mots " Souvenez-vous ", on avait l'impression que quelqu'un versait de l'eau sur le feu, ça grésillait !

— Je vois ! Je vois !

— Alors tu peux t'imaginer quel vacarme ça fait quand un gaillard de cette trempe se met à réciter la *Haggada*. Chaque mot qu'il prononce résonne dans la maison du rabbi. C'est un boucher, et il débite la *Haggada* comme on débite des quartiers de viande. A la table du rabbi les rires fusent. Quant au rabbi, de mémoire bénie, ses lèvres palpitent à peine, mais on voit quand même qu'il sourit...

« Quand le boucher arriva au passage où on compte les plaies d'Egypte, elles sortirent de sa bouche comme les douilles d'un fusil... Chaque nouvelle plaie, il la ponctuait en donnant un coup de poing sur la table, comme s'il avait tenu un marteau dans ses mains, et on entendit dans la maison du rabbi résonner les verres remplis de vin. Alors le rabbi, de mémoire bénie, fut envahi par la tristesse...

— Par la tristesse, dis-tu ? Pendant la Pâque ? Au soir du *Seder* * ? Que me chantes-tu là ?

— Oui, tout le monde s'étonna et on lui demanda la raison de son affliction.

— Et qu'est-ce qu'il a dit, le rabbi ?

— Le Maître de l'Univers, lui-même, répondit-il, sombra dans la mélancolie pendant l'exode d'Egypte !

— D'où le tenait-il, le rabbi ?

— Il l'a tiré d'un *Midrach* *. Quand les fils d'Israël ont franchi la mer Rouge et que l'eau engloutit le Pharaon et toute son armée, les anges entonnèrent des cantiques et les séraphins et les *ofanim* * s'envolèrent dans les sept cieux en annonçant par leurs chants la bonne nouvelle, et toutes les étoiles et toutes les constellations se mirent à danser et à chanter. Quant aux " sphères ", tu peux t'imaginer la joie qui les envahit. Ce n'était pas peu de chose, toute l'impureté du monde était engloutie ! Mais le Maître de l'Univers coupa net à leur enthousiasme et, du trône céleste, une voix se fit entendre : " L'œuvre de mes mains sombre dans la mer, et vous me chantez des cantiques ? ". C'est que le Pharaon et toute son armée, c'est-à-dire les forces de l'impureté, sont aussi l'œuvre de Dieu... " Sa miséricorde s'étend sur toutes ses créatures " est-il écrit autre part.

— Soit ! » soupire Reb Zora'h.

Il se tait un instant, puis il demande à Reb Chakhna :

« Si le rabbi a tiré tout cela d'un *Midrach*, quel est son mérite ? »

Reb Chakhna réfléchit un moment, puis il répond d'un ton agacé :

« Premièrement, sot Belzéen que tu es ! Personne ne t'oblige à inventer des choses nouvelles :" Dans la *Tora*, il n'y a pas avant et après [44] ", le vieux est nouveau, et ce qui paraît nouveau est vieux... Deuxièmement, le rabbi nous révèle là un secret, il nous apprend pourquoi on récite la *Haggada* et même les plaies d'Egypte sur un air très triste, dit " air de Sinaï ". Troisièmement, il nous donne le sens profond du verset : " Ne te réjouis pas, Israël, comme le font les peuples [45] ". Ne donne pas dans la mauvaise joie, tu n'es pas un rustre ! La vengeance ne sied pas aux Juifs ! »

LE POROUCH * ET L'OURS

Il y avait une fois un Juif qui finit par ne plus pouvoir supporter les torts que se faisaient les hommes. Il décida de confier son petit commerce à sa femme et de ne plus sortir de chez lui. Il y restait jour et nuit, s'adonnant à l'étude de la Tora, aussi bien celle qui est révélée au grand jour que celle qui demeure voilée, cachée...

Il faut supposer que même dans sa propre famille il avait dû déceler par la suite de la méchanceté, puisque, peu de temps après, il se sentit obligé d'abandonner son foyer et d'aller s'installer à demeure dans le *Kloïze* *.

Mais l'iniquité le poursuivit et vint le retrouver, même dans le *Kloïze*. Il suffit que le veilleur de nuit y vienne pour se réchauffer un peu, ou qu'un homme d'une autre localité y échoue pour passer la nuit, ou qu'un Juif privé de sommeil s'y égare, pour qu'on s'assoie près du poêle et que l'on cause de choses et d'autres. Or, dans tout ce que les Juifs peuvent se raconter, le *porouch*, lui, ne décèle que des marques de l'injustice et de l'iniquité des gens.

Il y réfléchit et décida finalement de quitter sa bourgade natale et de se lancer à la recherche d'une ville exempte de toute trace d'iniquité, d'une agglomération d'hommes probes et justes à toute épreuve.

Mais il s'aperçut bientôt qu'une telle cité n'existe nulle part : le monde est partout pareil.

Il renonça alors à son projet et reprit sa marche à travers les forêts ; il escalada les collines et longea les vallées jusqu'à ce qu'il atteignît un fleuve dont il ne connaissait même pas le nom. Mais au bord de ce fleuve, il découvrit la ruine d'un ancien château, loin, très loin de toute ville et de tout village. Il s'y installa et se plongea dans l'étude de la *Kabbale*[46].

Mais, là encore, il vit qu'il était impossible d'échapper à l'injustice.

De temps en temps, le fleuve se déchaînait et renversait des barques, arrachait des parcelles entières de prairies ou de champs... Même parmi les poissons, constatait-il, la bagarre est perpétuelle ! Cet état de choses le tourmentait beaucoup. A tel point qu'il ne put retrouver sa tranquillité d'esprit dans le sommeil. Et voilà qu'il n'avait plus où aller, où s'enfuir. Il se mit alors à creuser, à réfléchir, à se demander d'où toute cette iniquité pourrait bien provenir.

Soudain une idée l'illumina : s'il y a tant d'injustice partout, se dit-il, c'est sans doute parce que l'âme du monde s'est endormie... Et il se peut, songea-t-il, que cette idée ne soit pas aussi absurde qu'elle paraît l'être de prime abord. Réfléchissons-y un peu : le microcosme, l'homme, aussi longtemps que son âme veille en lui, tout ce qu'il fait lui est utile, car il est créé selon un plan préétabli, logiquement, raisonnablement. Les membres de son corps obéissent à son âme et tout va bien, mais aussitôt que l'homme s'endort, son âme qui commande tout son corps, s'assoupit elle aussi, et la carcasse s'agite alors dans le désarroi ; chacun de ses membres agit tout seul, un bras s'étire de ce côté-ci, l'autre de ce côté-là, la tête semble se désintéresser du tronc... aucune surveillance ! Aucun contrôle ! et il peut parfois en résulter un grand dommage pour le corps tout entier...

Il en va de même avec l'injustice et la méchanceté. Elles se manifestent d'une façon aberrante... le monde s'agite, se convulse, se tord. C'est que l'âme du monde s'est endormie et que chaque partie de ce monde œuvre pour elle-même au lieu d'agir pour le bien de l'ensemble...

Comprenez-vous ? Saisissez-vous l'idée qui a traversé l'esprit de notre *porouch* ?

Et le *porouch* de conclure qu'il ne lui restait rien d'autre à faire que d'aller réveiller l'âme du monde. Si elle se réveillait effectivement, l'ordre régnerait partout, l'agitation cesserait et la lutte à laquelle se livrent les parties de l'ensemble s'arrêterait à tout jamais...

Le tout était de savoir comment faire pour réveiller l'âme du monde. On ne peut trouver le seul moyen d'y parvenir que dans les livres saints... et agir comme ils ordonnent d'agir... prier ce qu'il faut prier...

Mais, pour que la prière s'avère efficace, il est indispensable d'y mettre toute son âme, d'aller jusqu'au sacrifice de soi, sans cela les mots risquent de s'envoler, ou d'effleurer seulement l'oreille sans y pénétrer, et alors il n'en reste plus rien...

Il faut savoir créer par la prière quelque chose qui soit doté d'ailes et d'une âme, d'une âme qui sache où voler, où aboutir, d'une âme qui sache ce qu'il faut exiger. Tout cela est bien connu... Pour sûr, pendant la journée, il n'est pas bien facile de prêter toute l'attention voulue à une telle démarche, car dès qu'on a atteint les profondeurs de la Pensée, on entend le croassement d'un corbeau ou le chant d'un oiseau ou, pire encore, venant d'un champ, les jurons d'un paysan en difficulté avec sa charrue...

Mais la nuit, ou plus exactement à minuit... le *porouch* s'assoit... et il en ressent bientôt l'effet. Et cela, nuit après nuit...

Mais le génie du fleuve s'aperçut des efforts du

porouch et il dit : « Non ! non ! il n'y aura pas de paix. » Dès que le *porouch* plongea dans ses *Kavanoth*, dans ses méditations, le génie du fleuve s'emporta, et voilà que le fleuve bouillonna, lança ses vagues, et attaqua les rives. Le tumulte grandit et le *porouch* fut rejeté de sa Pensée comme, durant la tempête, un pêcheur de sa barque... Le *porouch* ne vit d'autre issue possible que de repousser le fleuve et son génie furieux... il lui répugnait d'abandonner sa ruine et d'aller chercher d'autres décombres au milieu des terres. Qui sait combien de temps il mettrait à les découvrir, si jamais il les découvrait. Entre temps, la méchanceté ne faisait que se répandre, elle envahissait le monde et menaçait de le détruire de fond en comble. Soit ! Repousser l'assaut du fleuve ne présentait pour lui aucune difficulté. Il est en possession d'un *chem*[47], d'une formule incantatoire... Pour rendre ce *chem* opératoire, il s'imposa un jour de jeûne spécial. Après ce jeûne, il se mit aussitôt à méditer le *chem* et le fleuve recula comme prévu.

Le génie du fleuve fut fou furieux, mais il n'y put rien. Une fois ledit *chem* prononcé par le *porouch*, il n'y a plus rien à faire. Il se vengerait toutefois du *porouch*, songeait-il à sa façon. Et il le fit vraiment. Il troubla le fleuve, il excita les vagues qui, déchaînées, se jetèrent en avant, puis il attrapa une de ces vagues et la lança loin, très loin, de sorte qu'elle toucha presque la ruine sur la terre.

La vague se transforma aussitôt en un ours noir et poilu. Cet ours tourna autour de la ruine, les yeux flamboyants, et lorsque le *porouch* essaya de fixer sa pensée, de se concentrer, il se mit à gronder pour troubler le kabbaliste, et tous les pieux efforts du *porouch* pour contrecarrer les agissements de l'animal furent vains. Que devait-il faire ?

Il n'allait tout de même pas tuer l'ours ! Il n'allait pas inaugurer son action par un mauvais coup, car ce n'était pas la faute de l'ours s'il se comportait de cette façon. Il vit, qu'il continue à vivre ! Le *porouch* arriva à la conclusion qu'il faudrait plutôt essayer de calmer l'ours, de le transformer en un animal paisible. Tout ours qu'il est, on peut tâcher de lui donner une conscience. Qu'il sache, lui aussi, à quoi tendent les efforts du *porouch* ! il faudrait qu'il aide l'ours à se surpasser, à se purifier, et à élever son âme.

Un matin, le *porouch* s'avisa de grimper sur la ruine et d'observer de là-haut le comportement de l'ours.

Se sentant observé, l'animal piqua une colère terrible, il se mit à labourer la terre de ses pattes, à gronder de toute sa gueule pleine d'écume et à menacer l'ermite de ses yeux injectés de sang.

L'ours rageur regardait le *porouch* de toute sa colère, tandis que ce dernier le contemplait d'un regard apitoyé et plein de tendresse. Une bataille se déroulait entre deux paires d'yeux, entre des yeux qui ne sont qu'amour et miséricorde et des yeux qui ne sont que haine et colère.

Les yeux du *porouch* s'avérèrent plus forts que ceux de l'animal, mais la lutte entre ces deux paires d'yeux, entre ces deux cœurs et ces deux âmes, n'en continuait pas moins.

Mais voici que le soleil se leva à l'Orient. L'ours commença à fléchir. Et, quand le soleil atteignit le beau milieu du ciel, l'animal, fatigué de la lutte, s'allongea humblement par terre, comme un chien soumis. Et au coucher du soleil, l'ours se releva silencieux, lança au *porouch* un regard suppliant, puis il s'approcha du portail, gratta et glapit comme un petit chien en demandant de le laisser entrer.

Le *porouch*, c'est sûr, avait eu le dessus et c'est l'ours farouche qui avait dû finir par se soumettre. Aussi son glapissement signifiait-il : « Laisse-moi entrer, je vais te servir comme un chien, je vais me coucher à tes pieds, je vais lécher tes mains, je vais te regarder tout droit dans les yeux et essayer de deviner tes désirs, et, quand tu retourneras à tes méditations, je resterai tranquille, sans bouger, et je renoncerai même à attraper la moindre mouche. »

Le *porouch* lui ouvrit la porte ; l'ours monta et se coucha aux pieds du solitaire. Ses yeux parlèrent, ils dirent :

« Tu es mon Dieu... J'espère en Toi et j'ai foi en Toi... Tes pensées sont saintes et grâce à Tes pieuses méditations Tu recréeras des mondes... »

Le *porouch* caressa doucement l'ours qu'il venait de domestiquer, l'ours qui avait foi en lui, et il réfléchit. Il aurait bien voulu retourner à ses méditations, les diriger vers Celui qui seul est capable de réveiller l'âme du monde...

Mais voici qu'il ne pouvait plus penser du tout... Lui-même n'avait pu garder intacte son âme... L'ours a dû monter des degrés pour côtoyer le *porouch*. Mais celui-ci a dû en descendre tout autant pour se retrouver aux côtés de l'animal.

Et le *porouch* ressentit une énorme fatigue dans tous ses membres, ses paupières retombèrent sur ses yeux, il se leva d'un pas chancelant et s'approcha de sa couche.

L'ours le suivit et s'allongea à son tour près du grabat.

Le *porouch* fut désormais persuadé que l'injustice, les iniquités et la méchanceté ne quitteraient jamais notre monde : l'ours est devenu un peu humain, lui est devenu un peu ours. Et le *porouch*, déjà couché près de l'ours, ne pourra pas réveiller l'âme du monde...

« ÉCOUTE ISRAEL » OU LA CONTREBASSE

A Tomachov — petite ville polonaise proche de la frontière de la Galicie — apparut, un beau jour, un pauvre jeune homme. Personne ne savait d'où il venait, ni où il habitait. Il surgissait de temps en temps pour crier famine.

Soit. On ne refuse pas de donner à qui tend la main. Surtout lorsqu'il s'agit de quelqu'un qui ne demande ni argent, ni plats choisis, mais seulement un croûton de pain. Aussi ne doit-on pas « procéder à une enquête pour voir si le demandeur a faim ou non [48] ». Car tout être vivant a droit à sa nourriture. Toutefois, on observa aussitôt le comportement bizarre de ce jeune homme. Son regard semblait se diriger au loin, sans prendre garde à ce qui se passait autour de lui. Il remuait les lobes de ses oreilles comme on remue les paupières, comme s'il captait constamment des voix et des sons, bien que le silence régnât alentour, un silence pareil à celui qui précède le son du *chofar* *.

Il n'est donc pas étonnant que, doté comme il semblait l'être, d'un regard pénétrant et d'une ouïe fine, il parût fort étourdi. Quand on lui adressait la parole, il sursautait — comme si on l'avait tiré d'un autre monde, et sa réponse se limitait à un « oui » ou à un « non ». S'il lui arrivait de parler davantage, il s'embrouillait dans ses paroles, comme pris dans un filet.

Son front se couvrait de sueur et il avait beaucoup de peine à s'en sortir.

Une ménagère l'envoyait-elle faire quelque commission, le jeune homme disparaissait pour quelques jours et ne revenait qu'après l'avoir faite tout de travers ; certes, non par paresse, mais tout simplement par étourderie.

« As-tu trouvé Un tel ou Un tel ?

— Je ne l'ai trouvé qu'aujourd'hui.

— Et qu'as-tu fait jusqu'ici ? »

Il ressortait de ses explications que, chemin faisant, il avait rencontré une souris qui sifflait, car elle avait perdu sa route... Puis, un oiseau lui avait adressé un pépiement et il n'avait pu que se lancer à sa poursuite. Et voici pourquoi il n'était revenu qu'aujourd'hui. La commission dont il avait été chargé, ou bien il n'en avait pas saisi d'emblée le sens, ou bien il l'avait oubliée en cours de route. C'est ainsi qu'il faisait tout à tort et à travers. Il souriait en toute innocence et tendait une main chétive pour prendre le croûton de pain qu'on lui donnait.

L'été venu, dans une petite ville sans affaires ni commerce, assis aux fenêtres, les gens bâillent, livrés à ces journées vides, d'une longueur démesurée. Ils guettent la place du marché, dans l'espoir d'y découvrir quelque chose pour s'y accrocher. Il arrive ainsi que quelqu'un, de sa fenêtre, aperçoive le pauvre hère étranger et que, ayant fait la chasse à toutes les mouches de la maison et ne sachant quoi faire de mieux, il l'interpelle pour le soumettre à un interrogatoire serré :

« Approche-toi, jeune homme ; viens, entre chez moi. »

Le pauvre hère décline l'offre d'un signe de tête.

« Pourquoi ne veux-tu pas entrer ?

— Comme ça. »

Le bonhomme éclate de rire. Il sort dans la rue, s'assied sur le seuil de la maison et s'adresse à nouveau à l'innocent :

« Comment t'appelles-tu, jeune homme ?

— Comment je m'appelle ? répète l'autre. Il me semble que je m'appelle Abraham. Oui, Abraham.

— Quoi, tu ne sais pas au juste comment tu t'appelles ? »

Non, il n'est sûr de rien. Comment peut-on être sûr de quoi que ce soit lorsqu'il y a tant de choses illusoires ?

L'homme rit de plus en plus.

« Et ton nom de famille, le connais-tu ? »

L'innocent n'en sait rien et, en toute naïveté, il demande à quoi peut bien servir un nom de famille.

Notre homme essaie de lui en expliquer l'utilité.

« Certes, un nom de famille est nécessaire. Car autrement, comme il y a beaucoup d'Abraham, on pourrait les confondre.

— Et puis ?

— A qui appartiens-tu, jeune homme ?

— A mon père.

— Et comment s'appelle ton père ?

— Il s'appelle " père ".

— Et où est ton père ?

— Là où est ton père. »

Ce disant, il pointe un doigt vers le haut, vers le ciel.

« Tu es un drôle de gars, fait le bonhomme en souriant et, à nouveau, il l'interroge :

« Et tu n'as pas d'autre père ?

— Non.

— Mais tu as une mère ?

— A quoi bon ? »

L'homme rit. L'innocent lui demande :

« Puis-je m'en aller ?

— Tout à l'heure. Reste encore un peu », répond l'homme, amusé.

« Et d'où viens-tu, mon savant ?
— Du village.
— Comment s'appelle ce village ? Où se trouve-t-il ? »

L'innocent ne sait que répondre.

« Est-ce qu'il est loin d'ici ?
— J'ai marché, marché, marché... »

Il répète « marché » tant de fois que ses lèvres se fatiguent et il conclut : « Et puis, j'ai encore marché.
— Combien de jours et combien de nuits ? »

Il ne les a guère comptés.

Enfin, l'autre s'avise de lui demander s'il sait prier.
« Prier ? »

L'homme doit lui expliquer ce que signifie prier. L'innocent ne saisit le sens de ce mot qu'après avoir subi tout un vain bavardage. Il comprend alors que prier veut dire « parler avec le Père ».

« Mais oui, c'est bien cela, déclare l'homme qui craint que ses entrailles n'éclatent à force de rire.
— Je sais dire : " Ecoute Israël... ".
— Qui te l'a appris ? »

Et le pauvre hère raconte que, sur le chemin qui, à travers la forêt, mène du village à la ville, il avait rencontré un vieillard. Celui-ci lui avait dit qui était son père et lui avait enseigné aussi comment il devait parler avec son père. Il n'avait qu'à dire : « Ecoute Israël » et, bien qu'il ne comprît pas ce qu'il disait à son père, le vieillard estimait, lui, que le père comprenait tout et était satisfait.

« Et quand est-ce que tu parles au Père ?
— Deux fois par jour. Et pendant que je parle, je joue.
— Tu joues ? De quel instrument ?
— De n'importe lequel. »

Au village, il lui arrivait de tirer des sons d'un brin

d'herbe ; puis on lui avait appris à confectionner un sifflet en bois. Il jouait alors de son sifflet en bois. En ville, on lui avait fait cadeau d'un sifflet en terre glaise ; aussi, jouait-il maintenant de son sifflet en terre glaise.

« Et si on te donnait, par exemple, un violon ? »

Les yeux de l'innocent s'enflamment. Pour sûr qu'il aurait aimé avoir un violon, comme en ont les musiciens de la ville et, de préférence, une grande caisse comme celle qu'on porte sur le dos, attachée par des courroies... C'est alors qu'il aurait vraiment joué...

« Mais, raille l'homme, avant de t'acheter un tel instrument, tu devrais me faire entendre ta musique. »

Alors l'innocent sort de sa blouse son sifflet en terre glaise et se met à siffler.

Son sifflement provoque un branle-bas parmi les oiseaux. Ils accourent de toutes parts et se mettent à tournoyer dans le ciel. L'innocent, tout souriant, les regarde voltiger, puis remet son sifflet dans sa poche.

Quant à l'homme, qui n'avait pas levé la tête, il ne s'aperçut de rien. Le sifflement avait cependant fait accourir la ménagère et, derrière elle, la servante ; deux couples s'étaient penchés à la fenêtre pour voir ce qui se passait dehors.

Pour se donner de l'importance, l'homme continua à interroger l'innocent :

« Et de quoi vivais-tu dans la forêt ?

— Je mangeais des champignons.

— Ah, se dit le villageois, il sait au moins trouver des champignons.

— Et auparavant, au village, de quoi vivais-tu ?

— D'un peu de tout, de ce qu'on me donnait.

— Mais qui te donnait à manger ?

— Un paysan, une paysanne, quelquefois même le curé et l'aubergiste.

— Et que te donnait-on ? »

Le bonhomme retient son souffle ; maintenant, pense-t-il, je vais en apprendre de belles.

L'innocent répond naïvement qu'on lui donnait des choux, du *borchtch* *, de la viande et du pain, mais il ne mangeait jamais autre chose que le pain. Le reste, il le gardait pour les oiseaux.

« Et pourquoi du pain seulement ? »

C'est qu'il n'aime que le pain et déteste toute autre nourriture. Le vieillard de la forêt avait lui aussi demandé ce qu'il mangeait et, apprenant qu'il ne mangeait que du pain, lui avait dit qu'il l'aimait à cause de cela, et lui avait appris à parler avec le Père... Aussi, vénère-t-il le vieillard... C'est avec beaucoup de ferveur qu'il récite son « Ecoute Israël », parce que le vieillard le lui avait recommandé.

L'homme ne laisse toujours pas l'innocent s'en aller et continue à l'interroger :

« Et si ce vieillard t'avait ordonné de voler ?

— J'aurais volé.

— Et pillé, tué ? »

J'aurais pillé, tué... Mais il n'aurait jamais ordonné une chose pareille, car il est bon, le vieillard.

« Mais voyons, s'il était venu et t'avait ordonné d'assassiner quelqu'un ?

— J'aurais assassiné.

— Et tu n'aurais pas eu peur du Père ?

— Peur de quoi ?

— Peur qu'il te punisse. »

Pour la première fois, un sourire éclaira le visage de l'innocent :

« Vous voulez rire, un père ne punit jamais. »

Entre temps, on appelait à la prière de *Min'ha* et notre homme se dirigea vers la Maison de Prières, s'apprêtant à se vanter, entre la prière de *Min'ha* et celle de *Ma'ariv* *, de la façon dont il s'y était pris pour faire parler l'innocent.

C'eût été naturellement toute une affaire pour la petite ville si on n'avait eu, par la suite, à s'occuper d'une autre histoire.

La communauté possédait un orchestre : deux violons, une flûte, une clarinette, une « bomkzigkzok » ou « assiette de résonance » comme on appelle cela ailleurs et, pour compléter tout ce bazar, une contrebasse, comme il se doit. C'était, en somme, un misérable orchestre, qui se produisait à l'occasion de mariages et de diverses réjouissances, aux fêtes de *Pourim* et de *Hanoukka*[49], les musiciens faisaient la quête et, quelquefois, quand les autres orchestres étaient pris, on engageait nos pauvres musiciens pour jouer au bal organisé par quelque petit seigneur. L'orchestre ne se distinguait certes pas en matière de musique.

Un jour d'hiver, aux premières lueurs de l'aube, notre orchestre s'en revenait d'un bal seigneurial. Les musiciens qui avaient bu sec mais qui, bien entendu, n'avaient pas goûté aux aliments interdits aux Juifs, s'étant contentés d'une simple bouchée de pain, déambulaient en ordre dispersé, chantant et jurant ; le contrebassiste, chargé de l'instrument le plus lourd de l'orchestre, traînait péniblement derrière la bande. Le vieil homme chétif pataugeait dans la neige et se donnait beaucoup de peine pour avancer sur la route. Il appelait, suppliant les autres de ne pas s'éloigner de lui, mais on ne l'écoutait pas. Entre-temps, nos musiciens s'étant pris de querelle à cause du partage du cachet, se lançaient des malédictions et, comme ils avaient un peu bu, ce fut la bagarre... Le temps, changeant, amena une nouvelle bourrasque de neige et nos musiciens, à moitié dégrisés, se mirent à courir. Arrivés chez eux, ils tombèrent épuisés sur leur lit. Mais ils ne purent dormir longtemps, car le joueur de contrebasse n'était pas rentré et sa femme courait d'un musicien à l'autre, les arrachant par ses cris au sommeil : « Où est mon mari ? où est mon mari ? »

Ivres d'alcool et de sommeil, nos musiciens ne comprirent pas d'emblée ce qu'elle leur voulait, mais un moment après, un frisson les saisit. Ils se levèrent et se mirent à la recherche du joueur de contrebasse. La route, couverte de neige fraîche et pure, était blanche comme un linceul. Aucune trace, nulle part, du joueur de contrebasse.

Les musiciens rentrèrent penauds. Une seule lueur d'espoir restait encore : Peut-être que le joueur de contrebasse avait pensé à chercher refuge dans quelque village.

Un jour passa, un autre vint. Le dégel suivit la chute de neige. C'était un vendredi. Les hommes se rendaient à l'établissement de bains en l'honneur du *Chabbath* ; ils s'informèrent encore du joueur de contrebasse, mais personne ne savait rien. Soudain, un char arriva sur la place du marché, amenant le corps gelé du joueur de contrebasse... Les hommes s'empressèrent d'enterrer le mort avant l'heure où l'on allume les bougies... Ils craignaient l'autopsie. Les obsèques risquaient même d'entraîner les Juifs à une profanation du *Chabbath*. Dès le lendemain, la veuve implora justice : le joueur de contrebasse avait cinq pauvres petits marmots. A l'issue du *Chabbath*, la communauté convoqua une réunion à laquelle les musiciens furent conviés. La caisse de la communauté étant vide, on proposa aux musiciens de se passer désormais du joueur de contrebasse et de remettre à la veuve le cachet revenant à celui-ci. Les musiciens firent remarquer qu'un orchestre sans contrebasse ne mérite pas le nom d'orchestre ; si, dirent-ils, des réjouissances juives pouvaient encore s'en passer, à la rigueur, avec l'autorisation de la communauté, un gentilhomme, lui, ne consentirait jamais à exécuter les premiers pas d'une danse sans contrebasse... Mais le rabbin fut d'avis que le fait de procurer les moyens d'existence à une personne juive, valait bien plus que tous les orchestres et que toutes les danses seigneuriales du monde... Là-dessus les musiciens firent respectueusement observer au rabbin qu'il n'était pas grand spécialiste en matière de musique. Cette objection déclencha un tumulte et, de toutes parts, les musiciens s'entendirent traiter de vauriens, de malappris et de rustres.

L'homme qui avait si bien interrogé l'innocent, intervint en frappant du poing sur la table.

« Messieurs, silence ! »

Il avait, disait-il, trouvé une solution. Il connaissait un jeune homme qui désirait ardemment jouer de la contrebasse et qui, sans aucun doute, connaissait son affaire. On marierait donc le jeune homme avec la veuve ; la chèvre et le chou seraient ainsi ménagés et il n'en coûterait pas un denier à la communauté... Lui-même n'avait pas pris au sérieux sa proposition, mais le conseil de la communauté et les musiciens la saisirent au vol, comme un noyé qui se cramponne à une planche ; la veuve ne s'y refusa pas. Avreml * non plus. Et l'on dressa le dais nuptial le mois même.

C'est ainsi que l'innocent se vit doté d'une femme et de cinq enfants, ainsi que d'une contrebasse et d'un archet.

Avreml vécut en bonne intelligence avec sa femme ; il n'entre jamais dans la maison et sa couche se trouve devant la porte. Désœuvré, il passe ses journées quelque part hors de la maison, sauf lorsqu'une fête se déroule dans la petite ville ou qu'un gentilhomme donne un bal. Il joue alors de la contrebasse. Lorsqu'il a faim, il frappe à la fenêtre de sa demeure et sa femme lui donne un croûton de pain ; il disparaît aussitôt jusqu'au moment où il a faim de nouveau. Il arrive que les voisins interrogent la femme du joueur de contrebasse sur la vie du ménage. Elle leur répond en souriant qu'elle est la femme la plus heureuse. Une femme de son âge se contente de peu. Son mari ne mange pas, ne boit pas, ne lui fait jamais de scène ; c'est elle qui fait les comptes avec l'orchestre et c'est à elle qu'on remet la part de son mari... Elle ne manque de rien.

Avreml, non plus, ne semble manquer de rien. Au début, il avait eu des histoires avec les autres musiciens, car il n'arrivait pas à suivre le rythme de leur musique ; la contrebasse allait son petit bonhomme de chemin, sans s'occuper des autres instruments. Même lorsqu'ils avaient déjà achevé leur partition, Avreml continuait à trotter consciencieusement, comme s'il accompagnait un autre orchestre, jouant quelque part au loin, et que lui seul entendait. Mais avec le temps, on s'habitua à lui... Si la chose se passait chez un gentilhomme, les musiciens savaient ce qu'il leur fallait faire au moment où la mélodie allait prendre fin : l'un d'eux attrapait Avreml par la manche et l'arrêtait net. Par contre, aux noces juives, on le laissait jouer seul et les invités riaient ; cette attraction avait le don de les divertir, surtout à l'heure du repas.

La communauté était fort satisfaite d'Avreml. Il restait toujours assis, le visage tourné vers le mur, silencieux pour ne pas être obligé de regarder les femmes en face. Il n'acceptait jamais rien à manger à une cérémonie nuptiale et avait toujours avec lui un croûton de pain ; on ne s'apercevait même pas quand il mangeait. Le matin et le soir, pour faire sa prière, il sortait de la ville et jouait dans le pré, au bord de la rivière, et, à minuit, sur la place du marché. Les sons de sa contrebasse flottaient dans la nuit silencieuse et pénétraient dans les demeures à travers portes et volets, jusque dans les cœurs. Par leurs accents naïfs, ces appels parvenaient à éveiller même celui qui était resté sourd à la voix du « Marteau-de-la-Maison de prières * » ; la contrebasse faisait « bouh ! bouh ! bouh ! » et les Juifs quittaient leur lit pour servir Dieu. Ils allumaient les bougies et faisaient leur prière de minuit.

Il arrivait qu'un seigneur quittât sa partenaire au milieu d'une danse, bondît vers Avreml et lui arrachât une papillote pour le punir de s'être écarté d'un air en cours d'exécution ; lors de réjouissances, le public trouvait en Avreml un objet de divertissement ; mais, tous les jours de l'année, sa contrebasse aidait les Juifs à se réveiller, afin de donner cours à leurs gémissements.

« Ce n'est qu'un innocent — disaient-ils. Mais les sons qu'il tire de son instrument ont quelque chose de mystérieux. »

D'autres disaient :

« C'est une âme muette, hélas ! qui cherche la communion avec le Créateur, mais qui n'a pas de langue. »

Un jour, on célébrait à Tomachov une grande noce, une noce comme il n'en arrive qu'une fois par siècle. Un conseiller de la communauté juive de Lublin s'alliait au rabbin de Cracovie ! et la ville de Tomachov se trouve précisément située à mi-chemin entre ces deux communautés. Le conseiller, désireux de montrer au rabbin de Cracovie une pompe nuptiale sans égale, afin que celui-ci l'appréciât à sa juste valeur, fit monter de la cave un tonneau rempli de pièces d'or pour les frais de la noce ; il dépêcha, en outre, à Tomachov, plusieurs serviteurs chargés de préparer une noce royale, comme il sied à un riche conseiller, digne de s'allier à un rabbin de Cracovie.

Les serviteurs de Lublin arrivèrent donc à Tomachov et se mirent tout d'abord à la recherche d'une salle convenable pour la noce à laquelle étaient invités les gens de Lublin et de Cracovie, sans parler des Juifs du lieu, noce qui serait honorée de la présence d'hôtes de marque, Juifs riches, gens de renommée, grands talmudistes, rabbins et juges... Une noce où joueraient trois orchestres — celui de Lublin, celui de Cracovie et celui de Tomachov, qui refusait résolument de se laisser évincer.

Au bout de la ville, il y avait un grand hangar abritant, durant l'hiver, le bois emmagasiné par les grands marchands et qui, après le séchage, était dirigé sur Dantzig par voie fluviale, le long de la Vistule. Les serviteurs louèrent ce hangar pour le conseiller, le firent décorer à l'extérieur de toutes sortes d'images peintes, et accrochèrent à l'intérieur des rideaux brodés, comme dans une *soucca* * ; ils y installèrent des tables pour les femmes et suspendirent aux murs des lanternes de papier ; il y avait place pour quatre cents personnes ; le hangar avait plusieurs portes : une pour les femmes, une autre pour les serviteurs et une troisième pour les musiciens. Au milieu de l'édifice, on aménagea un portail, surmonté d'une « couronne de la Tora » peinte, destiné à donner passage au rabbin de Cracovie, ainsi qu'aux autres invités.

Enfin, le jour du mariage arriva et les invités affluèrent. Les familles de Tomachov les accueillirent, chacune d'elles s'estimant grandement honorée de les héberger. Aussi leur offrait-on la meilleure pièce de la maison.

Au repas de noces, lorsque les bougies brillèrent dans les chandeliers sabbatiques sur les tables et dans les lanternes de papier accrochées au mur, lorsque scintillèrent les boucles d'oreilles des femmes, leur front paré de bandeaux et les écharpes incrustées de pierres précieuses, le hangar s'illumina de la lumière de la Tora, grâce à la présence des grands savants talmudistes de Lublin, de Cracovie et de Tomachov ; le rabbin de Cracovie présidait la cérémonie.

Et lorsqu'une file de serviteurs apparut dans la salle, avec de grands plats de poisson, les couverts en argent tintèrent et leur son se mêla au murmure des femmes à table. Mais tout cela était dominé par la voix du rabbin de Cracovie qui, du haut bout de la table, s'entretenait avec ses hôtes de la Tora. Soudain, la musique résonna, lançant un air gai joué par trois orchestres à la fois, un air retentissant qui fit vibrer de joie les flammes des bougies sur la table et sur les murs. Et le rabbin de Cracovie s'appuya contre le dossier, le visage radieux, car il était connaisseur en musique...

Bientôt les orchestres déversèrent leur mélodie enjouée en un *volakh*. Sans qu'on s'en fût aperçu, elle avait glissé de la pente sur laquelle elle s'était engagée... Un violon de Cracovie le joue, le souligne, ouvre les cœurs, y verse la mélodie... Et les trois orchestres le soutiennent doucement, mais fermement... C'est comme si l'eau bercée par la Vistule s'écoulait en silence, murmurant et vibrant en l'honneur du fiancé et de la fiancée et du rabbin de Cracovie et de tous ses invités ; comme si un oiseau merveilleux voltigeait au-dessus de l'eau, jouant une douce et charmante *yalé* *, une *yalé* envahie soudain par des cris joyeux et sonores, une mélodie d'où jaillit une autre *yalé* car, malgré la réjouissance, il est défendu d'oublier, dans la Diaspora, l'exil de la *chekhina*. Mais voici que la fête reprend son élan par un cri impétueux, car malgré tout on assiste à une noce splendide qui a réuni tant de grands savants et, à leur tête, le rabbin de Cracovie. Et l'orchestre se lance dans une course folle ; tous les instruments y participent, ils escaladent les cimes de l'allégresse, transportés par la joie, toujours plus haut, gravissant les degrés avec enthousiasme, en une danse fulgurante.

Soudain, tous les instruments s'arrêtent, comme si leurs cordes s'étaient rompues au même moment. C'est le silence. Et dans ce silence, on entend un seul « bouh ! bouh ! bouh !... ». C'est Avreml qui continue à jouer. Tous les regards se portent sur lui, personne ne bouge, tout le monde suit le mouvement du bras d'Avreml, qui s'étire et se contracte, l'archet dans la main : « bouh ! bouh ! bouh ! ».

Les musiciens l'ont laissé jouer tout seul, dans l'intention d'amuser le public à ses dépens... Mais ils ont manqué leur coup...

Les musiciens attendent en effet le moment où le public éclatera de rire. Mais les invités continuent d'épier les mouvements d'Avreml, tout en jetant des regards du côté du rabbin de Cracovie, car on n'osait pas rire en sa présence. Les visages sont sillonnés de rides, les lèvres se tordent et le rire reste au bord des yeux, mais on regarde le rabbin de Cracovie et on attend. Et le rabbin de Cracovie appuie sa calotte fourrée contre le dossier de sa chaise et tient les paupières baissées.

Ne s'est-il pas endormi, le rabbin de Cracovie ?
Et la contrebasse continue de jouer : « bouh ! bouh ! bouh ! ».
L'angoisse gagne les invités.
Soudain, tous les regards se détachent du rabbin de Cracovie et se dirigent vers la porte du milieu. On entend derrière la porte un bruit de pas. Les serviteurs s'agitent, effrayés, ouvrent la porte et s'écrient :
« Non, non. On va vous servir à part... »
Tout le monde comprend qu'il s'agit là de pauvres qui veulent forcer l'entrée de la salle. Le rabbin de Cracovie ouvre les yeux, voulant sans doute ordonner de laisser entrer les mendiants. Il ne pourrait en être autrement.
Mais au même moment, apparaît dans l'encadrement de la porte un vieillard, coiffé d'un *spodek*, la barbe et les papillotes blanches en broussailles ; il a l'air d'un

mendiant parmi tant d'autres, mais ses yeux sont majestueux et ses gestes dénotent une aisance princière. Les serviteurs reculent malgré eux devant l'éclat de son regard comme saisis de respect à la vue du vieillard ; sur un simple geste de sa main, ils s'écartent pour le laisser entrer dans la salle de noces. Le vieillard, vêtu de haillons, mais aux yeux et aux gestes de monarque, pénètre dans la salle. Une cohorte de mendiants le suit. Il s'arrête au milieu du hangar et, derrière lui, se massent les mendiants. Tous les regardent, stupéfaits, sans prononcer un mot. Le rabbin de Cracovie, lui aussi, garde le silence. Mais Avreml, le dos plié, ne s'arrête pas de jouer. Son épaule tremble et son bras promène l'archet sur l'instrument ; la contrebasse continue à gémir avec ardeur et mélancolie : « bouh ! bouh ! bouh ! ».

Vêtu en mendiant, le vieux roi ouvre la bouche. Les invités se penchent par-dessus la table du milieu, tandis que les convives des autres tables se lèvent sans faire de bruit et se tiennent debout sur la pointe des pieds. Comme attirés par un aimant, ils sont suspendus aux lèvres du vieillard.
Et le vieillard ne prononce qu'un seul mot :
« Minuit ! »
Un instant après, il ajoute :
— Rabbin de Cracovie, Avreml sait jouer pour la prière de minuit... Vous ne le croyez pas, rabbin de Cracovie ? Vous l'entendez... Vous avez mérité la grâce d'entendre Avreml jouer pour la prière de minuit, car le destin vous a favorisé en vous alliant au conseiller de Lublin et en situant Tomachov à mi-chemin entre cette ville et Cracovie... Grâce à vous, les autres invités entendront Avreml jouer, mais ils n'y apporteront pas tous la même compréhension, car vous êtes le seul ici à apprécier la vraie musique...

Et Avreml continue de jouer : « bouh ! bouh ! bouh ! ». Tout le monde demeure perplexe et comme ensorcelé. Le vieux mendiant lève son bras droit et fait un signe. Le plafond s'ouvre alors en son milieu, comme s'il déployait ses deux ailes, l'une à droite, l'autre à gauche.

Le ciel apparaît au-dessus du hangar, un ciel parsemé d'étoiles étincelantes. Dans l'ouverture du plafond, la lune vogue silencieusement. La lune disparue, le vieux mendiant fait de nouveau un geste de la main et le ciel s'ouvre largement, inondé d'une lumière vibrante et de musique. C'est le chœur des anges qui célèbre l'office de minuit ; ce sont les orchestres d'anges qui jouent le même air et Avreml, sur sa contrebasse, accompagne cette mélodie. Il semble planer dans la musique de cette lumière qui vibre là-haut...

Tous sont saisis d'effroi...

Mais voici que le vieillard fait un nouveau geste de la main ; aussitôt le ciel se referme. La musique s'est tue. Les étoiles scintillent et vibrent silencieusement, tristement...

Le vieillard lève la main une fois encore et les deux moitiés du plafond se rejoignent. Les invités retiennent leur souffle, pétrifiés et l'on n'entend plus que la contrebasse d'Avreml qui fait ses « bouh ! bouh ! bouh ! ».

Soudain l'archet échappe à la main d'Avreml et la contrebasse tombe par terre. Tourné vers les invités, Avreml se met à réciter son « Ecoute Israël » et il le chante sur l'air qu'il jouait alors qu'il se croyait dans le ciel... A peine a-t-il terminé sa prière qu'il s'évanouit...

Le vieillard le retint dans sa chute et appela les serviteurs :

« Portez-le à l'abri », dit-il.

Les serviteurs obéirent.

Puis le vieillard parla :

« Rabbin de Cracovie ! Vous êtes venu ici pour assister non à une noce, mais à des obsèques. Avreml a été appelé par les puissances célestes qui avaient besoin d'une contrebasse... »

Ayant dit, le vieillard disparut, ainsi que la foule des mendiants...

Et il en fut ainsi :

Avreml, le joueur de contrebasse, décéda le lendemain dans le *Beth-Hamidrach* ; le rabbin de Cracovie avec tous les invités assista à ses obsèques. On dit que le vieillard n'était autre que Reb Leib, fils de Sarah...

Il se peut qu'il en ait été vraiment ainsi.

LE SACRIFICE

Il était une fois un grand prince qui vivait dans un beau palais entouré de jardins au bord de la mer.

Le prince était veuf et ne voulait pas se remarier, car il avait deux filles, Sarah et Rivkah.

Un jour, le prince se mit à la fenêtre pour regarder ses filles qui étaient au jardin. Il vit Sarah, son aînée, assise sur un banc en train de broder. Il savait bien ce qu'elle brodait avec des fils d'or et d'argent, mêlés d'écarlate, sur un fond de velours : un *parokheth* * destiné à la *Choul* de la ville. Ses petites mains adroites semblaient littéralement voler en tirant l'aiguille. Quelle belle fille, quel être d'élite et quel cœur pieux !

Rivkah, la cadette, courait sur le gazon, cueillant les fleurs les plus belles et les plus rares pour en tresser une couronne. Il savait bien pour qui : pour lui, son cher père. Quelle belle fille, quelle créature adroite et quel cœur tendre !

Il leva son regard et le laissa planer sur la calme mer bleue. Il se demanda, quelque peu étonné, pourquoi on ne voyait point paraître de navire portant à son bord de futurs époux pour ses filles et quand, enfin, lui serait donnée cette satisfaction...

Et voici qu'en scrutant ainsi l'horizon, il aperçut soudain une petite barque qui s'approchait lentement du rivage. Les deux rames traînaient dans l'eau, immobiles. Une main d'homme émergeait de la barque et glissait au fil de l'eau.

Le navigateur s'était-il endormi en proie à la fatigue ou était-il victime d'une insolation ? Inquiet, le prince se précipita au-dehors, appela ses serviteurs et les entraîna en direction du rivage. Ses deux filles, l'ayant entendu appeler, accoururent de leur côté.

Mais à peine avait-on détaché un bateau pour se porter au secours de la petite embarcation à la dérive que celle-ci atteignait le rivage. Un jeune homme y gisait, sans connaissance.

« Oh ! qu'il est beau », s'écria Rivkah, pendant que Sarah s'occupait du malade. On avait apporté une civière du palais et l'on y installa l'homme qui n'avait pas encore repris connaissance. Sur l'ordre de Sarah, on le transporta dans une chambre du palais.

« Je pars en ville chercher un médecin, annonça le prince, et déjà les valets lui amenaient un char tout attelé.

— Moi, je m'en vais cueillir des fleurs pour le beau malade, déclara Rivkah, afin qu'il se voie entouré de fleurs lorsqu'il reviendra à lui et ouvrira les yeux. »

Sarah resta auprès du malade. Elle s'assit à son chevet et, silencieusement, se mit à prier pour lui.

Le soir était venu. Le soleil couchant mêlait ses reflets rouges aux ombres de la chambre du malade. Puis le silence se rompit et la porte s'ouvrit soudainement sur une apparition toute de noir vêtue et dotée d'une large paire d'ailes noires.

« Qui es-tu ? demanda Sarah effrayée, sans pouvoir détacher ses yeux de l'apparition.

— Je suis l'ange de la mort chargé d'emporter l'âme de ce jeune homme.

— Oh, supplie Sarah, laisse-le en vie. Vois comme il est jeune et beau. Vois comme il dort inconscient et comme un doux sourire se dessine autour de ses jolies lèvres. Il rêve d'une vie douce et belle et le bonheur rêvé se mire sur ses joues pâles, sur son front noble...

— Tu t'es mise à l'aimer, fillette, dit l'ange de la mort, rachète-le donc pour quelques minutes.

— Pour quelques minutes seulement ? Et comment cela ? »

L'ange ne répond pas à sa première question, mais dit :

« Tu as de belles tresses noires, fais-m'en cadeau !
— Prends-les ! » s'écrie Sarah.

Et l'ange de la mort extrait de sous son manteau noir son couteau bien aiguisé — et il taille. Sarah reste là avec des cheveux coupés à ras. Puis l'ange disparaît, mais pas pour longtemps.

Le soleil est descendu encore plus bas. Dans le silence du soir, on entend le chant de Rivkah parmi les fleurs. Elle chante un air doux et tendre dont on ne distingue pas les paroles. Et l'ange de la mort se présente pour la deuxième fois.

« Les quelques minutes sont passées, annonce-t-il.

— J'aimerais lui acheter encore quelques minutes, dit-elle, peut-être ouvrira-t-il les yeux.

— Tu veux voir ses yeux ? Que m'offres-tu en échange ?

— Ce que tu voudras, ô ange.

— J'ai besoin de couleurs, dit-il, donne-moi l'albâtre de ton corps, la pourpre de tes lèvres, l'azur de tes yeux.

— Prends-les, répond Sarah.

— Je ne t'accorde que quelques minutes, précise l'ange.

— Quelques minutes seulement », répète-t-elle faiblement, déjà toute pâle, les lèvres bleues, les yeux éteints.

L'ange disparaît, et le chant de Rivkah s'approche toujours. « Bientôt elle sera là », pense Sarah et ne sait si elle en éprouve de la joie ou de la peine. Mais avant que sa sœur n'arrive, l'ange de la mort apparaît pour la troisième fois.

« Si vite, murmure Sarah en tremblant.
— Veux-tu acheter encore deux minutes ?
— Oui, je le veux.
— Tu as de belles dents...
— Prends-les. »

L'ange les lui prend. Le jeune homme n'a toujours pas ouvert les yeux et déjà on entend le pas léger de Rivkah dans l'escalier. Elle monte en courant, mais l'ange arrive avant elle.

« Que dois-je encore te donner, demanda Sarah désespérée, que me reste-t-il encore ?
— Ton âme, répond l'ange de la mort, une vie pour une vie. Donne ta vie en échange de la sienne !
— Je la donne !
— Mais pas ici, dit l'ange, il te faut monter dans ta chambre, te coucher sur ton lit, car c'est ainsi que tu es appelée à mourir.
— Et lui ?
— Il vivra. Il vivra toutes les années de sa vie. »

Sarah chancelante, monte dans sa chambre. L'ange de la mort la suit de près.

Dans ce même instant, Rivkah, une chanson sur les lèvres, ouvre la porte et jette des fleurs au malade. Et le malade ouvre ses yeux, saute du lit et s'élance vers elle comme s'il était attiré par un aimant.

« Oh, comme tu es belle, ma bien-aimée !
— Oh, comme tu es beau, mon bien-aimé... »

LE TRÉSOR

Au moment des grandes chaleurs, il n'est guère agréable de dormir dans une chambre exiguë avec une femme et huit enfants. Même la plus délicieuse des nuits, la nuit de vendredi à samedi, qui est la nuit du *Chabbath,* ne soulage pas les tourments de cet enfer. Chmerl, le bûcheron, brûle de chaleur. Passé minuit, le malheureux se lève, haletant, se lave hâtivement les mains et, mettant son misérable manteau, s'échappe pieds nus. La rue est plongée dans un sommeil paisible, tous les volets sont clos ; un ciel haut, tranquille, étoilé, regarde la petite ville silencieuse. Et Chmerl pense qu'à cette heure calme et douce, il est seul avec Dieu, béni soit-il.

Alors, levant les yeux au ciel, il dit :

« Maître du Monde, il me semble que le moment est venu ! Si Tu voulais m'entendre et m'envoyer quelque chose de Ton Trésor... »

Mais quel est ce petit feu qui s'allume soudain à ses pieds, cette flamme qui se met à courir devant lui ? Cela ne peut être que le cadeau demandé, le cadeau de Dieu...

Chmerl est sur le point de s'élancer. Pourtant il n'en fait rien, se souvenant à temps qu'il ne faut pas troubler le repos de la nuit du *Chabbath.* Défense de courir ! Il s'avance posément, et la petite flamme, aussitôt, cesse de courir, réglant son mouvement sur le pas de Chmerl. Celui-ci marche lentement derrière la flamme et la distance qui les séparait au départ ne varie pas.

Une voix lui dit par moments, et elle semble venir de son cœur : « Que tu es bête, mon pauvre ami ! Ote ton manteau miteux ! Saute, jette ce vêtement sur la flamme, saisis-la ! »

Mais Chmerl a reconnu la voix du *Yetser Hara*, la voix du Malin. Il ôte son manteau, il est prêt à le jeter sur la flamme ; cependant, pour contrarier le *Yetser Hara*, il marche tout doucement, à petits pas, et, à sa grande joie, la flamme, elle aussi, ralentit son mouvement. Chmerl continue à la suivre ; il traverse les champs et les prés sur un sentier sinueux. La distance entre l'homme et la flamme n'a pas diminué. Et si à cette distance il voulait jeter sur elle son vêtement il ne l'atteindrait pas. Que de pensées et quelle rumeur dans sa tête !

« Si tu attrapes le trésor, tu ne seras plus bûcheron, tu n'auras plus besoin de peiner de la sorte. Tu n'es d'ailleurs plus assez fort pour faire ce travail épuisant. Tu achèteras pour ta femme une place permanente à la *Choul*, pour qu'elle puisse enfin s'asseoir les jours de *Chabbath* et de fête, quand la Maison de prières est comble. Se tenir debout du matin au soir le Jour de l'an et le Jour de *Kippour*, quelle fatigue pour elle qui est déjà si affaiblie ! Les enfants lui ont pris toutes ses forces... Elle aura une robe neuve, un collier de perles autour du cou... Les enfants seront placés dans de meilleures écoles et on trouvera un mari pour l'aînée... La pauvrette passe tout son temps à suivre sa mère, portant des paniers de fruits, et elle n'a même pas le temps de se coiffer proprement, elle qui a de si longues nattes et des yeux de biche... Il faut, oui, il faut attraper le trésor ! »

« Encore le *Yetser Hara* ! » se dit Chmerl. « Si le trésor ne m'est pas destiné, eh bien, il ne sera pas pour moi, voilà tout. En semaine, j'aurais su ce qu'il faut faire. Mon fils Yankel, lui, ferait sans doute quelque chose, s'il était ici... Ces enfants d'aujourd'hui... Qui sait comment ils passent le *Chabbath* ? Et le cadet qui se moque sans cesse de son *Mélamed*, ce pauvre malheureux à qui on arrache la barbe quand il veut corriger un élève !

« C'est triste, je n'ai pas le temps de surveiller les enfants. Il faut toujours couper, scier du bois... »

Il soupire ; par moments, il regarde le ciel en disant :

« Maître de l'Univers, est-ce une épreuve ? Est-ce moi, Chmerl, le bûcheron, que Tu désires éprouver ? Donne, si Tu veux donner ! »

Il lui semble que le trésor bouge à peine, mais voilà qu'un chien aboie tout à coup, et Chmerl réalise que l'aboiement vient de Vyssoki, le premier village à l'entour de la petite ville. Par endroits, l'air s'illumine déjà de la blancheur du matin. Et Chmerl sait qu'il est au terme de sa marche. De trop longues marches sont défendues le jour du *Chabbath*. Chmerl n'ira pas au-delà de cette limite fixée par le *Chabbath*, il ne dépassera pas la limite sabbatique. Il s'arrête.

« Oui, c'est la limite », déclare-t-il.

Et il ajoute, comme pour lui-même :

« Tu ne me feras pas quitter le chemin de Dieu. Et cette chose ne vient pas de Dieu, Dieu ne rit pas des gens. C'est le Malin. »

Chmerl conçoit du dépit à l'égard du Malin, il se hâte de regagner la ville, et il pense :

« Je ne dirai rien chez moi. D'abord, personne ne me croirait. Puis, tout le monde rirait. Et à quoi bon se vanter. Le Créateur connaît mon histoire, et cela suffit. Ma femme pourrait se fâcher. Et les enfants donc ! Pauvres petits ! Ils n'ont rien sur le dos. Et s'ils se fâchent, ils sont capables d'oublier qu'ils doivent honorer leur père... »

Non, Chmerl ne parlera jamais de cette chose. Même pas à Dieu. S'il a bien fait, Dieu s'en souviendra sans qu'on Lui en parle.

Chmerl jouit d'une quiétude profonde, étrangement douce.

« Après tout, qu'est-ce que l'argent ? il est comparable à certains fruits qui ne sont que pelure et pépins, ces fruits qu'on crache après les avoir mâchés. Les richesses détournent du chemin de l'honneur... »

Il voudrait remercier Dieu de ne pas l'avoir induit en tentation. S'il pouvait au moins chanter quelque chose, « Notre Père, Notre Roi », par exemple, ce chant qu'il connaissait au temps de sa jeunesse. Mais il se trouble et se tait. Il voudrait entonner quelque chose de plus solennel, un grand chant liturgique. Mais, soudain, il revoit la petite flamme qu'il avait abandonnée hors de la ville. La voilà qui, de nouveau, le précède à une distance toujours égale. C'est comme une petite promenade en l'honneur du *Chabbath* — la flamme se promène bien sagement, et lui, Chmerl, marche lentement derrière elle. Il est tranquille et content. Le ciel pâlit, les petites étoiles s'éteignent l'une après l'autre. Le levant rougeoie, et c'est comme une rivière pourpre qui se prolonge. La flamme, suivie de Chmerl, traverse la ville. Voici la rue où habite Chmerl, voici sa maison. La porte est ouverte, il aura sûrement oublié de la refermer. La flamme entre et se glisse sous le lit. Tout le monde dort. Chmerl se penche et regarde la flamme tourner sous le lit, tourner comme une toupie. Alors, il jette son manteau sur la flamme. Personne ne l'entend. Un rayon doré entre dans la chambre par une fente du volet.

Chmerl s'assoit sur le lit et jure de ne rien dire pendant le *Chabbath*. Cela pourrait entraîner une profanation du *Chabbath*, que Dieu nous en garde ! Elle, sa femme, ne pourrait pas se retenir, et les enfants encore moins. Ils voudraient compter, savoir combien il y en a exactement. Et le bruit du trésor de Chmerl courrait dans la ville, on en parlerait dans le *Beth-Hamidrach* et dans la *Choul*, dans toutes les rues. On parlerait des richesses de Chmerl, de la chance de Chmerl. On oublierait les prières, on oublierait tout. On ne se laverait plus les mains avant les repas, et on négligerait la bénédiction après le repas, à cause de Chmerl, toute sa famille et la moitié de la ville tomberaient dans le péché. Non ! Pas un mot ! Chmerl s'étend sur le lit et fait semblant de dormir.

Après la prière du *Chabbath*, lorsqu'on eut allumé la bougie de la fin du *Chabbath*, Chmerl, se baissant, souleva le manteau et découvrit un grand sac débordant d'or, de pièces d'or sans nombre. Le sac était très grand, il y avait beaucoup de place sous le grand lit. Ainsi, Chmerl, par son mérite, était devenu le plus riche d'entre les riches.

Pourtant, sa femme disait parfois :

« Maître de l'Univers ! Comment peut-on avoir un cœur plus dur que celui de la pierre ? Ne rien dire, se taire pendant tout ce jour d'été qui était si long ! Ne rien dire à sa propre femme... Et moi qui ai tant pleuré, tant pleuré pendant la prière de la fin du *Chabbath*, en disant le " Gott foun Avrom [50] "... Il n'y avait pas un sou à la maison... »

Souriant, Chmerl consolait sa femme :

« Qui sait ? Peut-être était-ce ton " Gott foun Avrom " qui a si bien arrangé les choses... »

LES YEUX BAISSÉS

I

Au temps jadis, vivait dans un village à quelques lieues de Prague, un certain Yé'Hiël-Mikhel. Il tenait l'auberge du village.

Le propriétaire du village n'était pas un seigneur quelconque, c'était un comte. Yé'hiël-Mikhel gagnait son pain quotidien très largement et, comme on dit, « avec quelque chose en plus », il était devenu quelqu'un, un très grand philanthrope, et ne manquait jamais une occasion d'accorder l'hospitalité à tous ceux qui venaient. Il se rendait toujours à Prague pour y passer les « jours redoutables * », et y faisait preuve d'une grande générosité. Yé'hiël-Mikhel n'était pas non plus un ignorant en Ecritures Saintes. Aussi avait-il ses entrées chez le rabbin et directeur de l'Ecole talmudique ; il achetait chez lui des *ethroguim* *, de la *matza-chmoura* *, etc. A cette occasion, il le priait d'intervenir au Ciel pour lui, afin que Dieu lui accorde des fils. Mais le directeur de la Yechiva * vit qu'il ne serait pas donné au Juif du village d'avoir de bons fils. Et des fils qui n'apporteraient que du chagrin, il valait mieux n'en pas avoir. Il refusa donc l'intervention demandée. Yé'hiël-Mikhel en conçut un vif chagrin. Le rabbin le consola en lui disant :

« Vois-tu, Yé'hiël-Mikhel, quand Dieu t'aura aidé, lorsque tu auras amassé une dot rondelette et que tu viendras me demander mon assistance, je te choisirai un gendre tel que tu n'auras qu'à te réjouir. »

Il rentra donc chez lui, quelque peu consolé. Ayant deux filles, il commença sans tarder à mettre de l'argent de côté, afin de constituer une dot, pour la fille aînée d'abord, pour la cadette ensuite. En somme, il se résigna. Des gendres versés dans les Ecritures Saintes ne sont pas non plus à dédaigner.

Il continua donc à amasser la dot. Et lorsqu'il eut cinq cents thalers, il appela sa femme Devacha et lui dit :

« L'heure est venue de marier notre fille aînée Néhama. »

Devacha ne trouva rien à redire et tous deux se mirent à établir le montant des dépenses : trois cents thalers pour la dot, et deux cents thalers pour le trousseau, les cadeaux de noce, les frais de mariage et les dons au rabbin, ainsi qu'à l'officiant, etc. Et le festin pour les pauvres sera tel que Prague s'en souviendra longtemps !

Mais cela ne se fait pas toujours aussi vite qu'on le dit. Des difficultés imprévues surgissent à tout instant. Le seigneur du village vous charge de commission par-ci, par-là ; dans l'intervalle, la neige tombe et rend les routes impraticables ; en été, il faut aussi compter avec les pluies ; et lorsqu'une fête chrétienne tombe ce jour-là, on ne peut guère abandonner l'auberge... Bref, rien ne se fait aussi vite qu'on le voudrait. Et cependant, l'homme propose et Dieu dispose...

II

Néhama, la fille aînée de l'aubergiste, est, à vrai dire, digne d'avoir un fiancé étudiant d'une Ecole talmudique de Prague ; cette jeune fille vaut de l'or, c'est une bonne âme tranquille. La bonté se reflète dans ses yeux doux et elle se laisse guider, elle fait ce que père veut, ce que mère veut et ce que veulent toutes les bonnes gens qui s'arrêtent à l'auberge... Avant de cuire le pain blanc, elle en détache un morceau et le jette au feu, en prononçant la bénédiction prescrite, elle bénit les bougies la veille du *Chabbath* et lit les Ecritures Saintes en traduction yiddish sans aucune difficulté ; en un mot, elle mérite le dais nuptial...

Certes, elle le mérite, tandis que sa sœur cadette, Malkalé, elle, a plutôt mal grandi. Elle n'a fait aucun mal, que Dieu l'en garde ! mais c'est un être quelque peu bizarre : toujours distraite, dissipée et rêveuse, tout lui tombe des mains... Parfois, elle baisse les paupières et son visage est pâle comme de la craie ; elle semble errer dans un monde imaginaire ; quand on l'interpelle, elle sursaute et est sur le point de s'écrouler, comme si on l'avait fait venir de l'autre monde... Parfois, elle vous jette un regard si pénétrant et si insolite que vous êtes obligé de reculer d'un pas.

On pouvait même observer chez elle un penchant licencieux. C'est ainsi qu'il devint impossible de l'arracher à l'auberge, surtout la nuit, lorsqu'on jouait et dansait. Elle aurait pu rester des nuits entières à regarder de tous ses yeux les jeunes paysans s'amuser avec les paysannes, emportés dans des rondes vertigineuses, et à écouter leurs chants qui faisaient résonner l'auberge... Quand on l'arrachait de force à l'auberge, qu'on l'amenait dans sa chambre et qu'on couchait Néhamélé dans son lit, elle fermait les yeux et attendait que sa sœur s'endormît ; puis elle sautait du lit et, nu-pieds, en été comme en hiver, se glissait furtivement vers la porte et collait ses yeux au trou de la serrure, à une fente de la porte ou au paravent. Quand sa mère la surprenait dans une telle posture ou essayait de la ramener au lit, le corps de la jeune fille brûlait comme atteint de fièvre et ses yeux lançaient des étincelles, au point que Devacha, saisie d'effroi, courait vers Yé'hiël-Mikhel pour le mettre au courant de ce qui se passait.

« Si on pouvait marier d'abord la plus jeune, gémit Yé'hiël-Mikhel.

— Il faut consulter quelqu'un », riposta Devacha.

Cependant, d'autres empêchements survinrent, puis voilà ce qui arriva.

III

Le seigneur du village, c'est-à-dire le comte, avait un fils unique qu'il faisait élever à Paris, selon la coutume des grands seigneurs de cette époque. Il venait une fois par an au village pour y passer ses courtes vacances, mais restait presque invisible pour les villageois : un jeune seigneur ne peut passer ses jours et ses nuits que dans la forêt, occupé à la chasse. Les peaux de lapins et d'autres bêtes, Yé'hiël-Mikhel les achetait pour presque rien à la cuisine de la maison seigneuriale.

Un jour qu'une grande chaleur embrasait l'air, le jeune seigneur, passant près de l'auberge, eut l'idée d'y entrer. Il sauta à bas de son cheval blanc, l'attacha à la palissade, fit irruption dans l'auberge et demanda un verre d'hydromel.

Yé'hiël-Mikhel le lui tendit d'une main tremblante. Le jeune seigneur y goûta et son visage esquissa une grimace. Pour sûr, dans la cave de son père il y avait de l'hydromel de bien meilleure qualité, un hydromel Dieu sait de quel âge ! Le jeune seigneur aurait peut-être jeté le verre à la tête de Yé'hiël-Mikhel, mais il aperçut au même instant, dans un coin de l'auberge, Malkalé, au visage pâle et aux yeux fixes. Il posa son verre sur le comptoir, jeta un thaler et demanda :

« Moché ! [Les grand seigneurs appellent tous les Juifs du même nom : Moché.] Est-ce ta fille ? »

Yé'hiël Mikhel sursauta. Le malheureux se mit à bégayer :

« Oui, oui, ma fille. »

Le seigneur s'attarda à regarder la jeune fille. Le lendemain, il revint et commanda un verre d'hydromel... Le troisième jour, le quatrième jour, il retourna à l'auberge... Les parents firent sortir la jeune fille et la cachèrent. Le jeune seigneur en prit ombrage, sans toutefois préciser le motif de sa colère ; il tourmentait sa moustache noire et ses yeux lançaient des étincelles. Un jour, il fit remarquer à Yé'hiël-Mikhel qu'il ne payait pas assez de loyer pour l'auberge... que les Juifs de Prague lui en offraient davantage... et c'était vrai. Mais le vieux seigneur ne les avait jamais laissés franchir son seuil. Qu'importe ! Puisqu'il y est, qu'il y reste et qu'il y gagne sa vie... En écoutant à présent le jeune seigneur, Yé'hiël-Mikhel devint inquiet. Surtout que Malkalé semblait de plus en plus égarée dans son monde visionnaire. Il prit donc la décision de se rendre à Prague pour y demander conseil au rabbin. D'autres retards survinrent et les visites du jeune seigneur devenaient quotidiennes. Un jour, celui-ci s'adresse à brûle-pourpoint à l'aubergiste :

« Moché, vends-moi ta fille. »

La barbe blanche de Yé'hiël-Mikhel tressaillit et ses yeux gris s'assombrirent.

Le seigneur éclata de rire :

« Elle s'appelle Estherké, n'est-ce pas ? demanda-t-il.

— Non, elle s'appelle Malka.

— Imagine-toi, lui rétorqua-t-il, qu'elle s'appelle Esther, que toi, tu t'appelles Mardochée et moi — Ahasvérus. Ne t'imagine surtout pas que je vais lui mettre une couronne sur la tête ! Mais, tu pourras jouir de l'auberge gratuitement, à tout jamais, toi, tes enfants et tes petits-enfants. »

Et il lui donna un délai pour réfléchir. Ye'hiël-Mikhel, flairant le malheur, attela à l'aube son cheval à la carriole, se rendit à Prague tout droit chez le rabbin directeur de la *Yechiva*. Il le trouva en train d'étudier et, à peine l'eut-il salué d'un « paix sur vous ! » qu'il posa la question suivante :

« Rabbi, peut-on marier la cadette avant l'aînée ? »

Le rabbin appuya ses coudes sur la *guemara** et répondit :

« Non, Ye'hiël-Mikhel, on ne fait pas de choses pareilles chez nous. Ce n'est pas une coutume juive. » Et il lui rappela l'histoire de Jacob et de Laban.

« Je le sais bien, fit Ye'hiël-Mikhel. Mais si on est obligé de le faire ?

— Pour quelle raison ? »

Yé'hiël-Mikhel se mit alors à épancher devant le *Tsaddik* de Prague son cœur endolori. Il lui conta tout ce qui s'était passé. Le *Tsaddik* de Prague réfléchit et déclara :

« Soit, quand les choses pressent, cela change tout », évidemment.

Yé'hiël-Mikhel mit le *Tsaddik* au courant de l'état de sa fortune.

« Cinq cents thalers mis de côté » ; et il lui rappela sa promesse faite jadis de lui chercher un fiancé parmi les étudiants de la *Yechiva*.

Le *Tsaddik* de Prague réfléchit encore un instant, appuya la tête sur ses coudes et dit :

« Non, Yé'hiël-Mikhel, je ne peux pas le faire.

— Pourquoi, rabbi ? demanda Yé'hiël-Mikhel, bouleversé. Ma Malkalé, que Dieu nous garde ! aurait-elle sur son âme un péché ? Elle est si jeune encore ! Un jeune arbrisseau se laisse courber d'un côté comme de l'autre...

— Je ne dis pas, reprit le rabbin, je n'ai pas dit — que Dieu m'en garde ! — qu'elle avait des péchés. Je ne l'ai même pas pensé... Mais cela ne convient pas.

Ecoute-moi bien, Yé'hiël-Mikhel. Il est vrai que ta fille n'est pas une pécheresse, mais elle est, comprends-tu, elle est quelque peu effleurée par le péché. Et l'essentiel, continua le directeur de la *Yechiva*, l'essentiel, c'est que je le dis pour ton propre bien. Car ta fille devrait être soumise à la surveillance d'un homme ferme, quelque marchand, soumise en outre à la surveillance des beaux-parents et de toute la parenté... Il faut absolument lui ôter cela de la tête... Elle doit, par conséquent, s'établir dans une maison pourvue de beaucoup d'oreilles et de beaucoup d'yeux... Quand le *Yetser Hara* réussit à forcer l'accès du cœur, il faut engager avec lui une grande bataille pour l'en déloger... Il est pareil à l'amer raifort qui ne se sème qu'une fois, mais qui pousse toujours... Tu l'arraches et il repousse, n'est-ce pas ? »

Yé'hiël-Mikhel fut malheureusement obligé d'approuver le rabbin.

« Et maintenant, continua le *Tsaddik*, fais toi-même un effort, Yé'hiël-Mikhel, et réfléchis bien à la question. Mettons que je veuille être bon et tenir ma parole — certes, je te l'ai promis — j'honore donc ma promesse et fais comme tu me le demandes ; je te donne pour gendre un des jeunes hommes de mon école, c'est-à-dire un garçon pauvre, abandonné... En seras-tu satisfait ? Car, que représente ce jeune homme ? Rien. C'est un étudiant de la Tora... Alors, il continuera d'étudier le Talmud. C'est tout ce qu'il sait étudier, c'est tout ce qu'il veut et doit savoir... Et où logera-t-il, ce couple ? Tu ne vas pas l'installer à ta charge, je suppose, chez toi au village ?

— Bien sûr que non, tant que le jeune seigneur s'y trouvera.

— Et qui sait quand il partira ? Qui sait ce qui se passe dans la tête de ces hommes-là dès qu'ils ont jeté leur dévolu sur quelqu'un... Evidemment, ont-ils eux des soucis qui les tracassent, et doivent-ils chercher à gagner leur vie ? Bref, tu ne garderas pas le couple près de toi. Tu l'installeras à Prague, lui loueras un logement et lui enverras de quoi vivre. Et que fera-t-il, ce couple ? Le jeune marié passera ses jours et ses nuits dans le *Beth-Hamidrach*, penché sur les traités talmudiques. Mais elle, la jeune femme, que fera-t-elle ? Que seront ses pensées et son imagination ? Dans quel monde visionnaire s'égarera-t-elle ?

— Vous avez raison, rabbi, avoua Yé'hiël d'une voix enrouée. Mais, que faut-il faire ?

— Faire ce que l'on peut faire, répondit le rabbin. Et moi, je t'assisterai. Je chargerai moi-même un intermédiaire de chercher un fiancé pour ta fille. Et je lui indiquerai le chemin à suivre. Le foyer qui accueillera ta fille doit appartenir à des gens qui ne négligent pas non plus les choses et les plaisirs de ce monde, mais qui le font dans le cadre de ce qui est permis et non d'une manière licencieuse... Tu verras alors que tout s'arrangera avec l'aide de Son Nom miséricordieux. Par contre, Yé'hiël-Mikhel, ajouta-t-il en guise de consolation, lorsque Dieu t'aura aidé à amasser une dot pour ton autre fille et que tu viendras chez moi pour que je te choisisse un fiancé pour elle, je te promets d'en trouver un qui sera un véritable joyau et qui vaudra son pesant d'or... Pour le moment, va marier ta fille cadette. »

V

Et il en fut ainsi.

Sur les conseils du directeur de la *Yechiva* et en secret, on trouva pour Malkalé un fiancé d'origine bourgeoise. Malkalé ignora, jusqu'au dernier moment, la raison du va-et-vient des couturières qui lui essayaient des robes. Elle ne sut pas non plus pourquoi on la réveilla à l'aube pour la mener à Prague.

Et lorsqu'elle eut enfin compris, elle ne prononça pas

un mot. Sa jeune âme s'était verrouillée. Ce qui se passait dans son cœur, personne ne le savait. Mais, à en juger par les apparences, tout semblait être pour le mieux, comme on aurait pu le souhaiter à toutes les filles de Sion. Elle paraissait ornée de tous les mérites... Il est vrai qu'elle était un peu pâlotte et que ses yeux étaient toujours baissés. Eh bien, quoi, avant le mariage, une telle attitude avait pour nom « charme de fiancée », puis... c'est ainsi que Dieu la créa. En tout cas, c'était une beauté, une ravissante créature ! Elle était sans reproche, elle ne faisait rien sans sa belle-mère, elle ne demandait même jamais la permission de se promener toute seule... Elle mangeait ce qu'on lui donnait, elle buvait ce qu'on lui offrait et elle enfilait la robe qu'on lui tendait, toujours silencieuse, toujours belle, toujours soignée. Et, lorsque le jour du *Chabbath*, elle se rendait à la partie de la *Choul* réservée aux femmes, vêtue de sa robe de satin noir avec une broche d'or, parée de son collier de perles qui entourait un cou aussi blanc que l'albâtre, de ses boucles d'oreilles serties de brillants qui se balançaient, les femmes s'arrêtaient dans la rue, émerveillées. « C'est une véritable princesse », s'exclamaient-elles. Et Malkalé continuait son chemin avec nonchalance à côté de sa belle-mère et de ses belles-sœurs. A la *Choul*, elle restait près de sa belle-mère, le visage collé aux barreaux et, baissant ses paupières soyeuses, elle ouvrait de sa petite main blanche le fermoir argenté de son livre de prières, doré sur tranches, et ses lèvres tremblaient...

Et que faisait-elle toute la semaine, comment passait-elle ses soirées ?

« Où veux-tu te promener aujourd'hui, Malké ? »

Elle ne sait pas ; elle ira où l'on voudra. Et lorsqu'on passait devant les vitrines des bijouteries, tout le monde s'arrêtait pour admirer les étalages ; mais Malké, elle, n'y tenait pas. Elle s'arrêtait, elle aussi, tout simplement parce que les autres s'arrêtaient ; mais ses yeux erraient au loin. Alors, on se disait : « Elle n'a pas besoin de bijoux, elle est elle-même un bijou, surtout lorsqu'on voit combien son mari est épris d'elle, combien il la cajole et qu'elle lui est chère comme la prunelle de ses yeux. »

Et ainsi en tout... Extérieurement polie et scintillante comme du cristal, mais intérieurement ? En elle résonnait l'auberge, de tous ses chants, de toutes ses danses, de tous ses jeux d'amour. Dans son cœur voltigeait, entre elle et le monde ambiant, le portrait du jeune seigneur... Il suffisait qu'elle fermât les yeux, soit à la *Choul* près des barreaux, soit à l'issue du *Chabbath*, à l'heure où il faut dire « Gott foun Avrom », ou bien encore lorsqu'elle bénissait les bougies du *Chabbath*, pour que dans ses veines son sang se réveillât violemment et que le tourbillon de la danse l'emportât au bras du jeune seigneur, que Dieu nous en garde ! pour qu'elle s'élançât éperdument dans ces rondes, qui, la moisson faite, tournoient dans l'auberge... pour qu'elle chevauchât avec lui, par monts et par vaux sur son cheval blanc comme lait... Et si son mari s'approchait d'elle, elle fermait les yeux et l'embrassait... Qui embrassait-elle ? C'est le jeune seigneur qu'elle embrassait...

Son jeune époux lui demandait alors — car il aimait ses beaux yeux :

« Lumière de ma vie ! Ouvre tes beaux yeux, ouvre les portes du paradis ! »

Mais elle refusait d'ouvrir ses yeux ! Et lorsque (jeune époux qu'il était !) pour la forcer à ouvrir les yeux il faisait semblant de reculer, elle le retenait de ses bras, comme avec des tenailles... Et quand, effrayé, il voulait s'arracher à son emprise, elle le suppliait d'une voix caressante :

« Mon seigneur, mon aigle ! »

Il s'imaginait alors qu'elle l'aimait d'un amour tel

qu'elle le considérait comme son seigneur, comme son aigle. C'est un langage de paysan, pensait-il, et il consentait qu'elle n'ouvrît pas ses yeux, si la timidité l'en empêchait.

VI

Les années s'écoulaient pour Malké. Elle n'avait pas d'enfants et vivait loin de son mari...

A quoi pourrait-on comparer cela ?

On pourrait le comparer à une pomme d'apparence saine et fraîche, suspendue à l'une des branches vertes d'un pommier doré : la peau de cette pomme est rosée, tel l'Orient avant le lever du soleil et un souffle odorant émane d'elle, comme l'haleine du paradis ; mais en vérité, seule la peau est saine et fraîche, mais l'intérieur est rongé par les vers...

En revanche, le sort de Néhama, fille aînée de Yé'hiël-Mikhel, fut tout autre. Quant à Yé'hiël-Mikhel, il avait subi maints revers de fortune...

Les festivités à Prague terminées, Yé'hiël-Mikhel avait quitté la ville, gardant pour toute fortune un peu d'argent de poche. Arrivé à l'entrée du village, il vit tout son mobilier, la literie, ainsi que les tables et les bancs de son auberge exposés sur un champ, et un paysan de la cour seigneuriale qui montait la garde.

Celui-ci ne le laissa même pas entrer au village avec sa voiture.

Yé'hiël-Mikhel apprit que pendant qu'il dansait à la noce de sa fille cadette quelqu'un avait surenchéri sur le prix du loyer de l'auberge, et que le vieux seigneur s'était laissé persuader par son fils de la céder au plus offrant... Le Juif y était déjà installé.

La femme de Yé'hiël-Mikhel et leur fille aînée pleuraient et défaillaient. Yé'hiël-Mikhel supplia le gardien de le laisser aller voir le vieux seigneur, mais le gardien le menaça de son fusil. Il serait obligé, dit-il, de tirer.

C'était un paysan qui habitait le village et il avait les larmes aux yeux, mais le seigneur lui ayant donné la consigne de tirer, il aurait certainement exécuté l'ordre. Yé'hiël-Mikhel vit qu'insister plus longtemps eût été peine perdue ; il ne pouvait, d'autre part, retourner à Prague, car il ne lui restait que quelques pièces d'or, après les dépenses coûteuses du mariage, et il ne voulait pas faire honte à sa fille mariée. Il se vit donc obligé de partir avec sa femme et sa fille Néhama, et de chercher un refuge plus éloigné de Prague, chez un autre seigneur. Il demande à celui-ci la permission d'ouvrir une petite boutique pour y vendre du sel, du pain et d'autres denrées. Il y installa sa femme et sa fille, et lui-même s'en alla, afin d'intenter un procès contre son ancien seigneur pour rupture de contrat et de porter plainte au tribunal rabbinique contre le Juif qui l'avait évincé de son auberge... Mais c'est plus vite dit que fait, surtout si l'on se présente les mains vides. Quelques années s'écoulèrent depuis. Il perdit finalement le procès intenté contre le seigneur et fut même jeté en prison pendant quelque temps pour n'avoir pu couvrir les frais de procédure ; quant à la plainte qu'il avait portée contre celui qui l'avait supplanté pour la surenchère, il eut finalement gain de cause ; mais l'autre refusa de se soumettre au jugement. Le *Tsaddik* de Prague qui aurait pu l'y obliger était décédé dans l'intervalle, et la communauté juive de cette ville ne lui avait pas encore trouvé de successeur. Donc, ni juge, ni justice ! Yé'hiël-Mikhel, après de vaines démarches, loin des siens, épuisé et affamé, se vit contraint de rentrer chez lui et y tomba malade. Il fut quelques semaines alité et décéda ; sa femme ne lui survécut que peu de temps, et Néhama, orpheline, resta toute seule au village, sans ressources, les affaires de la boutique ne marchant guère ; il n'y avait rien à vendre, d'ailleurs... Au surplus, les jeunes paysans ne cessaient de l'accabler de plaisanteries scabreuses et se fâchaient, injuriant cette pauvre Juive à cause de sa pruderie...

Elle écrivit alors une lettre à sa sœur, à Prague, puis une seconde, mais, comme nous le savons, sa sœur passait sa vie dans un monde imaginaire et ne lisait pas de lettres... L'orpheline abandonnée de tous ne reçut donc pas de réponse. Une nuit, ayant fermé à clé sa boutique vide, elle quitta furtivement son village, dans l'intention de se rendre chez sa sœur à Prague, pensant qu'une sœur ne pouvait tout de même pas avoir un cœur de pierre. Elle s'en alla à pied sur une route inconnue...

VII

Un croûton de pain à la main, elle sortit du village, continua sa route, puis entra dans une forêt. Craignant les bêtes sauvages, elle ne voulut pas se hasarder plus avant dans la forêt et grimpa sur un arbre, résolue à y attendre le matin.

Après quelques instants, alors qu'elle était en train de réciter la prière qui doit précéder le sommeil, elle entendit soudain des chiens aboyer. Ces aboiements s'approchaient de plus en plus. Elle comprit alors que le seigneur faisait la chasse. Aussi se cacha-t-elle davantage dans les branches, tandis que le bruit de la chasse s'amplifiait de plus en plus. Bientôt, toute une meute s'arrêta près de l'arbre en hurlant de toute sa force. Deux cavaliers, intrigués par les manœuvres des chiens autour de l'arbre, accoururent. C'étaient deux jeunes seigneurs. Ils grimpèrent sur l'arbre et descendirent Néhama de force. A la lueur du feu qu'ils allumèrent pour l'examiner, ils virent qu'ils avaient devant eux une jeune fille juive de toute beauté, qui paraissait affamée. Ils lui annoncèrent qu'ils n'avaient pas l'intention de lui faire de mal, car elle brillait dans l'obscurité comme une aurore, et ils savaient qu'il lui suffirait de s'habiller convenablement pour resplendir comme une reine et embaumer comme une rose... Bien entendu, ces paroles lui firent monter une angoisse au cœur. Puis, elle s'aperçut que les deux jeunes seigneurs s'étaient pris de querelle à cause d'elle — chacun voulant l'avoir pour lui, faisant valoir l'argument qu'elle lui appartenait car c'était son chien qui l'avait flairée le premier... Ils décidèrent finalement de se battre en duel à coups de fusil, et que celui qui resterait en vie prendrait possession d'elle. Ils se mirent donc l'un en face de l'autre, prêts à tirer. Mais, au dernier moment, ils changèrent d'avis, préférant obtenir la décision du sort en tirant à la courte-paille. L'heureux gagnant l'enleva et, la mettant en croupe sur son cheval, partit avec elle au galop. Elle s'évanouit...

Lorsqu'elle se réveilla le lendemain, elle était au château du seigneur...

VIII

Ayant reprit ses esprits, elle s'aperçut que le seigneur la tenait sur ses genoux, la cajolait, l'embrassait... Elle comprit alors qu'elle ne pourrait pas s'évader et elle lui dit :

« Gentil seigneur, je suis entre tes mains... Et tu es trop puissant pour que je puisse songer à t'opposer une résistance quelconque, tous les moyens de défense me faisant entièrement défaut... Je te supplie seulement d'avoir pitié de moi et de me faire promesse : Tu as contraint mon corps à commettre des péchés, celui-ci est voué à la perdition. Je te demande donc de ne pas causer la perte de mon âme ; laisse-moi rester fidèle à ma foi... Laisse-moi garder intactes mes pensées... ne m'arrache pas aux choses qui me sont chères... »

Bien que le seigneur n'eût pas saisi au juste ce qu'elle voulait de lui, étant vraiment tombé amoureux d'elle, il lui promit tout. Il se dit que cela ne pourrait guère lui nuire, car il n'avait nullement l'intention de l'épouser. Un jour, il lui apporta même un livre de prières, cadeau qu'il lui avait acheté à Prague, chez un Juif. C'est avec une grande joie qu'elle prit le livre de prières entre ses mains ; mais aussitôt elle le laissa retomber sur la table en s'exclamant : « Mes mains ne méritent pas de toucher le saint livre ».

Le seigneur ne sut que dire et se tut.

La vie que Néhama menait au château était donc à l'opposé de celle que sa sœur menait à Prague. Les deux sœurs avaient gardé toujours les yeux baissés, étrangères à elles-mêmes et déambulant comme dans un rêve. Mais, tandis que Malké péchait avec son âme, demeurant dans un corps pur, Néhama, elle, abandonnait au péché son corps entier, tout en gardant son âme pure et innocente... Chaque fois que le seigneur s'approchait d'elle, elle fermait les yeux en songeant : « C'est maman qui m'embrasse »... C'est sa mère qui l'embrassait, lui apprenant à réciter des bénédictions et à dire : " Gott foun Avrom "...

Il désire qu'elle l'aime... Mais oui, elle aime, elle aime beaucoup — sa mère ! Elle embrasse sa mère... Elle murmure : « Dis encore une fois avec moi, maman chérie, " Tora Tsivah lanou [51]... " » Non, elle ne prononce pas ces mots avec des lèvres pécheresses, c'est dans son âme qu'ils tourbillonnent et brillent.

IX

Nul ne vit éternellement. Les deux sœurs moururent...

Quand le moment vint pour l'âme de se détacher du corps, l'âme de la plus jeune, celle de Malké, tout entachée de péchés, comme un corbeau noir, s'envola du corps blanc et se perdit dans le « creux de la fronde », c'est-à-dire dans les abîmes de l'enfer... En revanche, l'âme limpide de l'aînée, celle de Néhama, à peine fut-elle libérée du corps pécheur, qu'elle s'élança, silencieuse et légère telle une colombe, vers les hauteurs, vers le ciel... Il est vrai qu'elle s'arrêta, un moment hésitante, devant la porte du ciel, mais aussitôt la miséricorde divine lui apparut et lui ouvrit la porte, la consolant et essuyant ses larmes.

Les hommes ici-bas ne se doutaient de rien... La riche dame de Prague eut des funérailles pompeuses ; on prononça une oraison funèbre. Tout cela coûta une fortune. Son tombeau, au cimetière, fut creusé parmi ceux des femmes pieuses, considérées, et le jour du premier anniversaire de sa mort on y posa une stèle sur laquelle furent gravés les plus grands éloges.

Par contre, lorsque le corps de sa sœur aînée fut expédié à Prague par le seigneur, aucun membre de la société des Pompes funèbres ne voulut toucher le cadavre pécheur. Il fallut recourir à de simple portefaix pour procéder au lavage du corps, puis on le mit dans un vieux sac et on le jeta dans la fosse, quelque part derrière le mur du cimetière...

C'est que l'homme ne voit que l'extérieur des choses...

X

Quelque temps après, alors que la ville de Prague enlevait au vieux cimetière une bande de terre pour élargir la rue et qu'on ouvrait les tombes, afin de transférer les ossements en un autre lieu, le fossoyeur ne trouva, dans la tombe de Néhama, près du mur, que le seul crâne ; point de traces du corps ni des ossements. Le fossoyeur, par mégarde, heurta du pied le crâne... Celui-ci roula au loin et disparut. C'est ainsi qu'il demeura sans sépulture.

Par contre, le fossoyeur qui ouvrit le tombeau de Malké trouva sa dépouille absolument intacte. On eût presque dit que son visage gardait un jeune sourire.

« Voilà ce que signifie avoir été une femme pieuse et fervente, s'exclamait-on. Les vers n'avaient aucun pouvoir sur elle. »

Car c'est ainsi que pensent et disent les gens dont les yeux n'effleurent que le côté apparent, et qui ignorent ce qui se passe dans le cœur du prochain et ce qui se trame dans l'âme d'autrui.

LES FIANCÉS
OU SARAH, FILLE DE TOUVIM

L'histoire que je vais vous raconter maintenant est une histoire étrange et merveilleuse ; elle est cependant strictement véridique. Elle ne figure dans aucun livre, elle n'est mentionnée dans le registre d'aucune communauté juive ; elle me fut contée par une personne qui la tenait d'une tierce personne et celle-ci d'une autre encore ; cette histoire a son origine en de hauts lieux...

Ceci se passait jadis, alors qu'il n'y avait pas encore dans le monde tant de villes et de villages, mais rien que des forêts. Nous sommes en Moravie. Les communautés juives sont rares, les familles éparpillées dans les villages, dans les forêts. Elles se trouvent donc dans l'impossibilité de s'adonner à l'étude de la Tora et de prier en commun, sauf pendant les « jours redoutables » où jeunes et vieux sont obligés de se rendre dans des villes lointaines.

Un Juif taciturne vivait en ce temps dans un village, propriété d'un comte ; il gagnait largement sa vie. En qualité de métayer, il avait à sa disposition cinq cents vaches laitières ; en outre, il en avait quelques-unes qui lui appartenaient en propre. Sa cave était remplie de bidons de lait et de fromage, son grenier regorgeait de blé, de chanvre et de peaux, et son portefeuille dans sa poche intérieure, s'enflait de jour en jour. Sa femme, une taciturne elle aussi, accumulait de son côté pas mal d'économies ; ils avaient un fils d'une santé florissante, bien fait de sa personne, qui poussait tel un jeune chêne dans la forêt.

Pourtant, un soir d'hiver, comme le taciturne, penché sur ses comptes, s'attardait à la table éclairée par la flamme d'une bougie de cire, la pointe de sa barbe grisonnante entre ses dents, son front couvert de rides, comme si de graves soucis pesaient sur lui, et que ses yeux embrumés s'arrêtaient un instant sur la fenêtre, la voix de sa femme l'éveilla brusquement :

« Tu commets un grand péché, mon époux. »

Elle était allée voir dans une autre pièce leur fils endormi et en revenait le visage radieux.

« Tu m'écoutes ? ajouta-t-elle. Je me suis penchée sur lui... Ses joues sont roses comme la jeune aurore, son souffle est régulier, paisible et exhale l'odeur des pommes fraîches...

— C'est pourquoi je me fais de grands soucis, dit le taciturne. Nous vivons dans ce village éloigné de toute communauté juive et les années passent vite, l'une après l'autre. Que faire ? Où chercher une fiancée pour notre fils ?

— Dieu nous aidera, répondit sa femme. Il ne nous a pas abandonnés jusqu'ici, donc...

— C'est précisément cela, répliqua le taciturne. Nous devons avoir recours à l'aide divine. Mais comment la mériter ? Je ne suis pas un grand érudit, je n'étudie pas la Tora, nous n'habitons pas une agglomération juive : nous pouvons cependant accomplir la seule bonne et pieuse action qui soit à notre portée. Cette action, c'est l'hospitalité. Regarde dehors. La neige est tombée, tous les chemins et tous les sentiers sont obstrués ; des jours et peut-être des semaines passeront avant qu'un hôte puisse franchir notre seuil... »

Ce disant, il se leva et sortit voir ce qui se passait

à l'extérieur. Sa femme allait défaire les lits, mais comme il s'attardait dehors, elle fut saisie d'inquiétude, s'approcha de la fenêtre et se mit à tambouriner de ses doigts grassouillets sur la vitre, afin d'appeler son mari.

Comme la vitre était gelée et ne rendait aucun son, elle jeta une écharpe sur ses épaules et sortit à son tour. Elle vit alors que son mari, qui n'avait pas entendu ses pas et ne s'était pas retourné, se tenait immobile sur le chemin menant à la forêt, attentif et dans l'expectative. Elle en fut surprise. Soudain, ils virent s'avancer sur le sentier solitaire une silhouette de femme, portant une haute coiffe, une écharpe turque jetée sur les épaules. Elle semblait porter cette écharpe par simple coquetterie, comme si elle se promenait par une douce nuit d'été, laissant flotter les deux extrémités comme des ailes, à droite et à gauche... Elle ne marchait pas dans la neige, ne l'effleurait même pas de ses pieds, n'y laissait aucune trace.

Perplexe, le couple regardait la silhouette qui vint les rejoindre. Alors, elle leur demanda l'autorisation de se reposer une heure dans leur maison...

Le taciturne et sa femme revinrent à eux, se regardèrent tout joyeux et s'empressèrent d'inviter leur merveilleuse visiteuse à entrer.

Dieu leur avait envoyé un hôte ! Ils voulurent réveiller leur valet et lui ordonner de préparer une boisson chaude ; le taciturne courut à son buffet, en ouvrit les portes toutes grandes dans son désir de mettre sur la table toutes sortes d'aliments et de boissons choisis, ainsi que de la confiture et des liqueurs. Mais l'étrange visiteuse refusa : « Non, elle ne prendrait rien, ne goûterait à rien, n'ayant ni faim, ni soif. Elle ne désirait que se reposer un peu, avant d'accomplir l'importante mission dont elle était chargée... » La taciturne se résigna ; elle alluma une autre bougie de cire et conduisit l'inconnue dans une chambre, lui désigna le grand lit aux draps blancs comme neige, aux oreillers de duvet, aux couvertures légères et chaudes...

« Si vous n'avez ni faim, ni soif, lui dit-elle, je vous souhaite donc un bon sommeil. »

Mais elle ne voulait pas non plus dormir ; elle ne désirait que se reposer un peu, car elle avait encore un long chemin à faire. Et lorsque la taciturne voulut la laisser seule, l'étrangère la retint et demanda ce qu'elle avait à payer pour la chambre car, en partant, elle ne voulait réveiller personne, il valait donc mieux en payer le prix tout de suite.

Touchée au vif, la taciturne fit un bond en arrière ; non, elle n'accepterait pas d'argent, en aucun cas... N'était-ce pas la seule bonne action qu'elle et son mari pouvaient accomplir au village ?

« Nous en sommes largement récompensés par Dieu, qui, ajouta-t-elle avec confiance, nous viendra toujours en aide. »

L'étrangère esquissa un sourire et demanda :

« Manquez-vous de quoi que ce soit ? Voulez-vous demander à Dieu quelque chose de plus ?

— Oh non ! Nous sommes, mon mari et moi, grâce à Dieu, bien portants, et notre fils, que Dieu lui accorde longue vie, l'est plus encore... Quant à la nourriture, nous en avons plus qu'il ne nous en faut... Seulement, nous voudrions trouver une fiancée pour notre fils... »

Oui, elle se faisait des soucis au sujet de son fils qui allait avoir dix-sept ans... C'est qu'ils habitaient un village éloigné de toute communauté juive...

« Et que faites-vous ?

— Nous mettons notre espérance en Dieu, nous invoquons Son Nom miséricordieux... Mon mari, dans le langage des hommes, moi, à ma façon... J'ai déjà utilisé toutes les prières, je connais par cœur presque toutes les touchantes supplications écrites par Sarah, fille de Touvim... Une surtout, celle qui touche aux *ziwoug* *, aux accordailles, a bu toutes mes larmes...

— Dieu vous aidera, dit l'étrangère en souriant, j'en suis certaine. Pour que vous soyez convaincue que votre désir se réalisera, et comme vous ne voulez pas accepter d'argent pour la chambre, je vous fais cadeau de ceci pour la fiancée de votre fils... »

Ce disant, elle sortit de dessous son écharpe le cadeau : une paire de pantoufles d'or, incrustées de perles. La taciturne en fut éblouie. L'étrangère lui remit les pantoufles et lui serra la main.

« C'est un cadeau de Sarah, fille de Touvim [52] », dit-elle, et disparut aussitôt.

Las d'attendre sa femme, le taciturne, inquiet, frappa à la porte de la chambre ; n'obtenant pas de réponse, il entra. Il vit alors sa femme, bouche bée, les yeux écarquillés, debout au milieu de la pièce et tenant une paire de pantoufles d'or à la main.

A la même époque, au même pays de Moravie, mais à plusieurs milles de distance de la demeure du taciturne, et ignorant l'existence de celui-ci, un charbonnier juif vivait dans une profonde forêt. Il avait loué une maisonnette et un fourneau dans cette forêt, également propriété d'un comte. Mais ce Juif était un Juif pauvre qui gagnait durement son pain quotidien ; son travail consistait à ramasser les déchets des arbres — en été, les branches desséchées, en hiver, l'écorce que le gel détachait, et, après chaque orage, tout ce qui était abîmé par la foudre et arraché par le vent — afin de le porter au fourneau, le calciner et en faire du charbon. Chaque soir, il retournait à sa maisonnette, exténué et noirci... Mais Dieu miséricordieux l'avait gratifié d'une délicieuse fillette. Il était veuf. Sa fillette l'accueillait chaque soir avec joie, l'aidait à se laver et à changer ses habits, lui donnait à manger et à boire et lui préparait son lit avec soin.

Lorsqu'il ne pouvait s'endormir — depuis qu'il était

veuf, cela lui arrivait souvent —, elle allumait un copeau ou, pendant les nuits claires, se mettait à la fenêtre et, à la lumière de la lune, lisait à haute voix les livres « saints » en traduction yiddish. Sa mère lui avait appris à lire et lui avait légué ses livres : *Tsenna Ouréna*[53], *Kav-Hayachar* et les suppliques de Sarah, fille de Touvim... Elle lisait donc à haute voix ces livres pour son père. Lui-même, ne sachant pas lire, se contentait d'écouter, jusqu'à ce que ses yeux se fermassent ; il lui semblait alors que c'était l'autre qui lisait, l'autre, la mère, et il s'endormait, bercé par la douce voix de sa fille et par la sainte parole.

Un soir, une tendre et délicieuse supplique lui tomba entre les mains, une supplique dite par une mère invoquant le Nom divin en faveur des accordailles de son enfant.

« Fais, ô Dieu bon et miséricordieux, que ma fille unique, douce et gracieuse, trouve son pieux fiancé. »

La fille du charbonnier comprit le sens de ces paroles, s'interrompit et voulut passer à une autre supplique. Mais son père intervint :

« Non ma fille, non. Continue à lire cette supplique... Mets-les-moi, ces saintes paroles, dans la bouche. Je vais prier Dieu pour toi... Car mon cœur déborde, ma fille, mais, Juif ignorant que je suis, je ne trouve pas les mots nécessaires. »

Elle dut obéir et continuer sa lecture. La supplique coulait comme de l'huile aromatique. Le père s'était depuis longtemps endormi, sans qu'elle s'en fût aperçue, et elle continuait toujours à relire sa supplique. Soudain, une nostalgie inexprimable se répandit dans le cœur de la jeune fille. L'âme de l'orpheline languit... Son cœur se mit à battre, ses yeux d'un bleu candide s'humectèrent et se voilèrent, sa voix frêle vibrait, sa gorge se serrait.

Brusquement, la porte s'ouvrit, une silhouette merveilleuse apparut, portant une haute coiffe et une écharpe turque, une silhouette aux yeux resplendissants d'une lumière si douce que son visage ridé paraissait inondé de rayons.

La jeune fille voulut réveiller son père, mais la vieille femme la retint et mit un doigt sur ses lèvres. La jeune fille demeura immobile, comme sous l'emprise d'un rêve enchanteur. La vieille femme s'approcha de la table et s'assit. Tendant la main vers la jeune fille, elle l'attira et la serra contre son cœur.

« N'aie pas peur, fillette, lui dit-elle, je suis Sarah, fille de Touvim... Tu as bien lu mes suppliques... Et comme la nuit est silencieuse, ta voix charmante m'est parvenue dans mon doux repos et je suis venue t'apporter un cadeau... »

Ce disant, elle sortit de sous son écharpe le présent.

« Regarde, mon enfant... Voici un morceau de velours, juste ce qu'il faut pour faire un petit sac... Et voici des colifichets de soie de toutes les couleurs, pour en orner le petit sac... Et voici du fil d'argent et même d'or ; j'y ajoute des paillettes d'argent et d'or... Je vais t'apprendre à les coudre et à les broder... Prends l'aiguille dans ta main, couds, manie l'aiguille adroitement... Tu vois, un petit *Maguen David** va naître sur le petit sac, et voici que de petites fleurs éclosent, aussi fraîches qu'en été, dans la forêt... Fais ce petit sac pour les phylactères, tu en feras cadeau à ton promis comme ta maman en avait fait un pour ton père... »

C'est ainsi que la vieille femme enseigna à la jeune fille l'art de broder.

A l'aube, lorsque le père se réveilla, il trouva sa fille assise, seule dans la pièce, un petit sac pour les phylactères à la main, un petit sac en velours, argent et or...

Lorsque le fils du taciturne eut atteint sa dix-septième année, on le fit monter en voiture et on l'envoya dans le monde pour qu'il se cherchât une fiancée qui pourrait chausser les pantoufles de Sarah, fille de Touvim...

Son chemin le mena d'une forêt à l'autre, à travers villes et villages ; il rencontra sur sa route des filles à marier aussi nombreuses que les grains de sable au bord de la mer, mais aucune d'elles n'avait la pointure de ces petites pantoufles...

Il voyagea pendant un an, deux ans, mais ne trouva pas sa fiancée. Enfin, découragé, il rebroussa chemin. Il allait dire à ses parents que ce n'était qu'un rêve, il n'existait pas de si petits pieds...

Sur le chemin du retour, poursuivant son voyage, il s'égara dans une forêt. Rien que des chênes, des chênes géants se serrant l'un contre l'autre. Il ne pouvait ni avancer, ni reculer et s'arrêta. C'était un vendredi. Le soleil se coucha tel un charbon ardent ; le crépuscule tomba. Il se mit alors à réciter le *Cantique des Cantiques*, et tout en récitant, il erra dans la forêt sans trop s'éloigner de sa voiture et de son cheval qui broutait l'herbe... La forêt bruissait dans le vent du soir, comme si elle répétait doucement, mot à mot, le *Cantique des Cantiques*... La nuit devint silencieuse. Soudain, une petite fenêtre s'éclaira à travers les arbres ; il y courut, plein de joie, et frappa à la vitre :

« Un Juif habite-t-il ici ?

— Oui, un Juif. »

Un homme apparaît sur le seuil de la maisonnette.

« La paix soit avec vous.

— La paix soit sur vous, répond le jeune homme. Pourrai-je rester chez vous pour le *Chabbath* ?

— Rester, oui, réplique le Juif en souriant tristement. Mais il n'y a rien à manger.

— Je ne vous demande rien à manger, répond le

jeune homme, j'ai tout ce qu'il faut. Allons à ma voiture, nous y trouverons de tout... »

Une heure après, ayant achevé la bénédiction et la prière de sanctification du *Chabbath,* ils étaient à table, chantant des airs sabbatiques et mangeant. Le jeune homme s'aperçut alors que le vieillard ne faisait que toucher à chaque mets, déposant le reste devant la porte. Le jeune homme supposa que cela était destiné aux veaux et à la volaille... Le vieillard n'est donc pas si pauvre, pensa le jeune homme. Mais pourquoi, dans ce cas, n'a-t-il pas préparé le *Chabbath* ? Il posa la question à son hôte.

« Non, répondit le vieillard, je ne suis qu'un pauvre charbonnier et ne possède ni veaux, ni volaille. Mais j'ai une fille. Elle n'a pas de chaussures et marche nu-pieds. Aussi, n'osant pas paraître ainsi dans la maison, se tient-elle devant la porte, et c'est là qu'elle mange...

Le cœur battant, le jeune homme tira les pantoufles de dessous sa veste et les passa au vieillard :

« Prenez, lui dit-il, et voyez si elles vont aux pieds de votre fille... »

Le vieillard sortit, puis revint dans la chambre :

« Oui, elles lui vont bien... »

La noce fut célébrée chez le riche taciturne. Il s'est allié au charbonnier. On s'est rendu à la ville pour y dresser le dais nuptial. Aussitôt après la cérémonie, apparut une silhouette portant une haute coiffe et une écharpe turque. Elle avait un visage ridé, mais ses yeux étaient jeunes et doux. Elle exécuta devant le couple des jeunes mariés la danse du *coïlitch* *... — danse de la « tresse ».

Seuls quelques-uns savaient qui elle était.

PARTIR ENSEMBLE

Yossl, le *Mélamed*, va très mal.

Il est vrai que lui-même ne considère peut-être pas sa mort comme un malheur. Car à tout prendre, il se rend compte que la vie ne lui a guère souri... Et aujourd'hui, n'étant plus un jeune homme, s'il doit partir, on ne pourrait pas qualifier sa fin de mort prématurée, pas plus que de mort subite, étant donné que sa maladie dure depuis des semaines, que Dieu vous en préserve ! On se trouve au mois de *Nissan* * et le fait de mourir dans ce mois lui épargnerait le *hibouth hakever* *, mais Yentl, sa femme, ne cesse de le disputer à l'au-delà. Elle pleure, elle crie — elle et les enfants... L'agonie de Yossl ne veut pas prendre fin. Il s'est confessé à plusieurs reprises, s'est étendu tout raide, le visage tourné vers le mur, et sa femme empêche l'âme de s'envoler du corps mourant — elle et les enfants... Il la supplie sans voix — car sa voix, il l'a perdue depuis longtemps — il cligne des yeux, mais elle et les enfants ne quittent pas le lit et multiplient leurs lamentations.

Alors, là-haut, on commence à s'apitoyer sur son sort.

Une nuit, après minuit, quelque chose remua dehors, derrière la petite fenêtre, faisant un léger bruit. Peu à peu, le bruissement se transforma en une sorte de musique, une musique qui ne provenait ni d'un chant, ni d'un instrument quelconque, mais si mélodieuse et si douce qu'elle pénétrait tous les membres du corps.

La femme de Yossl et les enfants cessèrent de pleurer pour écouter la musique. Bientôt, une fatigue apaisante s'empara d'eux et ils se laissèrent glisser sur le plancher, appuyant la tête aux parois du lit, puis s'endormirent.

L'âme du moribond saisit cette occasion pour quitter son corps. Elle ne pouvait cependant songer à s'envoler aussitôt vers le ciel, car il n'est pas facile de se débarrasser d'un seul coup de la poussière de la terre et de déployer ses ailes, sans parler de l'obligation qu'elle avait, conformément à la Loi, de rester près du mort tant que celui-ci ne reposait pas en Terre juive, et de celle d'accompagner le corbillard, d'assister à l'enterrement et d'entendre réciter le *kaddich*.

Donc l'âme s'envola par les narines du défunt, sortit par la petite fenêtre ouverte, s'y arrêta un moment et, de là, jeta un regard de pitié sur le corps étendu, désormais immobile, puis se mit à tournoyer autour de la maison.

Mais, comme Yossl, le maître d'école, était de son vivant un être distrait, son âme l'était aussi. C'est pourquoi, dans sa distraction, au lieu de rôder autour de la maison, elle gagna la place du marché et, de là, se dirigea vers les champs. Elle évita les dernières maisonnettes de la petite ville, l'établissement des bains, et continua sa course plus loin, toujours plus loin...

Dieu sait combien de temps cela dura et quelle distance elle parcourut. Comme elle ne savait presque pas voler, elle poursuivit donc sa course jusqu'à ce qu'elle atteignît une colline. Soudain, elle entend, en haut, un bruissement pareil à celui que font des ailes en volant, et elle se souvient de la mort. Croyant l'enterrement terminé, elle s'imagine monter à présent vers le lieu qui lui est destiné et que le bruissement d'ailes qu'elle vient d'entendre est produit par les ailes des anges venant à sa rencontre... L'âme se réjouit. Elle pense que cet honneur lui est dû à cause de tous ses efforts déployés en faveur de la sainte Tora, aux dépens de la santé et de la vie. Toujours distraite, elle se hâte, essoufflée, pour escalader la colline. Soudain, elle lève les yeux et voit... un moulin à vent. Donc, se dit-elle, ce n'était qu'un moulin qui tournait dans la brise et c'étaient ces ailes qui produisaient le bruissement. Donc, l'enterrement n'a pas encore eu lieu, se dit-elle. A force de regarder, elle aperçoit, à côté du moulin, une maisonnette pourvue de quelques petites fenêtres. Deux de ces fenêtres sont inondées de lumière. L'âme s'étonne de cette lumière tardive. Elle reconnaît la minoterie et se souvient d'avoir, l'année passée, surveillé la *kachrout* * du froment et ne pas s'être écartée d'un pas pendant qu'on moulait le grain destiné à la confection de la *matzachmoura*. La minoterie appartient bien à Freidl, la veuve... C'est là que Yossl fut invité à plusieurs reprises à partager le repas et à interroger les enfants de Freidl, qui avaient la tête plutôt bouchée, afin de voir s'ils avançaient dans leurs études. Freidl lui servait des *Griven* * et ne cessait de se lamenter sur son sort. Tout cela devait lui arriver fatalement, son mari étant décédé dans la fleur de l'âge, la laissant seule avec ses enfants au village, seule avec un grand moulin à vent dont elle ne pouvait venir à bout, et ainsi de suite... Elle se plaignait aussi de son concurrent, un meunier juif établi dans un autre village. Mais, à présent, pourquoi ces vitres inondées de lumière ? L'âme de Yossl est surprise. Pour en découvrir la raison, elle s'approche de la lumière, jette un regard dans la maison, à travers les vitres, et son étonnement s'accroît. Que s'y passe-t-il ? se demande-t-elle. On n'est pas au premier jour du mois ; ce n'est pas un samedi et moins encore un jour de fête. Alors pourquoi la table est-elle couverte d'une nappe blanche et pourquoi le candélabre sabbatique à sept branches est-il posé sur cette nappe, toutes les sept bougies allumées ? La table est garnie de gâteaux et de friandises. Les enfants sont absents, sans doute dorment-ils dans la deuxième pièce, dont les fenêtres sont obscures... L'âme de Yossl voit une Freidl non enfarinée, vêtue d'une robe de fête, un foulard de soie blanche sur la tête, assise d'un côté de la table et, en face d'elle, un Juif inconnu portant une casquette neuve et un kaftan d'un beau tissu. Lui non plus n'est pas couvert de farine. On devine que ce Juif lui parle mariage. Ils trinquent, pendant qu'elle lui demande de baisser la voix, afin que les enfants dans l'autre pièce n'entendent pas.

Soudain, Freidl s'inquiète. « Et les enfants ? » demande-t-elle. « Je supporte mal les enfants dans la maison », répond-il. « Si je voulais en avoir, je me serais marié avec une jeune fille et j'aurais eu des enfants à moi. » Et comme elle veut repousser sa chaise, il lui saisit la main et la regarde dans les yeux. « Vos filles, dit-il, trouveront bien en ville à se placer comme servantes. Je les y conduirai moi-même. Quant à votre garçon, j'ai quelque part un parent, instituteur pour les tout petits, qui l'engagera comme surveillant... Mais, comme vous voudrez. »

Elle, simple femme, ne peut que sangloter en sirotant son verre. Soudain, le coq lance son premier cri et le Juif se rappelle qu'il doit se rendre en ville, chercher le dais et ramener dix Juifs pour la cérémonie des noces... Elle l'accompagne jusqu'à la porte et le regarde disparaître dans la nuit. En titubant, elle avance jusqu'à la porte de la pièce où dorment ses enfants et éclate en sanglots, les lèvres collées à la *mezouza* * : Si mon mari, gémit-elle, m'avait entraînée avec lui dans la mort, au lieu de me laisser seule dans la vie, nos enfants seraient restés orphelins, et il ne leur faudrait pas, aujourd'hui, se soumettre à un beau-père ; sans père ni mère, on aurait eu pitié d'eux...

C'est alors que l'âme de Yossl s'aperçoit de ce qui lui est arrivé, rebrousse chemin et se dirige vers la maison du défunt... En cours de route, elle s'égare quelque peu. Finalement, elle retrouve son chemin. La voici de nouveau dans le *Chtetl*. Elle voit le bedeau frapper trois fois sur le volet des maisonnettes et appeler les Juifs à la prière. Elle se sent soulagée. De toute évidence, on ne sait rien encore, se dit-elle... Elle approche de la maison de Yossl, le *Mélamed*. La petite fenêtre est encore ouverte, la femme et les enfants sont toujours endormis par terre, à côté du lit de Yossl dont les narines frémissent encore. Vite, elle pénètre dans le corps comme si rien ne s'était produit entre temps.

Au matin, la place du marché s'éveille avec bruit. Les chariots des paysans arrivent, les boutiques s'ouvrent, la famille de Yossl, le *Mélamed*, se réveille : quel miracle ! Yossl, le *Mélamed* transpire. Sans doute a-t-il surmonté sa crise pendant la nuit. Avant de se rendre à la *Choul*, les gens viennent aux nouvelles. Ils sont tout joyeux de trouver Yossl dans cet état. Bien que Yossl soit incapable de prononcer une seule parole, par suite de son extrême fatigue, ils quittent sa maison réconfortés. Yossl est à nouveau parmi nous, disent-ils... Sa femme, alors, presse les filles de quitter la maison pour reprendre leur service dans les ménages, envoie les garçons au *'Heder*, et s'apprête à aller demander à une voisine de la remplacer pendant un peu de temps auprès du malade. Mais Yossl la retient, s'assied sur son lit et dit :

« Sache qu'il te faudra quitter ce monde aujourd'hui ou demain. C'est pourquoi je te recommande de faire tout ce que tu pourras pour arriver dans l'autre monde la conscience tranquille et tous comptes réglés... Rends-toi donc au marché, touche ce qu'on te doit et, de ton côté, acquitte-toi de ce que tu dois aux autres.

Efforce-toi de régler tout pendant qu'il fait encore jour et, en rentrant le soir, ramène dix Juifs ; puis tu te coucheras dans ton lit et tu te confesseras. Ce qui adviendra ensuite, c'est l'affaire de Dieu, loué soit-Il !... Car, je ne veux pas que les enfants aient à souffrir d'un beau-père. Aussi, j'ai obtenu là-haut la promesse qu'ils resteront orphelins de père et de mère. Alors la communauté aura pitié d'eux et ils seront bien gardés... »

La femme crut que son mari délirait, mais comme elle ne voulait pas le contrarier, elle fit un signe d'assentiment et quitta la maison.

Au crépuscule, à l'heure de la prière de *Min'ha,* elle rentra. Il lui demanda si elle avait fait ce qu'il lui avait ordonné. Ne voulant toujours pas le contrarier, elle répondit « oui » d'un signe de tête. Il l'interrogea encore au sujet du *Miniane**, mais avant qu'elle ne pût répondre, plusieurs visiteurs se présentèrent au même instant. Ils étaient venus s'enquérir de sa santé. Mais lui, Yossl, pensa que sa femme les avait invités. Et il lui demanda de se coucher... Saisie d'effroi, elle implore des yeux son entourage : que lui veut-il donc ? On lui explique que lorsqu'un mari, surtout un mari mourant, ordonne quelque chose à sa femme, celle-ci doit lui obéir. Elle se couche donc dans son lit... Yossl demande alors qu'un des assistants veuille bien réciter avec elle la formule de la confession « avec elle, mais aussi avec moi », ajoute-t-il... Les Juifs s'aperçoivent alors que le visage de Yossl change de couleur, et l'un d'eux prend le *Ma'avar-Yabok* [54] en main pour y lire la formule de la confession. Yossl insiste pour que sa femme en répète le texte mot à mot. Les assistants de leur côté l'engagent à obéir à son mari, car s'il y tient tellement, c'est qu'il doit certainement en connaître la raison. Elle cède finalement, répète mot à mot, en se frappant la poitrine... Sa voix s'affaiblit de plus en plus et son visage tourne du jaune au noir... Les Juifs assistent, terrifiés, à l'agonie du couple. Seul, celui qui continue à lire dans le *Ma'avar-Yabok* la formule de la confession, ne s'aperçoit de rien. Yossl, souriant, se confesse toujours ; quant à sa femme, elle remue à peine les lèvres et, bientôt, elle se recroqueville comme une boule, puis d'un seul coup, s'étend toute raide sur son lit. Yossl, au même moment, rend le dernier soupir. Et les assistants voient de petites flammes jaillir des narines des deux défunts, traverser d'un bond la chambre mortuaire, se confondre en une seule flamme devant la petite fenêtre ouverte et s'envoler dehors... Et lorsque les assistants s'écrièrent : « Loué soit le Juge suprême, en vérité ! » le *Ma'avar-Yabok* tomba par terre...

Ainsi, les enfants sont restés orphelins de père et de mère. Ils n'auront pas de beau-père.

MIRACLES EN HAUTE MER

Une âme muette vivait autrefois aux Pays-Bas dans une hutte à moitié enfouie dans le sol, au bord de la mer. C'était un pêcheur juif, du nom de Satié, peut-être en mémoire d'un de ses arrière-grands-pères, qui s'appelait Saadia. Mais il ne le savait pas ; il était d'ailleurs fort ignorant en matière de judaïsme. Pêcheur, né d'une famille pratiquant la pêche depuis de nombreuses générations, il s'en allait, jour après jour sur la mer. Lui et les siens constituaient la seule famille juive au milieu d'un entourage non juif. Satié allait donc tous les jours à la pêche ; sa femme tissait les filets et s'occupait du ménage, et leurs petits enfants se roulaient dans le sable, cherchant l'ambre.

Quand Satié prenait la mer et qu'une tempête éclatait, mettant ses jours en péril, ils ne savaient même pas, lui en pleine mer, sa femme et ses enfants à la maison, réciter la prière « Ecoute Israël »... Satié levait alors les yeux, sa femme se frappait la tête contre le mur ou lançait même parfois un regard mauvais vers le ciel sombre et dur, tandis que les enfants se prosternaient sur le sable, tout comme les autres enfants, en priant « Santa Maria, Santa Maria » !

Qui pouvait leur apprendre à faire autrement ? La communauté juive était trop éloignée de leur demeure pour qu'ils pussent s'y rendre à pied ; gagnant avec peine leur vie, ils ne pouvaient non plus y aller en voiture ; en outre, la mer ne leur donnait pas congé. Le père de Satié, son grand-père et son arrière-grand-père avaient tous péri en mer ; mais, bien que celle-ci fût l'ennemie la plus terrible de l'homme et trop souvent même une ennemie perfide, elle exerçait une telle attraction sur Satié qu'il ne cessait de l'aimer. La mer l'attirait comme un aimant... Il ne voulait pas s'en détacher et se sentait lié à elle dans la vie et dans la mort...

La famille de Satié avait cependant gardé le souvenir du jour de *Kippour*...

A la veille de ce jour, à l'aube, elle choisissait le plus gros poisson et se rendait en ville ; elle en faisait cadeau au *cho'het* de la communauté, chez qui elle avait coutume de prendre les deux repas, avant et après le jeûne du *Kippour*.

La journée du *Kippour*, la famille la passe à la Maison de prières ; elle y entend chanter le chœur, écoute l'orgue et prête l'oreille aux mélopées du *'Hazan* *... Ni Satié, ni sa femme, ni leurs enfants ne comprennent un mot. Aussi restent-ils figés pendant toute la journée en fixant tantôt l'arche sainte, tantôt le prédicateur à la calotte brodée d'or. Lorsque la calotte brodée d'or se lève, ils se lèvent, et lorsqu'elle se rassied, eux aussi reprennent leur place. Il arrive à Satié, gagné par la fatigue, de s'assoupir ; alors un voisin, du coude, lui rappelle qu'il lui faut se lever...

Satié passe ainsi toute la journée du *Kippour*. Le fait que ce jour est un jour de jugement — où même les poissons dans l'eau frissonnent de crainte, sans parler de ce qui se passe au ciel — Satié l'ignore. Il obéit tout simplement à son habitude de jeûner le jour du *Kippour*, d'entendre le chœur chanter et l'orgue jouer ; il sait également qu'après la prière de *Neïla* * (il ignorait même que cette prière avait pour nom *Neïla*), on se rend chez le *cho'het* pour y dîner...

Le *cho'het* lui-même n'en sait peut-être pas plus long, étant donné qu'il habite les Pays-Bas...

Sitôt après avoir pris le café noir, Satié, sa femme et leurs enfants se lèvent, prennent congé du *cho'het* et de sa famille et, ayant échangé leurs vœux, s'en vont, marchant toute la nuit pour rejoindre le bord de la mer. Ils ne disent jamais « à la maison », mais « à la mer ».

Jamais ils n'acceptèrent l'invitation du *cho'het* de prolonger quelque peu leur séjour à la ville.

« Voyons, disaient le *cho'het* et sa femme, vous n'avez même pas jeté un coup d'œil sur la ville. »

Satié fait une grimace.

« Qu'est-ce que c'est la ville ? »

Certes, Satié n'est pas rompu dans l'art de la rhétorique ; la mer apprend aux hommes le silence, mais, au fond, il hait la ville où l'on se trouve à l'étroit, sans air et sans ciel, tout juste une bande étroite entre un toit et l'autre... Mais, en mer, quels espaces ! C'est là qu'on respire à pleins poumons...

« Elle est votre ennemie, votre mort, lui objecte-t-on.

— Mais une mort douce ! »

Il veut finir ses jours de la même façon que son père et son grand-père, engloutis par la mer, pendant qu'il est encore bien portant, et non souffrir d'une maladie et agoniser pendant de longues heures dans un lit... ne pas assister aux afflictions et aux pleurs qu'on verserait sur lui, puis, la mort venue, ne pas être enseveli dans la terre dure... brrr ! Des frissons le parcourent à cette seule pensée...

Satié s'en va donc à pied à la maison, à la mer...

Quand on marche toute la nuit, on finit par voir pointer le jour et le reflet doré du rivage ensablé, puis, apparaît le miroir de la mer, étincelant, et la famille de Satié, saisie de joie, bat des mains... Un jeune homme ne se réjouit pas plus à la vue de sa fiancée...

Et cela se répète d'année en année...

Le pêcheur vieillit, le *cho'het* vieillit plus lentement, mais la coutume reste la même. Elle est composée des jeûnes, des chœurs, des orgues, à quoi il faut ajouter le gros poisson servi chez le *cho'het* au repas après la prière de *Neïla*, les adieux et l'échange de vœux.

C'est là le seul fil qui relie Satié à la communauté d'Israël...

Un jour, à l'aube, l'Orient venait à peine de se teinter de pourpre, la mer s'éveillait de son sommeil, respirant doucement dans son murmure, s'étirant rêveusement. Quelque part dans le ciel bleu voltigeait une paire d'ailes blanches et un oiseau lançait son cri. Puis, plus rien, rien que le silence... Des reflets flottaient au-dessus de la mer, des taches dorées se glissaient sur le sable jaune, les cabanes des pêcheurs dormaient au bord de la mer ; une porte grinça et Satié sortit.

Aujourd'hui, c'est la veille de *Kippour*. Le visage de Satié respire une piété fervente. Une lueur passe dans ses yeux : il va accomplir une bonne et pieuse action, pêcher un poisson pour le jour de *Kippour*.

Il s'approche de sa barque, détache la chaîne qui la relie au rivage ; la chaîne cliquette et Satié entend des voix à droite et à gauche qui lui crient :

« Non, non ! »

Ce sont ses voisins, penchés aux petites fenêtres de leurs cabanes, qui le mettent en garde.

La mer calme s'étend au loin, se confondant à l'horizon avec le radieux ciel du matin... Elle respire à peine, se ridant près de la rive et, entre ses rides, exécute une danse de sourires lumineux comme ceux qui éclairent le visage d'une bonne grand-mère. Et la mer murmure ; elle raconte une légende aux rochers dispersés et couverts d'algues pileuses et leur caresse le poil en souriant... Mais les pêcheurs connaissent la mer et se méfient.

« Non, non ! »

Pour le moment, la mer ondoie à peine, mais, bientôt, déchaînée, elle s'agitera comme une balançoire, et le miroir brillant volera en éclats ; le jeu cessera et le murmure s'évanouira sous le vacarme et le fracas ; les douces rides se transformeront en vagues qui engloutiront barques et navires, comme le Léviathan * dévore les petits poissons.

« Non, non ! »

Un vieillard, nu-pieds, cheveux en broussaille, le visage ridé comme celui de la mer, mais sans l'hypocrite sourire de celle-ci, sort de sa cabane, s'approche de Satié et lui met la main sur l'épaule :

« Regarde ! »

Il lui montre à l'horizon une petite tache noire, perceptible seulement à l'œil d'un pêcheur.

« Cette tache peut dégénérer en nuage...

— Je serai rentré avant, dit Satié. Je veux pêcher un seul poisson. »

Le visage de son vieux voisin se rembrunit :

« Satié, tu as une femme et des enfants.

— J'ai aussi un Dieu au ciel », répond Satié, confiant. C'est qu'il va accomplir une bonne et pieuse action. Il met sa barque à l'eau et saute à bord.

Légère comme une plume, la barque de Satié glisse sur la mer. La mer la berce, l'enveloppant de son doux chant, l'entourant de ses merveilles. Mais le vieux pêcheur, demeuré sur le rivage, murmure :

« Santa Maria, Santa Maria. »

La barque de Satié vogue, légère, sur la mer. Satié jette son filet. Celui-ci devient lourd. Satié déploie toutes ses forces pour le tirer de l'eau, mais le trouve chargé d'algues et d'étoiles de mer, sans le moindre poisson.

Sur le rivage, le vieux pêcheur a, depuis longtemps, perdu de vue la barque. Satié retire son lourd filet pour la troisième et pour la quatrième fois ; mais il n'y trouve encore que toutes sortes de plantes aquatiques, accrochées aux mailles, sans aucun poisson...

La mer devient houleuse. Le soleil est déjà bien au-dessus de l'horizon, mais son éclat est humide. C'est un soleil qui pleure. La petite tache à l'horizon s'est agrandie et s'est glissée sous le soleil. Tel un serpent brun, elle s'assombrit de plus en plus et menace le soleil...

Il est déjà midi et Satié vogue toujours. Il tente sa chance. Dieu ne veut pas, pense-t-il, que je m'acquitte de mon devoir envers lui. Il ne me reste donc plus qu'à retourner. Il est triste ; sans doute a-t-il commis quelque péché, puisque Dieu n'agrée pas, cette année, son sacrifice. Déjà, il est sur le point de faire virer sa barque et d'actionner le gouvernail. Au même instant, quelque chose lui éclabousse le visage ; il se retourne et aperçoit un grand poisson d'or qui s'agite joyeusement, battant l'eau de sa queue.

C'est ce poisson qu'il lui faut attraper. C'est un poisson envoyé par Dieu qui a eu pitié de lui, qui le voit peiné et tout tendu vers la bonne et pieuse action qu'il désire si ardemment accomplir. Et Satié lance sa barque à la poursuite du poisson...

Mais la mer est déjà sortie de ses gonds ; les vagues montent toujours plus haut, la moitié du soleil est couverte par le nuage, des faisceaux de rayons blancs ont de la peine à le percer, pour arriver jusqu'à la mer ; le poisson est porté par les vagues, et la barque de Satié le poursuit toujours... Soudain, le poisson disparaît ; une lame de fond, gonflée par le vent, barre la route à Satié...

Ce n'était qu'un mirage, pense Satié qui s'apprête

à retourner au rivage. A l'instant même, la vague s'abaisse comme si elle avait été engloutie par la mer, et le poisson s'approche tout près de la barque, fixant Satié de ses grands yeux comme s'il lui disait : « Prends-moi, prends-moi... accomplis par moi ta pieuse action, fais-moi cette grâce... »

A peine Satié s'est-il retourné que le poisson disparaît à nouveau. Entre lui et la barque, une nouvelle vague s'interpose et la colère de la mer éclate une fois de plus. Non, la mer ne chante pas un air paisible, elle est en fureur ; comment ose-t-on en ce moment voguer sur elle ? Comment ose-t-on marcher sur ses ondes ? Le soleil se cache derrière le nuage, comme saisi d'épouvante devant la colère de la mer... Le vent, semble-t-il, n'a attendu que cela ; déchaîné, il se livre à sa rage impie, fouettant la mer comme avec des verges pour l'exciter davantage, la mettre hors d'elle-même. Et la mer tempête, la mer craque comme si des milliers de contrebasses jouaient dans ses entrailles, comme si des milliers de tambours tonnaient dans ses vagues.

« Rentre chez toi », ordonne à Satié son cœur. Il ramasse ses filets, empoigne le gouvernail et rame de toutes ses forces. Les veines de ses bras semblent vouloir éclater. La barque se balance sur les vagues comme une coquille, le ciel est noir, la mer paraît se briser de colère, et lui, Satié, rame toujours : rentrer chez lui, rentrer chez lui...

Soudain, il voit un corps humain l'aborder de biais : c'est une femme... Ses cheveux noirs flottent en avant... La femme de Satié a une chevelure pareille à celle-là... Sous ses cheveux, apparaissent des mains blanches. La femme de Satié a des mains semblables à celles-là... Il entend une voix crier : « Au secours ! » C'est la voix de sa femme... la voix de la mère de ses enfants... Elle a sans doute pris la deuxième barque. Et maintenant, elle se noie, elle appelle au secours !

Il dirige sa barque vers la droite, afin d'atteindre le corps flottant, mais la mer s'y oppose. Les vagues se soulèvent et le repoussent. La tempête hurle, mais Satié entend au milieu de la tempête la voix de sa femme : « Au secours, au secours, Satié, sauve-moi ! ».

Il bande ses dernières forces pour l'atteindre. A présent, il se trouve tout près de la tache blanche ; il ne voit plus les cheveux, mais il voit la robe qui flotte, à moitié engloutie par la houle. Il pourrait la toucher de la rame... Mais, entre lui et sa femme, une nouvelle vague surgit, rejetant la barque en arrière. C'est un mirage, pense-t-il, se rappelant le poisson d'or qui était, lui aussi, un leurre ; instinctivement, il regarde vers le rivage et voit les fenêtres éclairées des cabanes de pêcheurs.

« C'est *Yom Kippour*, se rappelle-t-il, et du coup, il laisse tomber la rame de sa main. Fais de moi ce que tu voudras, s'exclame-t-il, en regardant le ciel, ce que tu voudras, mais à *Yom Kippour*, je ne ramerai pas. »

Le vent se déchaîne, les vagues assaillent la barque et la jettent dans l'abîme de la mer ; mais Satié, qui a laissé tomber sa rame est calme. Tantôt, il fixe le ciel bouché, tantôt, baissant les yeux, il contemple la mer écumante.

« Mon Dieu, fais de moi ce que Tu voudras, que Ta volonté s'accomplisse ! »

Soudain, il se rappelle une mélodie qu'il avait entendu chanter par le chœur, accompagné par les orgues, et il essaie de la répéter. C'est que cette âme muette ne sait parler avec Dieu qu'en ce seul langage. Et il chante. Le ciel devient de plus en plus noir, les vagues montent jusqu'aux nues et le vent hurle. La barque monte et retombe à nouveau, projetée d'une vague à l'autre. Une lame emporte la rame de Satié, tandis qu'une deuxième le frappe dans le dos et de sa gueule béante poursuit la barque... Le vent hurle comme une meute de loups et, dans ces hurlements, Satié jette la mélodie de « Qui vivra tranquille et qui devra mener une vie inquiète [55] », tout comme le chœur de la Maison de prières, accompagné par les orgues.

La barque est frappée par une lame ; Satié veut mourir en chantant. La barque chavire, mais Satié ne mourut pas.

Deux formes blanches, comme tissées de brouillard, se tenant par la main, planent au-dessus de la mer, pieds nus, cheveux au vent et les yeux brillants ; dès que Satié reparaît à la surface, elles s'approchent de lui, le soulèvent et l'emmènent avec elles ; bras dessus, bras dessous, elles marchent avec lui sur les flots, comme sur des sillons et des collines, et le guident à travers le vent et le tumulte. Il veut parler, les interroger, mais elles l'en empêchent en lui disant :

« Chante, Satié. Il vaut mieux que tu chantes ! Ton chant apaisera la colère de la mer. »

Elles avancent avec lui, et Satié entend sa barque le suivre... Il tourne la tête et aperçoit la barque avec le filet ; le poisson d'or est pris dans les mailles du filet.

L'ayant ramené à la rive, les deux formes blanches le quittèrent. Il trouva chez lui le *cho'het* et la femme de celui-ci. Un incendie avait éclaté dans leur ville et ils étaient venus se réfugier chez lui.

Le poisson fut tué — la coutume est la coutume !

LE TABLIER

Avec ses pieds, l'homme trébuche sur le sol ; avec sa tête, il perce le ciel.

Tout dépend du côté où va son cœur !

Si c'est du côté des pieds, la poussière l'attire, si c'est du côté de la tête, il ne cesse d'appeler les *sphères supérieures*...

Lorsqu'un Juif décide de se conformer au verset : « Méachpoth yarim evion » — « Il relève du fumier l'indigent [56] », il entoure sa taille d'une ceinture, il partage son cœur en deux et il dit : mon cœur appartient à ma tête ! Les démons et les *Dibboukim* [57] — que Dieu nous préserve de leur malfaisance ! — ne peuvent plus rien contre lui...

C'est pour la même raison que les femmes, les Juives, portent un tablier.

Vous ne devez donc pas traiter à la légère les tabliers.

Ecoutez l'histoire qui est arrivée à Rakhiv.

Rakhiv est une bourgade près de la ville d'Apt. Vous avez certainement entendu parler du rabbi d'Apt — que la mémoire de ce Juste nous soit une bénédiction !

Rakhiv s'étend au bord de la Vistule. On y vit du commerce du bois : il est transporté depuis les forêts tout au long de la Vistule jusqu'à Dantzig. Ce négoce était jadis des plus florissants.

En ce temps-là, des marchands de bois dantzigois venaient à Rakhiv. C'étaient des gens aisés, des gens cossus qui obéissaient au précepte de l'Ecriture : « Que ton frère vive avec toi [58]. » Ils faisaient vivre les bûcherons, les courtiers, les commis aux écritures de l'entreprise forestière, le batelier qui transporte le bois jusqu'au moulin kœnigsbourgeois pour le remettre aux exploitants allemands, et tout le reste de la population de Rakhiv.

L'hiver, lorsque le transport se faisait par traîneaux, on pouvait en voir glisser, chargés de bois taillé, de poutres et de traverses. A l'aller, ces traîneaux partaient de la forêt, traversaient la petite ville et filaient jusqu'au bord de la Vistule.

Sur le chemin du retour, les cochers s'arrêtaient sur la place du marché. C'est à ce moment-là que l'aubergiste versait l'eau-de-vie et servait des casse-croûte, que le quincaillier vendait un de ses outils en fer, une fourche par exemple. Quant aux étalages, ils proposaient le sel, la graisse à essieux... Le forgeron (qui lui aussi était juif) réparait ou ferrait un cheval, tandis que les marchandes assises au ras du sol vendaient des *beiguels* *, qu'on achetait pour les enfants à la santé fragile.

Si la clientèle paysanne n'enrichissait guère, tout le monde avait quand même, grâce à elle, du « pain à manger [59] ».

Lorsque l'hiver touchait à sa fin, et que le dégel commençait, un petit vent chaud se mettait à souffler. Il chassait les nuages. Le soleil s'apprêtait à sortir de sa baratte et le printemps s'annonçait. L'été devait suivre de près. Les bateliers qui habitaient la bourgade étaient prêts à reprendre leur travail et d'autres, venus de petites villes voisines, accouraient avec leurs baluchons. L'auberge juive était pleine de monde. On se préparait à faire la navette. On retournait chez les marchands et, à nouveau, c'était l'affluence dans les boutiques, dans les épiceries et au marché. Pour la route, il fallait aux bateliers de la viande fumée, de la graisse, du sel, de l'orge perlée et un tonnelet d'eau-de-vie.

Cela grouillait au bord de la Vistule. Les paysans des environs allaient sur la berge avec leurs filets et les petites casseroles où ils feraient frire les poissons qu'ils avaient pêchés. Et chacun monterait sa hutte en paille qui encombrerait bientôt la berge.

Alors tout Rakhiv, de l'aube jusqu'à la prière de *Min'ha*, résonnait du bruit des marteaux et des haches, des billots et des bûches qu'on assemblait pour bâtir des radeaux.

Soudain, à minuit, on entendait le tonnerre gronder, et on savait que la Vistule s'ébranlait. La glace craquait de toutes parts, les vents fouettaient le fleuve et soulevaient les vagues qui bondissaient les unes par-dessus les autres. Cela durait quelques jours. C'est que le vent avait fait son œuvre. Le soleil l'avait secondé dans sa tâche. Les bateliers s'affairaient à leur tour avec leurs pieux et leurs pelles, les glaçons se détachaient, et le fleuve se libérait de son carcan. On pouvait alors mettre les embarcations à l'eau.

La berge de la Vistule s'animait de plus en plus : les pauvres Juives tiraient toute leur subsistance des étalages qu'elles y avaient montés. Elles vendaient des fruits, des épices, du sel et même, en cachette, la goutte amère.

Vous pensez sans doute que j'ai oublié le tablier ? Il n'en est rien. Je voulais d'abord vous décrire Rakhiv, la bourgade où s'est déroulée cette histoire de tablier.

Il arriva que le *Dayan*, le juge rabbinique de la localité, rendit son âme à Dieu, laissant derrière lui une veuve et une orpheline... La communauté engagea sans tarder un autre *Dayan* qui décida de céder à la veuve et à l'orpheline un quart de ses appointements. Mais il ne put tenir sa promesse car son traitement n'était pas le Pérou, et il avait une famille fort nombreuse à nourrir. La veuve s'en fut crier misère auprès de la communauté...

Une Juive qui possédait un étalage sur la berge venait justement de mourir. Pour que la veuve puisse acquérir ce fonds de commerce, on décida de lui allouer, sur la caisse des pauvres, une petite somme.

Elle devint donc propriétaire d'un étalage sur la berge de la Vistule. Sa fille l'aidait dans son commerce. Le matin, elle portait les deux paniers qui contenaient toute l'épicerie et le soir, elle les rapportait à la maison. Pendant la journée, elle surveillait les paysans qui s'approchaient de l'étalage. Et la vie continuait ainsi tant bien que mal. Certes, ce misérable négoce suffisait à peine à nourrir la veuve et sa fille. Mais du temps où le chef de famille, le *Dayan*, était encore en vie, l'abondance ne régnait pas non plus dans le foyer et, quand on partageait un hareng saur, il fallait faire attention à ne pas se couper les doigts... Qu'à cela ne tienne ! Personne, comme on dit, n'est jamais mort de faim à Rakhiv...

Pendant ce temps, la fillette grandissait, elle poussait comme de la pâte à levain — que Dieu la préserve du mauvais œil ! Sa jupe devenait de plus en plus étroite, et ses joues de plus en plus roses. On aurait dit qu'elle se nourrissait de lait, de miel, et de gâteaux d'amandes. Et ses yeux ! Ah, ses yeux ! Les paysans ne se lassaient pas de les admirer. Mais la veuve n'était pas rassurée du tout. Elle avait très peur du mauvais œil. Et quand un des Gentils osait adresser à la jeune fille des mots grossiers et des plaisanteries grivoises, la veuve, bouleversée, se mettait à trembler de tout son corps. Et si, par malheur, un paysan poussait l'insolence jusqu'à toucher la jeune fille de ses grosses pattes, la mère sursautait comme une échaudée, prête à arracher les yeux du rustre.

Comment tout cela finira-t-il ? se lamentait-elle. Aller pleurer devant la communauté ? Mais qui écoutera ses plaintes ? Elle était seule avec sa misère. Elle s'arrêtait et jetait un regard vers le ciel, et gémissait encore...

Mais ce n'est pas en vain qu'elle se lamentait : il y avait là-haut une oreille qui l'écoutait !

Une fois, à l'issue du *Chabbath* et après avoir assisté chez des voisins à la prière de *Havdala*, elle se demanda si elle devait ou non retourner sur la berge. A ce moment-là, la porte s'ouvrit et quelqu'un lui souhaita « une bonne semaine ». C'était Reb Pinié, le marieur. La veuve lui répondit : « Bonne semaine ! bonne semaine ! » Elle n'en croyait pas ses yeux.

« Asseyez-vous donc, Reb Pinié », dit-elle.

Puis elle s'adressa à sa fille :

« Sorélé, prends un bout de chiffon et essuie le tabouret. »

Sorélé fit comme si elle n'avait rien entendu, et leur tourna le dos, non sans avoir lancé un regard mauvais à Reb Pinié. Celui-ci esquissa un sourire :

« Elles sont toutes comme ça ! »

C'est la veuve qui donna le coup de chiffon au tabouret.

« Quelle bonne nouvelle m'apportez-vous, Reb Pinié ? » reprit-elle.

Son cœur se mit à battre aussi fort que celui d'un bandit de grands chemins avant qu'il ne commette son forfait.

Reb Pinié s'assit, fourra ses doigts dans sa barbe et dit en souriant :

« C'est une bien bonne nouvelle que je vous apporte.

— Une bien bonne nouvelle ? s'étonna la veuve. Laquelle ?

— Laquelle ? me demandez-vous. Je vais tout vous raconter : le veuf, Reb Mendl, vient de rentrer de sa forêt. Voilà longtemps que je lui cours après, combien de fois ne lui ai-je pas répété : " Un bon Juif, Reb Mendl, ne devrait pas rester sans femme. Il est vrai que votre épouse — qu'elle repose en paix — était une femme vertueuse aux mains bénies, mais il est tout de même impensable de voir un Juif rester si longtemps sans une ménagère à son foyer... Et quand je pense à vos pauvres petits, j'en ai le cœur brisé de les voir confiés à une voisine qui a déjà six marmots à elle... Vous êtes toute la semaine dans votre forêt, et quand vous rentrez chez vous la veille du *Chabbath*, vous retrouvez vos enfants affamés et le visage tout égratigné. "

« Je ne le lâchais pas, continue Reb Pinié. Je demandais même aux notables de la ville d'intervenir... Mais lui ne voulait toujours pas entendre parler d'une nouvelle épouse. Or, un jour, je l'attrapai par le revers de son veston et lui dis :

" Voyons ! Voyons ! Vous n'êtes plus un jeune homme, *si ce n'est pas maintenant, quand donc* [60] ? "

« Et lui, " Euh ! Quoi ? Comment ? " Bref ! il s'esquivait, il n'avait pas le temps, disait-il. Il devait d'abord finir son travail dans la forêt et il avait encore beaucoup à faire sur la berge... Tout ça, c'est de l'histoire ancienne ! Je lui parlai d'un parti, il prit des notes, griffonna quelque chose dans son carnet, et allait, disait-il, se renseigner... Vous pensez ! Le parti que je lui offrais se perdra dans son carnet au milieu des chiffres et des indications sur les mètres cubes de bois...

« Mais ce vendredi-là, reprit Reb Pinié, il est rentré de la forêt plus tôt que d'habitude. Il inspectait son bois sur la berge... et soudain il remarqua quelqu'un parmi les passants.

— Qui ? » demanda la veuve.

Reb Pinié reprit une prise de tabac et dit :
« Votre fille unique... »
Sorélé était près du lit et, quand elle entendit cela, elle se jeta dessus en cachant son visage contre le mur.
« Elles sont bien toutes les mêmes, remarqua Reb Pinié en souriant.
— Bon, il l'a remarquée, et alors quoi ? demanda la veuve, presque effrayée.
— Alors quoi ? Demandez-vous. Rien... rien... le *Chabbath* est le *Chabbath*... mais, après la prière de *Havdala*, il m'a fait chercher et il m'a dit :
« "Va chez le *Dayan* et dis-lui que je suis d'accord. Moi, je repars dans la forêt (sa voiture attelée était déjà devant la porte) et quand je reviendrai, avec l'aide de Dieu, j'irai chez la veuve avec un *miniane* et un tas de gourmandises..." »
Reb Pinié fit une autre prise. La veuve resta bouche bée, elle attendit qu'il finît sa phrase :
« "Et nous ferons les accordailles, si Dieu le veut", m'a-t-il dit. »
Sorélé poussa un cri et éclata en sanglots. Sa mère la prit dans ses bras et la couvrit de baisers que Sorélé repoussa :
« Voyons ! Voyons ! ma chérie, lui dit-elle, te rends-tu compte de la chance que tu as ? Un filon pareil ! Nous ne le méritons pas. C'est ton père qui a dû intervenir... »
Sorélé s'arracha des bras de sa mère et sortit en sanglotant.
La veuve s'effraya de ses propres paroles, mais elle ne tarda pas à sourire, elle se souvint qu'elle avait réagi comme sa fille. Toutes les jeunes filles ont peur...
« Toutes les mêmes ! Toutes les mêmes ! » marmonna Reb Pinié. Il se leva, dit « bonne semaine », posa un baiser sur la *Mezouza* et s'en alla. La veuve resta plongée dans ses pensées. Elle s'approcha de la

fenêtre, regarda le marieur s'éloigner. Puis, elle leva les yeux au ciel et murmura :

« C'est un bienfait de Dieu ! Un bienfait de Dieu ! »

Et bienfait de Dieu, il y en aurait eu sans un certain tablier. Et sans... la berge de la Vistule...

Car aussitôt que le soleil se couchait, la berge débordait de joie.

Tout le monde quittait son travail, les paysans ramassaient des bouts de bois, les entassaient devant leurs huttes de paille et allumaient un feu. Ils prenaient leurs casseroles et faisaient frire des poissons. Les nuits étaient belles. Mais les paysans n'avaient pas d'*Eïn-Yacob* [61] à lire ni à méditer. Ils entonnaient un chant, un chœur se formait sur la berge... Quelqu'un trouvait une flûte... Un autre sortait son violon, et la musique retentissait au loin... On buvait de l'eau-de-vie et on dansait... musique, danse, beuverie, tout y était...

Des jeunes gens de la bourgade se promenaient sur la berge, ils cherchaient un endroit où se baigner. Sur leur chemin, ils s'arrêtaient pour regarder les danseurs, écouter la musique... Quelquefois des filles se mêlaient à eux... Certes, on ne pouvait rien attendre de bon de pareil dévergondage. Imaginez qu'une jeune fille juive ait l'idée de s'approcher en cachette des danseurs et qu'un paysan la prenne par la taille et l'entraîne dans la ronde... Que Dieu le Miséricordieux veille sur nous...

Bien avant notre récit, il était arrivé une vilaine histoire à une demoiselle de bonne famille en âge de se marier. Des bruits couraient dans la ville. On l'avait vue sur la berge de la Vistule, c'est du moins ce qu'on racontait. La rumeur parvint aux oreilles des parents qui ne voulurent pas y croire. La surveillance n'en fut pas moins renforcée, à tout hasard.

Le soir, on restait à la maison ; le père faisait ses prières de *Min'ha* et de *Ma'ariv* chez lui et gardait un œil sur sa fille. Un jour passa. Rien. Un autre jour. Rien... Le troisième jour, elle ne put plus tenir et prit son châle.

« Où vas-tu ?

— Je vais chez une amie », dit-elle.

On lui arracha son châle :

« Non ! C'est sur la berge que tu vas !

— Sur la berge ? D'accord. Est-ce que cela vous regarde ? »

On échangea des mots aigres-doux. Bref, la garce avoua. Oui, elle danse. Oui, elle a un paysan pour amant. Il lui a promis le mariage. Et elle va se convertir... On se saisit de l'insolente. On la ligote avec la corde à linge. Tout était clair. Un *Dibbouk,* un esprit malin, s'était emparé d'elle. Dès le lendemain on la conduirait au rabbi d'Apt. Pendant ce temps, c'était la consternation sur la berge. Où est Malka ? (Elle s'appelait Malka), c'est bien triste sans elle. Elle danse si bien ! Et comme elle chante ! Et quand elle défait ses cheveux, aïe ! aïe ! aïe !

On envoya donc quelqu'un pour voir ce qu'elle était devenue. Son « amoureux » partit en courant. Il revint hors d'haleine. Il était allé jusqu'à la masure, il avait regardé par le fenestron, et avait vu sa « maîtresse Malka » par terre, bâillonnée, ligotée... et qu'on rouait de coups... Tout le monde fut scandalisé, on partit aussitôt délivrer « Malka la maîtresse ». Les Gentils traversèrent la place du marché, le tumulte grandit. Les Gentils se ruèrent sur les Juifs qui vidèrent leurs étalages, fermèrent les boutiques, et se barricadèrent chez eux...

Le lendemain, quand on se leva, Malka n'était plus là ! Sa mère en tomba malade. Les cheveux de son père devinrent blancs en une nuit. Les vieux Juifs ne firent que gémir : « C'est l'exil ! »

Mais les jeunes criaient à tue-tête : « Est-ce qu'on traite notre sœur comme une prostituée [62] ? » comme la Bible le rapporte. Une cohorte de jeunes Juifs se forma. Ils s'armèrent de bâtons, ramassèrent des pierres et coururent vers le fleuve pour ramener la jeune fille... Sur la berge, la bataille fit rage, et la main d'Israël prit le dessus. C'est l'effet du zèle de Dieu *Tsébaoth* [63], du Dieu des Armées. Mais les paysans avaient envoyé des émissaires dans les faubourgs. On accourut à leur rescousse avec des fourches et des chiens... Et les « héros d'Israël » finirent par baisser la nuque... Ils se sauvèrent, dénudés jusqu'à la vie...

La mère de Malka mourut le jour même. Le père ferma sa porte et quitta la ville. Il y reviendrait un peu avant l'hiver, quand les paysans auraient déserté la berge, quand chacun serait retourné au pays, à sa paysanne, à ses marmots...

Quant à Malka, personne ne sait ce qu'elle est devenue : les paysans se sont peut-être lassés d'elle, avec le temps. Peut-être l'ont-ils jetée dans le fleuve de crainte qu'elle ne veuille les suivre dans leur village ? A moins que, se sentant abandonnée, elle ne se soit fait un sort... Pour tout dire, juste avant les « jours redoutables », les pêcheurs ramenèrent son corps dans un grand filet. Une corde attachée à une pierre lui entourait le cou. Elle était méconnaissable, toute gonflée... On l'enterra derrière la clôture du cimetière, et son âme pécheresse devint un *Dibbouk*.

La première qui aperçut le *Dibbouk* un jour où on récitait les *Sli'hoth* *, fut une honorable vieille Juive. Cette rencontre faillit lui coûter la vie. Voici ce qu'elle raconta dans la pièce réservée aux femmes de la Maison de prières : « Je l'ai vue, je l'ai vue de mes yeux, la possédée. Elle venait de sa tombe derrière la clôture du cimetière. Elle a traversé la place du marché, elle s'est approchée de la masure de ses parents, elle a frappé à la porte, mais personne ne lui a répondu. Elle a donné des coups de poing aux carreaux de la fenêtre. Elle a crié : " Père ! Mère ! " Et elle s'est déchiré le visage de ses ongles... »

Peu de temps après, voilà que quelqu'un du *Chtetl* se sentit mal. On envoya la servante chercher des sels à la pharmacie. Elle ne revint pas. Le lendemain, on la retrouva évanouie. On la ranima et voici ce qu'elle raconta : « J'ai vu... Des yeux qui brûlaient comme des torches, des cheveux noirs qui flottaient sur un linceul blanc... Elle griffait la porte de ses ongles. Elle sanglotait : " Cher père ! Chère mère ! " Après, elle s'est approchée de la fenêtre et elle a cogné aux vitres : " Cher Papa ! Maman chérie ! " »

D'autres à leur tour l'ont vue.

Et d'autres encore. Si bien qu'on finit par s'habituer aux apparitions du *Dibbouk*... Mais aucune femme à Rakhiv n'osa plus se montrer devant sa porte de peur d'être attaquée par le *Dibbouk*.

Quand deux promis sont mal assortis, voici ce qui peut arriver :

Sorélé rapportait un soir ses paniers à la maison. Sa mère s'était arrêtée chez l'épicier. Sorélé voulut allumer le fourneau. Mais sa mère entra toute joyeuse :

« Tu ne seras plus obligée, ma fille aimée, de porter des paniers, de les porter à la berge. »

Sorélé pâlit :

« Que se passe-t-il, maman ?

— Ce qui se passe ? Ton fiancé est rentré de sa forêt. Il a envoyé Reb Pinié, le marieur, m'annoncer la nouvelle... Je l'ai rencontré devant la porte. Prépare-toi, ton fiancé va arriver comme il l'a promis, avec son *miniane* et des tas de gourmandises... »

Sorélé se jeta sur le lit en sanglotant...

« Pleure, ma chérie, pleure encore. Et demande à Dieu que la chance te sourie... Ta chance, vois-tu, elle

se lève comme le soleil. Et moi, j'en profiterai aussi... »
Et elle ajouta :
« M'entends-tu, ma fille aimée ? Tout cela est vrai ! bien vrai ! Il apporte tout ce qu'il faut. Mais moi non plus, je ne viens pas les mains vides. Je ramène des harengs et je vais faire des pommes de terre en robe de chambre... »

Sorélé enfouit son visage dans l'oreiller.

« Pleure ! Pleure ! ma fille... Moi aussi, à ton âge, j'ai pleuré. Moi aussi, j'ai pensé Dieu sait quoi, et j'ai eu terriblement peur... »

La veuve s'affaira, elle mit les pommes de terre à cuire. Le feu grésillait, les pommes de terre étaient à point : il fallait vider l'eau de la casserole. Mais, entre temps, la veuve s'était souvenue qu'elle avait oublié d'acheter du sel...

« Sorélé, ma petite, ma chérie, prunelle de mes yeux, rends un service à ta mère, va chercher du sel... »

Elle le lui dit, elle le lui redit, mais sa fille ne bougea pas. Elle la caressa, la couvrit de baisers, lui ordonna d'y aller et enfin prit un ton sévère :

« Eh bien ! Vide la casserole et j'irai acheter du sel moi-même... »

Sorélé se leva et partit chercher le sel...

Une minute passa, puis deux, puis trois. L'eau de la casserole avait été vidée. La boutique était à deux pas, mais Sorélé n'était toujours pas revenue. La veuve alla à la porte, regarda dans la cour. Pas de Sorélé. Elle appelle : « Sorélé ! Sorélé ! » Aucune réponse. Elle s'effraya, mit un châle sur ses épaules et sortit. Son cœur lui dit qu'un malheur était arrivé.

Et le cœur d'une mère est toujours un peu prophète...

Un malheur est arrivé :

En s'agitant dans le lit, Sorélé avait dû défaire le nœud de son tablier ; en sortant dans la cour, elle avait sans doute perdu son tablier sans s'en apercevoir. Et c'est sans son tablier qu'elle était arrivée devant la boutique...

Il semble qu'au même moment, sur la place du marché, le *Dibbouk* rôdait, en cherchant quelqu'un en qui entrer, rôdait à la recherche d'une femme sans tablier... Et ce fut Sorélé qui apparut sans tablier... Arrivée à la boutique, elle voulut ouvrir la bouche pour demander du sel, mais elle poussa seulement un cri, à la façon des incirconcis de la berge : « Hou ! Ha ! »

Le *Dibbouk* entra par sa bouche ouverte.

Elle arracha aussitôt son fichu de sa tête, ses cheveux se répandirent sur sa nuque et ses yeux brillèrent comme des charbons ardents... Elle s'élança hors de la boutique en poussant des cris et se mit à chanter une chanson obscène et à danser sur la place du marché... Et à nouveau : « Hou ! Ha ! »

Puis, elle vola comme une flèche vers la berge...

Lorsque sa mère arriva, toute la place était comme pétrifiée. La boutiquière put seulement indiquer d'un doigt tendu la direction de la berge.

Les « héros d'Israël » ne pourraient certainement plus la sauver... On se souvient encore de la bataille d'autrefois... On rencontrait encore aujourd'hui de vieux Juifs à qui il manquait une oreille ou la moitié du nez. Ceux-là ne faisaient que gémir...

Mais la veuve était une mère : elle courut seule vers la berge. Quand elle y arriva, ce fut pour voir sa fille danser une ronde, un bras rejeté derrière la tête. De son autre bras, Sorélé enlaçait un jeune paysan... Elle dansait avec lui ! Le jeune homme sifflait, un violon jouait, les paysans faisaient un cercle autour des danseurs ; ils claquaient des mains et tapaient des pieds...

Mais une mère est une mère. La mère de Sorélé se fraya donc un passage, elle brisa la ronde :

« Eh ! Vous autres, hommes ! Assassins que vous êtes ! Bandits ! Ne voyez-vous pas qu'elle est possédée ? C'est un *Dibbouk-Opentana* ! cria-t-elle en polonais. C'est une envoûtée, une folle... »

Les paysans, effrayés par ses cris, s'écartèrent devant la mère. Le mot *Dibbouk* avait répandu la terreur. Le siffleur s'était arrêté, le violon s'était tu. La mère bouscula le paysan et lui arracha sa fille des bras. Puis elle s'adressa à la foule :

« Regardez, hurla-t-elle. Regardez ses yeux... Regardez ses cheveux défaits. Voyez comme tout son corps tremble... C'est une folle, c'est un *Dibbouk*... Avec qui dansez-vous ? Où avez-vous les yeux ?

« Le *Dibbouk* est entré en elle, il y a une demi-heure à peine, se lamenta-t-elle, la veille des accordailles, continua-t-elle en sanglotant et en pressant sa fille contre son cœur... C'était une vraie mine d'or... Je l'ai envoyée chercher du sel... Sur la place du marché, le *Dibbouk* a pris possession d'elle... C'est peut-être le *Dibbouk* de Malka... »

Ces derniers mots terrorisèrent encore davantage la foule. Les paysans quittèrent peu à peu la berge pour regagner leurs masures... La mère pressa plus fort sa fille contre son cœur :

« N'aie pas peur, ma fille chérie, la supplia-t-elle, ne tremble pas. Demain, avec l'aide de Son Nom, le *Dibbouk* sera chassé de ton corps. »

Et elle ramena sa fille plus morte que vive chez elle.

Le rabbi d'Apt — que la mémoire de ce *Tsaddik* nous soit une bénédiction — envoya sa canne au vieux rabbin de Rakhiv en lui précisant comment il fallait procéder pour chasser le *Dibbouk*... Et, tôt le lendemain, on s'y prit selon les règles prescrites. On avertit les Juifs en leur demandant de se rendre à la *Choul*. Elle fut bientôt pleine d'hommes et aussi, à la tribune, de femmes...

On apporta la « planche de purification ». On la posa sur la table de lecture. On coucha Sorélé sur la planche. La jeune fille fut recouverte d'un drap noir.

Muni de la canne du rabbi d'Apt, de mémoire bénie, le vieux rabbin de Rakhiv gravit les trois marches qui mènent à l'Arche Sainte, il tourna son visage vers le *belemer*, l'estrade... Il fixa Sorélé, marmonna ce qu'il faut marmonner, frappa trois fois de sa canne une des trois marches et clama :

« *Dibbouk* ! Sors donc ! »

La foule fut saisie de terreur. Mais le *Dibbouk* se tut.

Il clama une deuxième fois :

« *Dibbouk* ! Sors donc !... C'est un ordre ! *Dibbouk* ! sors donc ! »

La foule tremblait. Dans la pièce réservée aux femmes, on s'évanouit. Mais le *Dibbouk* ne réagit toujours pas.

Mais après que le vieux rabbin eut apostrophé le *Dibbouk* pour la troisième fois, après qu'il eut invoqué les foudres de la « Cour Céleste », après qu'il eut menacé de l'excommunier, en précisant qu'on aurait l'accord du rabbi d'Apt... alors seulement le *Dibbouk* poussa un long soupir sous le drap noir :

« Impossible, rabbi, je ne peux pas sortir !
— Pourquoi ?
— Par où sortirais-je ?
— Par la porte.
— Le " Tronc du Miraculeux [64] " et la " Lampe Permanente [65] " m'en empêchent.
— Sors par la fenêtre ! »

Mais toutes les vitres étaient intactes.

C'est que quelques jours auparavant le vitrier de la

bourgade avait gagné à la loterie et avait remplacé toutes les vitres brisées... Alors le rabbin saisit la canne, la lança contre la fenêtre et brisa une vitre...

Le *Dibbouk* sortit.

Mais quand on souleva le drap noir, on découvrit que Sorélé était morte.

LE PRESTIDIGITATEUR

Un jour, dans un *Chtetl* de Volhynie, on vit apparaître un prestidigitateur.

Et bien qu'on fût en pleins préparatifs de la fête de Pâque et que les Juifs fussent accablés de plus de soucis qu'ils n'avaient de cheveux sur la tête, l'apparition du prestidigitateur fit sensation dans la bourgade. L'homme, vêtu de haillons et coiffé d'un chapeau haut de forme tordu et déformé, constituait une énigme ; néanmoins, son visage était tout de même un vrai visage juif sur lequel se reflétait l'image de Dieu — même si ce visage ne portait pas trace de barbe.

Il n'avait pas de passeport et personne ne le voyait jamais manger ni *kacher* ni *tréfa*. Allez donc savoir quelque chose de ce prestidigitateur ! Quand on lui demande d'où il vient, il répond : de Paris ; et de quel côté il va ? à Londres ! Mais que fait-il ici ? C'est qu'il s'est perdu en route ! Et il faut supposer qu'il a fait tout ce chemin-là à pied.

D'autre part, on ne le voit jamais assister ni à aucun *miniane* ni à aucun office, même pas au *Chabbath hagadol**, au grand *Chabbath* qui précède la Pâque.

Et si on insiste, si on l'assaille de questions, si on forme un cercle autour de lui, il disparaît, on dirait que la terre l'a englouti. Mais c'est pour reparaître aussitôt à l'autre extrémité de la place du marché.

Il a loué une salle dans la ville et a commencé ses séances de tours de passe-passe.

Extraordinaire ! Devant une foule de spectateurs, il avale des charbons ardents comme si c'était du *farfel* *, il tire de sa bouche toutes sortes de rubans colorés, rouges, verts, bref, de toutes les couleurs, et ces rubans sont longs, longs comme l'exil juif. Il fait sortir de la tige de ses bottes des dindons et des dindes, des dindons gros comme des ours, des dindons vivants qui se bousculent sur l'estrade. Puis, le prestidigitateur lève une jambe, gratte la semelle de sa botte et en extrait des pièces d'or, toute une pelletée de pièces d'or. On crie bravo. Encouragé par son succès, il donne alors un coup de sifflet et une multitude de *'Haloth* * et de *coïlitches* se mettent à voltiger en l'air comme des oiseaux et à danser une ronde ou un *beroïgez-tanz* (sorte de danse dite de « fâcherie feinte ») sous le plafond. Alors il donne un deuxième coup de sifflet et, comme si cela n'avait jamais existé, tout disparut. Plus de *coïlitches*, plus de rubans, plus de dindes... plus rien !

On ne le sait que trop : l' « autre côté [66] » est tout aussi fort que ce prestidigitateur et l' « autre côté » est aussi capable de produire mille merveilles. Les magiciens d'Egypte faisaient probablement encore mieux.

Mais la question se pose alors : pourquoi cet homme est-il si pauvre, si misérable ? S'il peut, d'une simple semelle, faire sortir des pièces d'or, pourquoi n'a-t-il pas de quoi se payer l'auberge ? Un homme capable de produire d'un simple coup de sifflet plus de *coïlitches* et de *'Haloth* que le plus grand des boulangers, un homme qui sait tirer de la tige d'une botte tant de dindes, pourquoi a-t-il si triste mine, alors qu'on enterre souvent des gaillards autrement plus robustes ?... On voit bien que la faim dévore ses yeux comme un incendie. Et on se met à le tourner en ridicule, on dit qu'il est, lui, la cinquième question qui ne figure pas au *mah nichtanah* * du récit de l'Exode des Juifs d'Egypte...

Mais avant que nous ne nous occupions du *mah nichtanah*, laissons de côté le prestidigitateur et allons voir ce qu'il en est de Haïm-Yonah et de sa femme Rivkah-Beilé. Haïm-Yonah était autrefois marchand de bois. Il lui arriva d'acheter une forêt pour « pas cher », mais cette transaction finit par être annulée et on lui reprit la forêt.

Après cette mauvaise affaire, il ne lui restait que sa chemise sur le dos, et il dut se contenter d'un poste de « commis aux écritures » dans l'entreprise forestière ; mais cet emploi lui fut retiré aussi, et depuis plusieurs mois il est sans gagne-pain.

Un hiver a passé — je le souhaite à tous les ennemis de Sion ! Après l'hiver vient la Pâque. Dans le foyer de Haïm-Yonah, on a fait le vide, on a déjà mis en gage les petits candélabres et même les derniers oreillers.

Devant cette adversité, Rivkah-Beilé interpelle son mari et lui dit :

« Va donc à la caisse des pauvres de la communauté pour qu'on t'alloue *Mooth Hitine* *. »

Et Haïm-Yonah de rétorquer qu'il n'a pas encore perdu confiance en l'Eternel, que Dieu lui viendra sûrement en aide et qu'aller mendier à la caisse des pauvres, se laisser noircir, ça non, il ne peut l'envisager !

Alors, Rivkah-Beilé fouille tous les recoins de la pièce et, après s'être donné un mal fou, elle finit par dénicher une vieille cuiller en argent. Un vrai miracle ! Il y a des années que cette cuiller a été égarée... Haïm-Yonah prend la cuiller, la vend, et les quelques sous qu'il en obtient, il les apporte à la caisse des pauvres de la communauté pour augmenter les *Mooth-*

Hitine, afin que les pauvres Juifs puissent toucher une plus grande part. Ce sont des malheureux dénués de tout, dit-il, et ils ont la priorité sur lui.

Le temps passe, il ne reste que quelques semaines avant la Pâque et il a toujours confiance. Dieu, dit-il, n'abandonne jamais.

Quant à Rivkah-Beilé, elle se tait. Une femme doit obéissance à son mari. Passe encore un jour, puis un deuxième. Le sommeil déserte les yeux de Rivkah-Beilé, elle enfouit son visage dans la paillasse et pleure doucement afin que Haïm-Yonah ne se doute de rien. Mais, pour la Pâque, rien de rassurant n'intervient. Ses jours sont encore pires que ses nuits. La nuit, on pleure tant qu'on peut, on vide son cœur de sa misère, mais pendant la journée, on doit se pincer les joues pour qu'elles gardent leurs couleurs.

Ses voisines l'observent. Et c'est comme si les regards apitoyés la transperçaient avec des aiguilles. Certaines lui demandent : « Quand allez-vous donc mettre au four les *matzoth* * ? — Où en êtes-vous avec les betteraves ? » D'autres voisines avec lesquelles Rivkah-Beilé entretient des relations plus cordiales se mettent à la sermonner :

« Voyons ! Voyons ! Que se passe-t-il, Rivkah-Beilé ? Dites ! Si vous êtes dans le besoin, nous pouvons vous prêter », etc., etc. Mais Haïm-Yonah, lui, ne veut accepter aucun « don venant d'un être de chair et de sang » et Rivkah-Beilé, elle, ne veut pas le contrarier, alors elle pare au plus pressé avec des petits mots anodins, des mots qui esquivent, et son visage se tord de chagrin.

Les voisins se sont aperçus que quelque chose ne tourne pas rond dans le foyer de Haïm-Yonah, et ils s'en vont chez le rabbin : « Malheur, crient-ils, est-ce possible ? » Le rabbin, désemparé, les écoute attentivement, pousse un profond soupir, réfléchit pendant quelques minutes, puis il déclare : « Haïm-Yonah est un Juif qui connaît l'Ecriture, c'est un vrai Craignant-Dieu, et s'il a confiance, qu'il la garde, il ne sera certainement pas déçu... »

Mais, pour autant, Rivkah-Beilé n'a même pas pu acheter une paire de bougies pour la cérémonie, et la Pâque est arrivée...

Après l'office de la première soirée de la Pâque, Haïm-Yonah sort du *Beth-Hamidrach* et voit que toutes les fenêtres sur la place du marché brillent et reflètent la grande joie de la fête. Seule sa maison se dresse comme une endeuillée au milieu des invités d'une noce, comme un aveugle parmi les voyants. Mais il ne se laisse toujours pas décourager, il pense que si Dieu le veut, il y aura encore la Pâque chez lui. Il rentre à la maison et, d'une voix enjouée, lance « bonne fête ». Et pour mieux marquer sa bonne humeur, il répète : « Je te souhaite une bien bonne fête, Rivkah-Beilé ! »

La voix de Rivkah-Beilé, trempée de pleurs, lui répond d'un coin sombre de la pièce : « Bonne fête, bonne fête ! » et ses yeux, tels deux charbons ardents, jettent des lueurs.

Haïm-Yonah s'approche de sa femme et lui dit :

« Tais-toi, Rivkah-Beilé, c'est fête aujourd'hui, l'exode d'Egypte, tu comprends ! Il ne faut pas se lamenter. A quoi bon s'attrister ? Si le Maître de l'Univers n'a pas voulu que nous ayons de quoi célébrer notre Pâque chez nous à la maison, il faut accepter sa sentence. Nous irons célébrer le *Seder* ailleurs. Ne t'en fais pas, personne ne nous repoussera. Ce soir, toutes les portes sont ouvertes... Car les Juifs se conforment tous à ce que proclame la *Haggada* : *kol dikhfin yeithi veyeikhoul*, ce qui signifie : "Quiconque a faim vienne et mange." Viens, viens donc, prends ton châle, nous allons frapper à la porte de la première maison. »

Et Rivkah-Beilé, qui se plie toujours à la volonté

de son mari, rassemble ses dernières forces pour arrêter les pleurs qui remplissent sa gorge. Elle met son châle déchiré sur sa tête et s'apprête à sortir, mais, à ce moment, la porte s'ouvre, quelqu'un franchit le seuil et dit :

« Bonne fête ! »

Ils répondent « Bonne fête, bonne fête ! » sans même remarquer qui vient d'entrer. L'étranger leur dit :

« Je m'invite à votre *Seder*. »

Haïm-Yonah de répondre :

« Regardez vous-même : nous n'avons rien pour le *Seder*. »

L'autre réplique qu'il a apporté le *Seder* avec lui.

« Et nous allons le célébrer dans l'obscurité ? ose lui demander Rivkah-Beilé en pleurs.

— Que Dieu nous en garde ! répond l'hôte. Il y aura de la lumière. »

Il esquisse un geste de la main : « Abracadabra ! » et deux paires de bougeoirs d'argent, munis de chandelles de stéarine, apparaissent dans les airs au milieu de la pièce. Et la lumière fut. Haïm-Yonah et Rivkah-Beilé s'aperçoivent alors qu'ils ont affaire au prestidigitateur. Admiratifs et effrayés tout à la fois, ils ne peuvent prononcer un seul mot. Ils se prennent par la main et restent là, bouche bée, les yeux écarquillés.

Le prestidigitateur s'adresse à la table qui se tient honteuse, dans un coin de la pièce, et lui dit :

« Eh bien, ma petite ! Couvre-toi d'une nappe et approche. »

Aussitôt dit, aussitôt fait : du plafond tombe sur la table une nappe blanche comme la neige et la table ainsi couverte bouge, avance et vient se placer au milieu de la pièce, des bougies dans des bougeoirs d'argent descendent et se posent sur la table.

« Maintenant, dit le prestidigitateur, il ne manque plus que les fauteuils et leurs accoudoirs. Que les fauteuils et leurs accoudoirs soient ! » commande-t-il.

Trois tabourets se mettent en marche de trois coins de la pièce, s'approchent de la table et se rangent devant trois de ses côtés. Puis, ils s'élargissent et se haussent pour devenir de vrais fauteuils.

« Soyez plus moelleux », leur ordonne-t-il.

Les fauteuils se couvrent aussitôt de velours rouge en même temps que, sur l'ordre du prestidigitateur, tombent du plafond des coussins d'une blancheur immaculée. Les fauteuils et leurs accoudoirs se tiennent ainsi prêts pour la cérémonie du *Seder*.

A nouveau le prestidigitateur lance un ordre et le plat du *Seder* comprenant tout ce qui est nécessaire pour la célébration de la soirée pascale (de l'agneau pascal à l' « œuf cuit ») se pose à son tour sur la table. Apparaissent aussi des verres, des bouteilles remplies de vin, des *matzoth*, bref ! tout ce qu'il faut pour que le *Seder* se déroule joyeusement et dans les règles. Il y a même des *Haggadoth* reliées d'or.

« Et de l'eau pour vous laver les mains avant les repas, en avez-vous ? demande le prestidigitateur, car je peux, moi, vous apporter aussi de l'eau. »

C'est à ce moment-là seulement qu'ils sortent de leur hébétude et Rivkah-Beilé demande à Haïm-Yonah en chuchotant :

« Est-ce que c'est permis, est-ce qu'on peut faire cela ? »

Haïm-Yonah ne sait pas. Alors elle lui dit :

« Va, mon époux, et consulte le rabbin. »

Il lui répond qu'il ne peut pas la laisser seule avec le prestidigitateur et que c'est à elle d'aller voir le rabbin. Mais elle objecte que si elle, une sotte femme, lui relate les faits, le rabbin n'en croira rien. Il pensera qu'elle est devenue folle.

Ils décident alors d'aller ensemble chez le rabbin et de laisser le prestidigitateur seul avec son *Seder*.

Le rabbin est d'avis que ce qui est créé au moyen de la magie est dépourvu de toute substance, est nul et non avenu, car la magie est une prestidigitation, une tromperie, une supercherie. Il pense qu'ils devraient retourner chez eux et voir si la *matza* se laisse rompre, si le vin se laisse effectivement verser dans les verres et si les coussins des fauteuils se laissent vraiment tâter... Si tel était le cas, ce serait une preuve que tout cela vient du Ciel et ils pourraient alors célébrer leur *Seder* en bonne conscience.

Voilà ce que dit le rabbin. Ils retournent donc chez eux le cœur battant, ils rentrent, ils cherchent le prestidigitateur, mais il a disparu, tandis que le *Seder*, lui, est toujours là. Les coussins se laissent tâter, le vin se laisse verser et la *matza* se laisse rompre.

Ils comprirent alors qu'ils avaient eu la visite d'Elie-le-Prophète et la fête put se dérouler le plus joyeusement du monde.

LE SERMON

Deux femmes se promènent derrière la ville. L'une d'elles est grande, lourde, aux yeux méchants et aux pas pesants ; l'autre est toute petite, pâle, fluette, et marche la tête baissée.

« Où me conduis-tu, Hanna ? demande la deuxième femme.

— Attends, encore quelques pas. Tu vois la colline là-bas ? C'est là que nous allons.

— Pourquoi ? demande la deuxième femme d'une voix déchirante, comme frappée de terreur.

— Tu vas l'apprendre bientôt. Viens. »

Elles arrivent à la colline.

« Assieds-toi », dit Hanna.

L'autre obéit. Hanna prend place à côté d'elle et, dans le silence de cette chaude journée d'été, loin du vacarme de la ville, un dialogue s'engage.

« Sais-tu, Grouné, qui était ton mari, qu'il repose en paix ? » Une ombre s'étend sur le pâle visage de Grouné.

« Je le sais, répond-elle, les lèvres serrées.

— Il était copiste, Grouné, un copiste très pieux.

— Je le sais, répète Grouné, impatiente.

— Avant chaque lettre qu'il écrivait dans la Tora, il prenait un bain rituel.

— C'est un mensonge... La vérité est qu'il se rendait au bain rituel plusieurs fois dans la semaine.
— C'était un Juif très pieux.
— C'est vrai...
— Que ses mérites nous assistent. »
Grouné se tait.
« Tu ne dis rien, s'étonne Hanna.
— Cela revient au même.
— Cela ne revient pas au même. Que ses mérites nous assistent, entends-tu ?
— Je t'entends.
— Qu'en penses-tu ?
— Je n'en pense rien. Je sais seulement que ses mérites ne m'ont pas assistée... »
Une pause. Les deux femmes se comprennent ; le très pieux copiste a laissé une veuve avec trois orphelines. Grouné ne s'est pas remariée, n'ayant pas voulu donner de beau-père à ses enfants ; elle a durement travaillé pour elle et ses enfants, mais ce dur labeur n'a pas été béni et ne lui a pas porté chance... « Ses mérites ne l'ont pas assistée. »
« Et sais-tu pourquoi, Grouné ? dit Hanna, rompant le silence.
— Pourquoi ?
— Parce que tu es une pécheresse...
— Moi, pécheresse ? s'écrie avec indignation la pâle Grouné, Moi, pécheresse ?
— Ecoute-moi. Tout être est pécheur, et toi plus que tout autre.
— Moi, plus que tout autre ?
— Grouné, ce n'est pas en vain que je t'ai emmenée hors de la ville, près de la rivière, dans les champs. Ce n'est certainement pas pour y respirer l'air frais dont nous ne saurions que faire, loué soit le nom de l'Eternel... Tu vois, Grouné, une mère de famille, et surtout la veuve d'un très pieux copiste doit...
— Qu'est-ce qu'elle doit ?

— Elle doit être plus pieuse que toutes les autres, meilleure que les autres et elle doit exercer une surveillance plus stricte sur sa fille. »

La pâle Grouné est devenue encore plus pâle. Une lueur mauvaise s'allume dans ses yeux, ses narines s'élargissent et ses lèvres bleues frémissent.

« Hanna ! s'exclame-t-elle.

— Tu sais bien, Grouné, que je te veux du bien. Mais je dois te dire la vérité, sinon je ne pourrais pas me justifier devant l'Eternel... Je ne veux pas te calomnier. Et ce n'est pas par ma faute que tu deviendras la cible des mauvaises langues. Tout ce que je te dis restera entre nous. Seul Dieu au ciel sera témoin...

— Ne me tourmente pas, dis vite ce que tu as à dire.

— Eh bien, écoute, je serai brève... Hier soir, en revenant de la gare, j'ai vu ta Mirl assise sur la colline...

— Seule ?

— Non.

— Avec qui donc ?

— Sais-je avec qui ? Avec un chapeau melon... peut-être même avec un chapeau haut de forme... Et il la couvrait de baisers, le visage, le cou... Elle riait et grignotait des bonbons...

— Je le sais, répond Grouné d'une voix sourde. Ce n'est pas la première fois...

— Tu le savais ? C'est son fiancé ?

— Non.

— Et tu te taisais ?

— Oui.

— Grouné ! »

Maintenant, Grouné est calme.

« A présent, c'est à ton tour de te taire. Ecoute », dit-elle d'une voix impérieuse. Et saisissant Hanna par la manche, elle l'oblige à se rasseoir. « Ecoute, ajoute-t-elle, seul Dieu dans le ciel sera notre témoin. »

Hanna s'est rassise.

« Quand mon mari est mort... reprend Grouné.

— Comme tu t'exprimes, Grouné !

— Comment dois-je m'exprimer ?

— Tu dis simplement " mon mari est mort ", sans ajouter " de mémoire bénie " ? et puis " mourir " sans plus ?

— Cela revient au même, mourir, disparaître... L'essentiel, c'est qu'on l'a enterré.

— Il est pieusement décédé et on l'a enterré avec les honneurs qui lui étaient dus.

— Soit. Mais il m'a laissée avec trois orphelines...

— Des filles, pas des garçons pour dire le *Kaddich*, la prière des morts...

— Trois filles ; l'aînée...

— Grendl...

— Avait à la mort de son père quatorze ans...

— Une fille de cet âge est généralement fiancée...

— Mais nous manquions de pain. Nous ne pouvions même pas songer aux fiançailles et au pain d'épice...

— Comme tu parles aujourd'hui, Grouné !

— Ce n'est pas moi qui parle, ce sont mes peines, mes souffrances qui parlent... Tu sais probablement que Grendl était la plus belle jeune fille de la ville.

— Elle l'est aujourd'hui encore, que Dieu la préserve du mauvais œil !

— Non, aujourd'hui, elle a l'air d'un citron aigre pressé ; aujourd'hui, elle est une vieille fille, une natte blanche ! Mais autrefois, elle brillait comme le soleil... Et moi, je n'étais que la veuve du vieux copiste. Je la surveillais cependant comme la prunelle de mes yeux... Je savais bien qu'autour d'elle tournoyaient toutes sortes de musiciens, d'apprentis tailleurs, de jeunes gens à l'allure allemande et de vieux garçons... Il ne manquait même pas de pauvres étudiants du Talmud pour rôder autour de notre demeure... Mais une mère est obligée de veiller sur sa fille. Je savais qu'une jeune fille en âge de se marier doit demeurer sans tache, comme un miroir... Et je me suis acquittée de mon devoir. Je l'ai préservée de tout contact avec l'extérieur, je l'ai surveillée, je ne l'ai pas quittée du regard et je ne l'ai pas laissée faire un pas dehors sans l'accompagner ; je n'ai cessé de lui prêcher la morale : ne regarde pas par-ci, ne regarde pas par-là, ne t'attarde pas ici, ne t'arrête pas là, n'observe pas le vol des oiseaux...

— Tu as bien fait d'agir ainsi... C'est parfait...

— Oui, c'est parfait comme le monde, s'exclame Grouné amèrement. Viens donc avec moi, tu te rendras compte de la perfection morale de ma fille, car elle est restée une jeune fille honnête, exempte de tout reproche, mais malheureusement, elle est âgée de trente-six ans, elle est maigre comme une perche. On pourrait aisément compter ses os, sa peau est striée de rides comme le parchemin dont on fait les phylactères, ses yeux sont éteints, son visage, aigre et figé, sans un sourire sur ses lèvres pincées... Cependant, quelquefois, ses yeux prennent feu, la haine s'y allume comme dans l'enfer... Et sais-tu contre qui elle lance ses malédictions ?

— Contre qui ?

— Contre moi, contre sa propre mère !

— Que dis-tu là ? Pourquoi ?

— Elle-même ne le sait peut-être pas, mais moi, je le sais. Parce que je me suis placée entre elle et le monde, entre elle et le soleil. Parce que j'ai empêché — comment dirais-je — j'ai empêché la lumière et la chaleur d'approcher son corps... Pendant des nuits entières, j'ai réfléchi à la chose. Je la comprends enfin ; je le sais aujourd'hui, elle doit me haïr... Chaque cellule de son corps me hait.

— Que dis-tu là ?

— Ce que tu entends. Elle doit certainement haïr ses

sœurs, parce qu'elles sont plus belles et plus jeunes qu'elle. »

Grouné est essoufflée, tandis que Hanna ne parvient pas à rassembler ses pensées. Elle vient d'entendre des paroles affreuses, quelque chose de plus terrible que la maladie, de plus terrible que la mort, même celle d'une fiancée sous le dais nuptial. Il s'agit là du plus grand malheur qui puisse survenir dans une famille juive, mais qui reste, cependant, grand Dieu ! dans l'ordre des choses.

« Ma plus jeune fille, Léa — continue Grouné d'une voix plus enrouée et haletante encore — je l'ai placée comme servante...

— Je m'y suis assez opposée à l'époque, objecte Hanna. Je ne pouvais admettre qu'on puisse placer la fille d'un pieux copiste comme servante...

— Et moi, je rêvais d'un mariage au moins pour elle. Alors je me suis dit : Il faut qu'elle gagne elle-même sa maigre dot... Car ramasser une dot dans mon commerce d'oignons est chose tout à fait impossible... Léa non plus, je ne l'ai pas quittée du regard... Plus d'un homme s'est retourné en la voyant passer dans la rue, plus d'un fils de famille aurait voulu en faire son jouet... Mais moi, mère fidèle, j'ai veillé constamment sur elle. Dix fois par jour, je venais la voir à la cuisine pour la supplier, pour la sermonner... Quoi, je l'abreuvais de bonnes paroles, de pieuses exhortations... Des nuits entières, je ne fermais pas l'œil et lisais le *Kav-Hayachar* et d'autres livres saints en yiddish pour femmes, afin de pouvoir lui en communiquer le contenu le lendemain... J'y ajoutais encore de mon propre cœur, que Dieu me le pardonne... Des trois esprits préposés aux tortures aux enfers, j'en faisais dix ; un seul coup de fouet se transformait en bastonnade ; je jetais feu et flammes. Léa était une enfant frêle, faible et soumise. On pouvait la conduire où on voulait, elle ressemblait étrangement à son père : la même pâleur, le même visage exsangue, les mêmes yeux bons et humides. Mais elle était plus belle que lui.

— Tu parles d'elle, que Dieu nous préserve d'un tel malheur, comme d'une morte.

— Et toi, tu t'imagines peut-être qu'elle vit ! Je t'affirme qu'elle ne vit pas. Après qu'elle eut amassé sa dot, je lui ai procuré un mari. Elle a pleuré, la pauvre. Elle ne voulait pas se marier avec lui. C'était un rustre, un malappris, un ignorant indigne d'elle. Mais, voyons, un jeune homme qui fait des études ne se marie pas avec une servante qui n'a que trente roubles de dot. J'ai remercié Dieu d'avoir trouvé pour elle un fiancé, un apprenti tailleur même aurait été le bienvenu. Il est resté avec elle une année. Elle a perdu sa santé, ses forces et, à la fin, il est parti avec le reste de l'argent... Il l'a abandonnée, sans ressources, malade, poitrinaire. Aujourd'hui, elle crache du sang. Elle est l'ombre d'elle-même, elle se blottit contre moi comme un petit enfant et elle passe ses nuits à verser des larmes... Et sais-tu qui elle rend responsable de son malheur ?

— Son mari, que son souvenir s'efface à jamais.

— Non, Hanna. C'est moi qu'elle accuse, car c'est moi qui l'ai rendue malheureuse. Ses larmes tombent sur mon cœur comme du plomb fondu ; ses larmes empoisonnent ma vie... »

Grouné est à bout de forces, le souffle lui manque.

« Donc ? demande Hanna.

— Donc. Je me suis dit : Assez ! Ma troisième fille vivra comme elle voudra. Elle travaille à l'usine, seize heures par jour et gagne à peine de quoi s'acheter un bout de pain sec. Mais elle désire aussi des friandises — Qu'elle en ait ! Elle a envie de s'amuser, de rire, d'embrasser un jeune homme. Libre à elle ! Tu m'entends, Hanna. Moi, je ne peux pas lui procurer de friandises, encore moins un mari. Mais je ne veux pas qu'elle devienne un citron pressé, je ne veux pas qu'elle attrape la phtisie. Non, non. Je ne veux pas que ma troisième fille me haïsse, m'accuse.

— Mais, Grouné, s'exclame Hanna effrayée, que diront les voisins ?

— Que les voisins commencent par avoir compassion de pauvres orphelines et ne les laissent pas travailler presque pour rien. Que les hommes aient des cœurs humains et qu'ils ne pressent pas les pauvres gens comme des citrons...

— Et Dieu ? Loué soit-Il. »

Grouné se lève en s'écriant, comme si elle voulait que Dieu l'entendît :

« Dieu aurait dû auparavant éloigner le malheur de mes deux autres filles. »

Un lourd silence s'abat sur la colline. Les deux femmes respirent avec peine. Elles s'affrontent d'un regard chargé d'étincelles mauvaises.

« Grouné, lance enfin Hanna. Dieu punira !

— Ce n'est pas mes filles que Dieu punira. Dieu est juste ! Il punira d'autres que nous. Il punira les autres. »

LES FOUS

Chaque communauté doit être pourvue d'un fou, sinon un homme tout à fait sain d'esprit tombera forcément en démence. Cette coutume est si notoire que les hirondelles la chantent sur tous les toits.

Mais qu'une toute petite communauté comme la nôtre, qui n'a même pas de rabbin, même pas son propre cimetière, et qui ne dispose que d'un seul rouleau de la Tora, juste bonne à réunir un *miniane*, dix hommes indispensables pour toute prière en commun, et qui n'est qu'un hameau de rien du tout qui doit être considéré comme une sorte de simple *Erouv* *, destiné à fixer la limite sabbatique d'une communauté juive voisine bien plus grande (laquelle communauté se croit, de ce fait, habilitée à vous ravir votre *Ra'hach* *, vos morts et tout ce qui est précieux), qu'une localité si minuscule qui ne comprend en tout et pour tout qu'une pauvre ruelle sablonneuse au bord de la Vistule soit néanmoins astreinte à avoir un fou bien à elle, cela me paraît un phénomène des plus étonnants. Et un tel phénomène mérite certainement d'être décrit.

Il me semble que je vous ai déjà parlé de notre abatteur rituel qui est apparu une fois au *miniane* entre la prière de *Min'ha* et celle de *Ma'ariv* et a donné un grand coup de poing dans la Table de Lecture, en clamant d'une voix étranglée qu'il avait depuis toujours livré à la communauté de la viande *tréfa,* non conforme aux prescriptions rituelles.

Après cette révélation bouleversante, il n'a fait qu'arpenter, à longueur de journée, l'unique ruelle de la bourgade, silencieux, noir comme la terre, les lèvres tremblantes ; il pinçait le côté gauche de sa poitrine, comme s'il voulait, par ce geste, arracher la mélancolie qui le rongeait, le péché qui l'avait conduit à la démence...

Soudain — et ceci je ne vous l'ai sûrement pas dit — il a disparu à tout jamais de notre horizon.

Que pourrais-je ajouter ? C'était un homme divorcé et il n'avait pas d'enfants. La communauté l'a donc oublié. Il est vrai que, sur le moment, on sentait qu'il manquait quelqu'un dans la rue, mais que voulez-vous, il manque tant de choses chez nous, comme le gagne-pain par exemple. Puis quelqu'un a raconté avoir lu dans une gazette qu'un noyé avait été rejeté par la mer, près de Dantzig, et que d'après ses vêtements et son *Talith katan**, on avait reconnu un Juif polonais. Il fut donc décidé que ce noyé ne pouvait être que notre abatteur rituel. On se rappela qu'il avait pour habitude de se promener la nuit au bord de la Vistule. Le fleuve avait dû le happer. Le fait qu'il était autrefois bon nageur ne changea rien à l'histoire, puisque l'accident était survenu alors qu'il était déjà fou.

Ce qui se passe ensuite demeure dans l'ombre, car on pouvait se demander comment la Vistule qui coule derrière Varsovie aurait pu se frayer un passage vers la mer qui, elle, se trouve derrière Dantzig. Mais c'est là un faux problème. Le roi Salomon ne disait-il pas déjà que « tous les fleuves vont à la mer [67] » ? Je vous ai déjà dit que notre abatteur ne faisait que se promener des nuits entières au bord de la Vistule sans fermer l'œil, à moins qu'il n'ait été capable de dormir en marchant.

On aurait bien aimé savoir ce que pouvait bien contenir sa boîte, le seul objet qui lui appartenait en propre. On espérait trouver quelque manuscrit, quelques « commentaires sur la Tora [68] » de son cru, car on savait qu'il avait été dans sa jeunesse un *lamdan,* un savant talmudiste, et que la plume quittait rarement sa main.

On alla donc chez le boulanger qui l'avait hébergé quelquefois, et on y découvrit la fameuse boîte, mais on n'y trouva que quelques croûtes de pain et un *Talith katan* déchiré. Comme la boîte n'avait aucune valeur, on la cassa et on la jeta au four.

Et ici commence une nouvelle histoire.

Avant que la boîte n'eût été réduite en cendres, quelqu'un avait frappé à la porte pour annoncer la nouvelle que Zalman-le-Célibataire était devenu fou.

Savez-vous qui était Zalman-le-Célibataire ? Son père exerçait le métier de pêcheur, à part cela c'était un Juif sans reproche. Mais un jour, ce pêcheur-là s'est noyé — que cela ne vous advienne jamais ! Le père de Zalman-le-Célibataire une fois noyé, sa veuve est tombée malade de chagrin. On l'amena à l'hôpital de Varsovie. Le médecin diagnostiqua une excroissance dans son intestin. Elle fut opérée, mais l'ulcère resta introuvable, et la veuve, hélas, mourut au cours de l'opération — que cela ne vous advienne jamais ! C'était probablement là son destin.

Zalman était donc resté orphelin. Et les années passèrent sans que personne ne songeât à lui trouver une épouse. Qui s'en serait occupé ? On le gratifia alors du sobriquet de Zalman-le-Célibataire. A juste titre, car il avait déjà dépassé, à cette époque, l'âge de vingt et quelques années.

Quelque piètre travail de coordonnerie lui permettait de survivre. Encore enfant, il était entré une fois chez un cordonnier — un bottier pour dames plus précisément — il s'assit sur un trépied, et c'est à partir de ce moment que commença son apprentissage. Il ne voulut plus bouger de l'échoppe.

J'ignore même s'il savait dire les prières comme il faut. Déjà, par son aspect extérieur, il ne vous inspirait pas confiance : haut de taille, large d'épaules, muni d'une paire d'yeux à vous faire fuir, il possédait de surcroît une force incroyable dans les mains... Tenez : un jour, trois incirconcis cherchaient querelle au patron de Zalman-le-Célibataire, prêts à lui sauter dessus, à la paysanne. Voyant cela, Zalman attrapa par le collet un de ces rustres et le jeta dehors. Les deux autres, il les coinça sous chaque bras comme de gros sacs, et ouste, hors de l'échoppe !

Le croiriez-vous ? Un tel gaillard fut exempté par un pur, un simple hasard, du service militaire.

Puis, lorsque son patron mourut, Zalman prit sa place et devint le nourricier de la veuve et des orphelins. On pensa tout d'abord qu'il allait se marier avec cette veuve. A la bonne heure ! Mais voilà qu'il ne voulut pas d'elle. Il désirait se marier, lui, avec la fille de la veuve Beïlé, une jeune fille brune et pleine de grâce. Elle s'appelait Guitélé. Il faut se demander pourquoi il avait jeté son dévolu précisément sur cette jeune fille. C'est qu'une fois, il avait pris la mesure de ses pieds délicats et qu'il était tombé amoureux d'elle.

Il décida d'envoyer le marieur à la mère de la jeune fille pour lui faire part de son projet.

Inutile de vous dire que l'entremetteur se refusa de prime abord à une telle démarche, car Beïlé possédait sa propre masure, la dernière de la ruelle au bord de la Vistule ; elle y tenait un commerce de sel dont elle tirait sa subsistance. Elle disposait déjà d'un beau pécule pour sa cadette (ses enfants plus âgés étaient tous mariés et habitaient des villes étrangères), et elle avait déjà engagé des pourparlers avec le marieur au sujet de Moïchelé, le petit-fils de Reb

Zeboulon, le juge rabbinique, un garçon issu d'une famille des plus distinguées et lui-même un véritable prodige. Les fiançailles étaient presque sur le point d'être conclues ; il ne manquait plus que de se mettre d'accord au sujet du *keste* * : les parents du garçon voulaient obtenir de la veuve cinq années de gîte et de couvert pour le jeune couple, tandis qu'elle s'obstinait et ne voulait lui garantir que trois années de pension complète. Alors, je vous le demande, était-ce raisonnable de repousser un parti aussi merveilleux à cause d'un si petit détail ? Surtout quand le marieur est le même !

Zalman-le-Célibataire ne voulait pas s'avouer vaincu. Il lui fallait, pensait-il, amadouer le marieur en le gratifiant pour sa peine d'un gros billet de banque, ponctué d'un regard qui en disait long. L'entremetteur sentit un frisson lui parcourir l'échine. « J'y vais, j'y vais tout de suite », concéda-t-il, et, effectivement, il se mit en marche. Zalman-le-Célibataire le suivit pas à pas sans le quitter des yeux, tant et si bien que l'entremetteur sentait le souffle chaud du cordonnier sur ses épaules.

Zalman-le-Célibataire vit le marieur entrer dans la masure. Quant à lui, il resta près de la porte, et attendit la réponse.

Vous parlez d'une réponse ! La veuve Beïlé se précipita sur le soupirant, un balai à la main : vous ne pouvez pas savoir le branle-bas provoqué par cette rencontre ! Imaginez un peu la scène : le gaillard, robuste comme un chêne, ne trouva rien d'autre à faire que de prendre la fuite devant l'assaut d'une petite veuve ratatinée, chaussée de sabots, qui le pourchassait dans un vacarme de tous les diables.

La pauvre fille de la veuve, désemparée, éclata en sanglots devant la porte. Elle craignait pour sa mère qui affrontait le grand Zalman. Mais celui-ci se retira à reculons...

Plus tard, lorsqu'il se rendit au *Beth-Hamidrach* pour la prière de *Min'ha*, il fut tourné en dérision ; on le taquina, on le houspilla, mais Zalman-le-Célibataire tint bon. Il clama que si on ne lui donnait pas Guitélé pour épouse, il allait se faire un sort.

« Vas-y ! Vas-y donc ! » lui rétorqua-t-on.

Zalman se fit conciliant et s'efforça d'expliquer son cas. Lui, il aimait vraiment Guitélé et il était sûr qu'elle aussi l'aimait à la folie.

« Voyons, voyons ! l'interrogeait-on, comment le sais-tu, jeune homme ? »

Et lui d'affirmer sur un ton triomphal : qu'il sait ce qu'il sait, c'est son affaire et ça ne regarde que lui.

« Guitélé, ajoutait-il, se mariera avec Moïchélé quand les poules auront des dents ! Je pourrais aplatir ce tordu de Moïchélé, mais il me dégoûte. »

Et, ce disant, ses yeux s'enflammaient d'une lueur menaçante. Soudain, il fit un bond et courut le poing fermé vers Reb Haïm, fils de Yosselé, l'oncle de Guitélé. Tout cela était de sa faute, c'est lui qui mettait des bâtons dans les roues.

Reb Haïm, fils de Yosselé, était le seul Juif important de notre communauté. Il était non seulement réputé pour son érudition talmudique, mais aussi pour sa fortune : c'est volontiers qu'il prêtait son argent à intérêt ; entendons-nous, il s'agissait d'intérêts non négligeables... De plus, il était nanti d'une belle barbe blanche ! Et c'était à lui qu'allait s'en prendre Zalman-le-Célibataire, c'était lui qu'il allait réduire en poussière ! La communauté l'empêcha à grand'peine de faire un malheur. Il lâcha prise, et se dirigea cette fois-ci vers l'autre côté de la synagogue, vers Moïchélé assis à l'autre bout du *Beth-Hamidrach*, penché comme d'habitude sur sa *Guemara*. Il l'apostropha d'un ton moqueur :

« Moïssélé (Moïchélé ne pouvait prononcer la lettre « ch »). Vends-moi ta « thalé » (Moïchélé ne pouvait prononcer non plus le « k » du mot *kalé :* fiancée), je te donnerai ce que tu voudras, une toupie, un petit clou, et pourquoi pas un tire-bouchon ? »

N'insistons pas. Moïchelé se mit à pleurer à fendre l'âme.

Mais tout cela n'était rien à côté des tracasseries que Guitélé avait à subir. Elle ne pouvait plus se montrer dans la rue sans que Zalman la poursuivît de ses assiduités, en se confondant en larmes et en gémissements :

« Guitélé, je t'en supplie, ne répands pas mon sang ! Ne fais pas de moi un malheureux, n'assombris pas ma vie... »

Et d'autres supplications de ce genre. Elle en avait le sang retourné, car c'était une fille pure, foncièrement bonne, une âme sensible qui n'osait faire d'affront à personne. Il lui arrivait même de se tourner vers Zalman et de lui jeter un regard attendri.

Que pouvait faire sa mère en pareil cas, sinon l'enfermer dans sa maison ? Zalman-le-Célibataire rôdait jour et nuit autour de la masure et la jeune fille, hélas, souffrait l'enfer. Elle n'était déjà pas bien grosse. Cette calamité la rongeait ; elle maigrit de jour en jour.

De plus, elle sentait une mélancolie l'envahir et son cœur menaçait de céder. Elle pouvait en mourir.

On alla faire entendre raison à Zalman-le-Célibataire en lui disant : « Voyons, voyons, si tu l'aimes vraiment comme tu le dis, pourquoi donc l'égorges-tu sans couteau ? »

Lui, il n'avait qu'une réponse à la bouche : que Guitélé se montre à la fenêtre et qu'elle lui dise qu'elle retire sa promesse. Quelle promesse ? Lui, il savait quelle promesse. Qu'elle fasse simplement signe de la tête que non.

On alla alors supplier la jeune fille pour qu'elle fît ce que Zalman-le-Célibataire lui demandait. Que pouvait-on faire contre un tel ogre, contre le *Roi de*

Bachan [69] ? Mais Guitélé n'en fit rien. Elle se confondit en pleurs et s'évanouit. Cela se comprenait : elle ne voulait tout de même pas lui infliger une telle honte car elle était une vraie jeune fille juive !

Tout allait mal et il ne restait qu'à les marier. Même la veuve finit par y consentir. Elle promit à Zalman-le-Célibataire cinq années de gîte et couvert et on se prépara aux accordailles.

Mais voilà que Zalman-le-Célibataire se cogna la tête contre le mur de la maison et que cela résonna fort. Guitélé, effrayée, était sur le point de défaillir à nouveau et cela pouvait devenir très grave. On l'emmena aussitôt pour la conduire à Varsovie, soi-disant pour la présenter à un médecin. Reb Zalman, le *Dayan*, accompagné de Moïchélé, son petit-fils, partit en secret la nuit même dans une barque qui descendit la Vistule.

Le temps passa. Zalman-le-Célibataire vit un jour arriver une carriole occupée par de jeunes mariés et leurs parents. Et ce fut comme s'il avait reçu un coup à l'estomac. Il lança un cri et tomba comme une bête mise à mort ou comme un arbre abattu. Il se tordit en convulsions et, quand on le releva, l'homme était devenu fou.

Quelle était sa folie ?

Guitélé avait accouché d'un enfant mort-né. Zalman-le-Célibataire porta désormais un petit orphelin dans ses bras, c'est-à-dire qu'il porta un bâton entouré d'un chiffon en guise de poupée. Il le berça, lui chanta des berceuses, lui parla pendant des jours et des nuits.

Parfois sa folie changeait. Cela lui arrivait surtout par les nuits de pleine lune. Il baissait alors les bras, il n'était plus que le « Père des Orphelins ». La colère l'envahissait brusquement, il se mettait à courir dans la rue, à frapper aux volets fermés et à hurler : « Bandits que vous êtes ! Assassins ! Suceurs de sang ! » et d'autres vociférations du même genre.

Mais lorsqu'il atteignit la masure de la veuve Beïlé, tout près de la berge de la Vistule, il s'approcha sur la pointe des pieds des volets de la chambre du jeune couple, y colla une oreille attentive, puis il baisa les volets comme s'ils étaient une *mezouza* et s'en éloigna en sanglotant...

Guitélé s'est presque habituée à cette manière d'agir du pauvre fou, mais — que le ciel vous en préserve ! — elle continue à ne pas avoir d'enfants...

LE SONGE D'UN « MÉLAMED » LITUANIEN

Le Litvak part en voyage.

Un aubergiste opulent engagea un *Mélamed* dans son village. C'est que l'aubergiste avait deux gaillards de fils et qu'il voulait leur faire apprendre au moins à lire l'hébreu des livres de prières... C'est à dessein qu'il fit venir un enseignant de Lituanie, puisque c'est là qu'on trouvait les meilleurs spécialistes.

Mais il ne semble pas qu'ils avancent beaucoup dans leurs études, ces garnements ! Ce sont des vauriens qui se baladent tout le temps avec les voyous du village. Impossible de les éloigner des chevaux, de la rivière et des jattes remplies de crème ou de lait caillé.

Nous voilà au seuil de la Pâque, et le *Mélamed* doit rentrer chez lui... L'aubergiste n'est pas enchanté de ce départ, car il devra se rendre dans une petite ville voisine et ramener un hôte, sinon célébrer le *Seder* tout seul sera pour lui aussi difficile que de traverser la mer Rouge, et il lui faudra composer lui-même le plat du *Seder*, tel qu'il est prescrit.

Mais que faire ? La Pâque, c'est la fête de la libération et le *Mélamed* a sa femme et ses enfants qui l'attendent. Il faut donc qu'il parte.

Cependant le *Mélamed* ne fait aucun préparatif. Que

voulez-vous ? C'est un *lamdan* distrait, mais peut-être n'ose-t-il pas parler.

Réfléchissons alors à sa place, et faisons-lui une surprise.

Le moment venu, on prépare une charrette, on y met de la paille. La femme de l'aubergiste y entasse tous les biens du monde : un tonnelet de cidre, quelques pots de graisse, une dinde vivante...

« Yanek, recommande-t-elle au fouetteur, tu feras bien attention de tenir tes jambes dehors.

— *Dobjé*, bien », rétorque Yanek. Il sait bien qu'avec la femme de l'aubergiste on ne discute pas. C'est une sacrée diablesse : il suffit qu'elle jette un regard, et le plus ivrogne des paysans retrouve aussitôt sa raison ; et quand elle vous gratifie d'une gifle, toute la semaine votre visage est entouré d'une écharpe.

« Attelle la charrette, lui demande-t-elle, et roule ! En route ! »

Yanek disparaît.

Et l'heure du départ du *Mélamed* venue, la femme de l'aubergiste va se tenir sur le seuil de la maison, juste le temps de lui souhaiter, une dernière fois, un bon voyage : Allez en paix, et bonne santé !

A vrai dire, elle n'aime guère le *Mélamed*, le *Litvak*, ce talmudiste maigrichon avec ses sourcils en broussaille, sa barbe hirsute et ses papillotes. Jamais il n'adressera la parole à une femme, jamais. Mais on doit tout de même le respect à ceux qui étudient la *Tora*. C'est un érudit, nous l'avons dit, tous les *Litvak* sont des érudits. Et l'aubergiste en personne va annoncer au *Mélamed* l'heure du départ.

Celui-ci est penché sur la *Guemara* ; quant à ses deux élèves, les garnements, ils doivent se trouver déjà loin, quelque part dans le village, dans la cave au bord de la rivière.

L'aubergiste s'arrête au seuil de la pièce :

« *Rebbé**, la charrette est attelée. »

Le *Litvak* ne réagit pas. Aucune réponse. Et l'aubergiste de lui expliquer :

« C'est pour vous que la voiture est attelée, afin que vous puissiez partir chez vous et y célébrer la Pâque.

— Je ne pars pas ! lui répond le *Litvak* sans lever les yeux de sa *Guemara*.

— Mais que dites-vous là, *Rebbé* ? »

L'aubergiste ne peut cacher son grand étonnement.

« Qu'est-ce que vous dites ? Vous ne partez pas ? »

Mais étant donné qu'un *Litvak* ne peut qu'être irascible — à plus forte raison un *Litvak* érudit — le *Mélamed* assène à l'aubergiste cette forte réplique :

« Ignorant que vous êtes ! Interrompre l'étude de la *Tora* ne signifie donc rien pour vous ? »

L'aubergiste se précipite alors pour raconter à sa femme ce qui vient de se produire :

« C'est un *Litvak*. Pour apprendre encore une page de la *Guemara*, que ne ferait-il pas ! Il est capable de compromettre n'importe quoi ! »

Et peut-être cela vaut-il mieux ainsi, car il pourra être fort utile lors de la célébration du *Seder*.

La femme s'en va aussitôt dire qu'on dételle la charrette, qu'on sorte tout ce qu'on y a mis ; après tout, elle ne peut pas contredire le *lamdan*. Mais comme elle est tout de même une femme, elle commence à s'apitoyer sur l'épouse du *Litvak* qui devra entendre le *Kiddouch* du *Seder* à une autre table que la sienne. Sans parler de la peine des enfants du *Mélamed* !

Bon... mais il faudra bien qu'il passe une fête dans sa famille : si ce n'est pas la fête de *Chavouoth* [70] qui ne dure que deux jours, il se rendra chez lui pour *Souccoth* [71], une fête qui se prolonge pendant huit jours. Oui ! Il partira, dût-elle le chasser de la maison avec un tisonnier !

Et le *Mélamed* passa la Pâque chez l'aubergiste.

Mais la veille de la fête de *Souccoth*, à nouveau, on prépare la charrette, on y met ce qu'il faut y mettre.

Yanek attelle les chevaux, s'arrête devant la porte et la femme de l'aubergiste va annoncer au *mélamed* qu'on part. Elle sait que personne n'ose la contredire :
« Rebbé, vous rentrez chez vous ! »
Le *Mélamed* sursaute, se ressaisit et se replonge dans son étude. Alors la femme avance d'un pas rapide dans la pièce et lui demande :
« Dites, allez-vous enfin partir ? »
Il se lève, ferme la *Guemara* et se dirige vers la porte, tandis qu'elle recule pour le laisser passer. Une fois le *Mélamed* arrivé sur le seuil, la femme lui dit d'une voix adoucie :
« Prenez votre *Guemara*, il fait beau dehors, un bel automne polonais, vous serez bien assis et vous poursuivrez votre étude ! »
Le *Mélamed* revient sur ses pas, prend sa *Guemara* et va vers la charrette. L'aubergiste l'aide à monter. Yanek fait claquer son fouet, les chevaux démarrent, tandis que l'aubergiste et sa femme lui souhaitent une dernière fois un bon voyage.
Le *Litvak* n'y prête pas attention... Il est déjà replongé dans le *Talmud*, et la charrette disparaît dans la forêt.

Dans la forêt. Le Litvak.

La *Tora*, bien sûr, est le plus grand trésor du monde et aussi la meilleure garantie contre tous les maux... Mais aller contre l'usage établi et ne pas se rendre à la maison pour y célébrer, avec femme et enfants, la Pâque, leur causer ce chagrin et gâcher une telle fête, n'est pas une bagatelle.
On roule donc dans la forêt. C'est une vieille forêt... Les arbres, tels des géants, sortent de la terre et on dirait qu'ils vont tomber en arrière. La charrette cahote sur les racines saillantes. A l'ouest, une flamme

se lève. Les troncs des arbres flamboient sous leurs dais de velours vert. Des rondelles lumineuses éparpillées au ras du sol brillent comme des pièces d'argent... Un oiseau se fait entendre, un autre oiseau lui répond... Yanek siffle un air villageois...

Le *Litvak* ne remarque rien de tout cela, occupé qu'il est à essayer de saisir une page difficile de son traité talmudique. Soudain, la charrette trébuche contre une grosse branche, le *Litvak* sursaute et se rend compte qu'il traverse la forêt. Il oublie qu'il est penché sur la *Guemara*, elle lui échappe des mains et il s'exclame : « Que cet arbre est beau [72] ! »

Le *Mélamed* se rappelle entre-temps les propos de la femme de l'aubergiste sur l'automne polonais :

« C'est ça ! » s'exclame-t-il. Et ses lèvres balbutient : « l'automne polonais... » C'est la magie ! C'est la sorcellerie !

Soudain, il entend un « ooh ! »

Yanek vient d'arrêter ses chevaux.

Une paysanne apparaît entre les arbres, elle aussi tout feu tout flamme, elle porte une jupe rouge, son visage est rouge, et des rubans rouges voltigent autour de sa tête. Le *Litvak* ne peut détourner son regard de cette flamme. Yanek, semble-t-il, la connaît bien.

« Pourquoi allez-vous à pied ? » s'étonne Yanek.

Chose étonnante, au village le *Mélamed* ne comprenait pas un mot de polonais, et à présent il comprend tout. Et Yanek, lui-même, parle d'une autre voix. La paysanne lui répond, et le *Litvak* comprend tout. La paysanne dit qu'elle est allée en ville acheter des choses, mais qu'une roue de sa charrette s'est cassée en route et qu'elle a été obligée de laisser la charrette avec le fouetteur chez le forgeron.

« Montez donc ! » lui dit Yanek.

La paysanne accepte de monter, elle veut s'asseoir à côté de Yanek.

« Non, non, pas ici, dit Yanek, cette place est encombrée par des jattes. Vous voyez bien, je suis obligé de laisser pendre mes jambes au-dehors. Vous feriez mieux de vous asseoir à côté du rabbin. Il est vrai que c'est un rabbin, mais cela ne fait rien, enfin lui aussi doit apprécier ce qui est agréable... »

Et Yanek éclate de rire.

La paysanne ne se fait pas prier et, d'un bond, elle atteint, tel un chat, le siège du *Mélamed*.

Au sifflet de Yanek, les chevaux s'élancent. La paysanne empoigne le *Litvak* et le pousse pour se faire une place. La voilà installée à ses côtés et le *Mélamed* est saisi à la fois de chaleur et de froid...

La charrette poursuit sa route en cahotant sur les racines saillantes.

« Pourquoi trembles-tu, rabbin ? »

Bientôt les secousses de la voiture la font trembler aussi. Elle saisit le *Mélamed* par la main. Mais, furieux, il la retire aussitôt. Elle s'esclaffe alors :

« Mon sot rabbin ! »

La voiture cahote et un genou du *Mélamed* touche un genou de la paysanne. Il essaie bien, autant que possible, de s'écarter, mais le rire de la paysanne devient plus aigu encore, et elle lui dit :

« Sot rabbin, sot rabbin !... Qui te surveille ? Qui peut savoir ce qui se passe ici ? As-tu une femme plus belle à la maison ? Comment s'appelle-t-elle ? Chprintzé ? Combien de rejetons t'a-t-elle déjà donné, ta Chprintzé ? Elle est sûrement maigrichonne, cette maladroite, cette Chprintzé-là ? Evidemment, tout tombe de ses mains, et elle ne doit pas s'arrêter de jurer, de te maudire, n'est-ce pas ? »

Comment peut-elle savoir tout cela ? Comment a-t-elle deviné, gémit-il intérieurement.

« Et toi, reprend la paysanne, tu es encore un homme, tu es encore bon à quelque chose... Il suffit qu'on te redresse !... »

En disant cela, elle le prend par les épaules, lui relève la tête.

« Te voilà redressé, dit-elle, droit comme un pin ! Seulement la barbe, les papillotes... »

La paysanne se met debout dans la charrette, toute droite : elle rejette les papillotes du *Mélamed* derrière ses oreilles, et de ses doigts entrouverts, elle lui lisse la barbe.

« Et un petit baiser, tu veux bien ? »

Il est heureux que la charrette ait quitté la forêt, l'auberge de la paysanne est là.

Elle descend de la voiture sans plus s'occuper du *Litvak*, comme si elle l'avait oublié.

« Viens, Yanek, dit-elle, tu vas boire un coup. »

Sans se presser, Yanek dételle les chevaux. Il veut d'abord les conduire chez le forgeron, car ils ont perdu deux fers dans la forêt.

La paysanne est entrée dans son auberge. Yanek disparaît à son tour, avec ses chevaux, et le *Mélamed*, tout étourdi qu'il est, se rappelle que sa *Guemara* a glissé de ses mains. Il la ramasse, l'embrasse et l'ouvre sur ses genoux.

« Loué soit Dieu ! Loué soit Dieu ! » balbutie-t-il.

Mais il n'est pas encore au bout de son épreuve.

Le soleil vient de se coucher derrière le bois. Les fenêtres de l'auberge se teintent de rouge, s'enflamment. De l'auberge vient un bruit, un chant : les paysans sont en train de trinquer.

Le *Mélamed* ne prête pas attention à ce tapage et se replonge dans sa *Guemara*. Mais, entre-temps, le ciel se couvre et une petite pluie d'été se met à tomber... La paysanne se tient, mains sur les hanches, devant sa porte.

« Il pleut, rabbin, dit-elle, et ton Saint Livre va s'abîmer ! »

Le *Mélamed* sursaute, jette un regard aux alentours,

et elle, comme si elle avait remarqué son embarras, dit :

« Pas dans l'auberge... Il y a une petite chambre au-dessus de l'auberge... »

Il pleut de plus en plus fort.

« C'est une pièce tranquille, ajoute-t-elle. Elle est réservée aux marchands, aux petits seigneurs. Aucun bruit. Quant au forgeron, il ne se trouve sûrement pas chez lui... Yanek ne reviendra donc pas avant un bon bout de temps... Ne sois pas si sot, rabbin ! » conclut-elle.

Décidément, pour un *Litvak*, il n'y a pas de pire insulte que d'être traité de sot...

Il pleut maintenant à verse et les pages de la *Guemara* sont trempées... Il descend de la charrette, la paysanne lui montre les marches qui mènent à la chambre du haut. Il monte les marches, ouvre la porte et aperçoit une petite table, une chaise, un lit et une bougie posée sur la table...

Oh ! pense-t-il, s'il avait une pièce aussi spacieuse chez lui, dans sa maison, il aurait pu étudier, étudier sans relâche...

Il se surprend en flagrant délit de transgression du dixième commandement qui interdit de convoiter le bien d'autrui.

Il est saisi d'un désir frénétique de reprendre sans plus tarder son *lernen* *. Il s'assied à la table, allume la bougie et ouvre sa *Guemara*. Il étudie pendant une heure, pendant deux heures et davantage encore, jusqu'à ce que la bougie achève de se consumer. Il se couche dans le lit et s'endort...

Il est bien possible qu'avant de s'endormir, étant donné sa grande fatigue, il ait oublié de réciter le *chema* * comme il se doit.

Le lendemain matin, la paysanne monte, le touche aux épaules et le réveille :

« J'ai renvoyé Yanek avec la charrette, lui dit-elle, je l'ai renvoyé chez lui.

— Quoi ? bégaye-t-il tout effrayé.

— Tu vas rester ici et tu étudieras aussi longtemps que tu le voudras... Personne ne te dérangera, la chambre est à toi et à personne d'autre ; tu verras, tu te sentiras bien ici. »

La frayeur du *Mélamed* ne fait que grandir. Et la paysanne d'éclater de rire :

« Voyons, tu as peur ? De quoi as-tu peur ? Je ne vais pas te violer, que Dieu m'en garde. Et s'il se trouve que nous commettions un petit péché, le mérite de ta sainte *Tora* est là pour t'en absoudre... Tu seras pardonné... »

Elle sourit, elle lui caresse le visage et ajoute :

« Et tu vas manger *kacher*, maigre, rien que des laitages. Quant au pain, oui, le pain, on va te l'apporter de la ville. Toi, tu n'as qu'à rester et étudier. Personne ne montera te déranger. Tu resteras seul, tout seul, avec ta *Tora*... »

Le *Litvak* est prêt à succomber.

« Mais pour la fête de *Souccoth*, comment ferai-je ? » bégaie-t-il.

Chose incroyable, la paysanne comprend le yiddish, et elle lui assure :

« Une *soucca* ? Mais on va t'en fabriquer une, une *soucca kacher*. On va t'apporter des planches et du feuillage de la forêt. »

Et le *Mélamed* est resté chez la paysanne.

Dans les crocs de la « Klipa [73] *».*

Il est resté. L'aubergiste a tenu parole. Elle ne lui a préparé que du maigre et, pour le pain, le pain Juif, elle lui en a apporté de la ville.

Quant au péché que le *Mélamed* se prépare à commettre en passant les jours de fête parmi des « incirconcis », il y remédie par le vœu de dormir une heure de moins que d'habitude et de la consacrer au *lernen*. Oui, et c'est un vœu qu'il exécutera !

Tout à son *lernen*, il aurait peut-être oublié la fête de *Souccoth*, mais la paysanne, elle, veille au grain. Elle la lui rappelle...

Elle monte dans sa chambre, se place devant lui, pose ses mains rouges et nues sur la table, et ses doigts touchent presque la *Guemara*. Elle lui sourit :

« Tu es bien ici, rabbin, dis ?

— Oui, oui, bégaie-t-il.

— On dirait que tu en as oublié quel jour nous sommes.

— Quel jour sommes-nous ? demande-t-il.

— Mais voyons, nous sommes la veille de *Souccoth*. Tu as oublié, mais pas moi. Les planches sont là dans la cour, qui attendent. J'ai démoli à ton intention le petit hangar. »

Vrai. La paysanne a même envoyé chercher du feuillage dans la forêt. Cela frise le miracle, pense-t-il, une non-Juive qui comprend et parle le yiddish et sait qu'il faut couvrir la *soucca* de feuillages.

Mais le *Mélamed* n'a pas envie de descendre dans la cour : c'est qu'il ne peut s'arracher à sa *Guemara*.

Bon. Qu'il reste là ! qu'il étudie ! Elle sait comment il faut monter une *soucca* et comment il faut la couvrir de feuillage. On n'a pas besoin de lui.

Après le coucher du soleil, on va l'appeler pour le *Kiddouch*, la bénédiction sur le vin.

Tiens, Elle sait aussi ce que signifie le mot *Kiddouch* !

Oui... Oui... Pour le *Kiddouch*, elle a fait venir de la ville du vin de raisin sec, car elle sait qu'il ne boira pas du vin *nesekh* *. Et si le rabbin refuse ce vin-là, il peut toujours « faire *Kiddouch* » sur les miches de pain qu'on a fait également venir de la ville, les *'Haloth*, les miches de pain blanches comme la neige. Sa Chprintzé ne sait certainement pas préparer le pain comme cela.

Quant à la viande, mille excuses, il devra s'en passer...

Saurait-elle aussi, la paysanne, s'interroge le *Mélamed*, qu'il est interdit à un Juif de manger de la viande, même *kacher*, mais qui a été apportée par quelqu'un dont on n'est pas absolument sûr ?

Dresser une table, la couvrir d'une nappe blanche et poser sur cette table des bougeoirs munis de grandes bougies *kacher*, ce sera chose faite.

La paysanne contourne la table, se place derrière le *Mélamed*, lui met une main douce sur l'épaule et lui assure :

« Tu seras bien dans la *soucca*. Tu y mangeras, tu y boiras et tu y dormiras. »

On va lui mettre un lit dans la *soucca*, un lit avec des draps aussi blancs que la neige...

Il se met à tressaillir de tout son corps :

« Mais toi, Martha (il sait déjà comme elle s'appelle), la supplie-t-il, tu n'entreras pas dans la *soucca*, n'est-ce pas ? Ce n'est pas convenable !

— Je le sais, je le sais, sourit-elle : je n'entrerai ni pendant que tu manges, ni pendant la bénédiction, aussi longtemps que les bougies seront allumées, je ne franchirai pas le seuil de la *soucca*. »

Cela dit, elle disparaît.

Il reste comme abasourdi... Il en oublie sa *Guemara*, il est plongé dans un songe. Il demeure ainsi pensif une heure, deux heures, puis il entend le bruit de la hache, le bruit du marteau qui fixe les planches de la *soucca*.

Il entend Martha crier dans la cour :

« Apportez-moi une échelle ! »

C'est qu'elle s'apprête à couvrir elle-même la cabane

de feuillage. Il doit y avoir quelqu'un qui l'aide dans sa besogne, un Gentil sans doute :

« Qu'est-ce que cela sera comme *soucca*, qu'est-ce que cela sera comme cabane, se demande-t-il ? Est-ce qu'il pourra y réciter les *Ouchpizin* [74] ? »

De plus en plus songeur, il reste là, jusqu'à ce que le soleil se couche... et Martha lui crie :

« Mon rabbin, mon cher rabbin, l'heure de la prière a sonné, le soleil se couche... Bientôt, les petites étoiles monteront au ciel ; la nuit est belle ! quelle belle nuit ! »

Il ne peut s'empêcher de penser que Martha est une femme *tsenouah*, une femme vraiment vertueuse.

C'est qu'elle a dû autrefois habiter la ville. Peut-être était-elle servante dans une famille juive, elle connaît donc les lois et les usages juifs, même ceux de la *soucca* et elle sait également ce que c'est qu'un rabbin, un érudit...

Et comme elle est attentive à son égard ! Sa Chprintzé aurait beaucoup à apprendre d'elle... Il est bien possible qu'elle aille même jusqu'à se convertir au judaïsme pour lui faire plaisir !

Et là-dessus, il commence sa prière...

Dans la nuit de « Hochana-Raba ».*

Le *Mélamed* a accompli le commandement relatif à la *soucca* selon toutes les règles prescrites : il y a pris ses repas, il y a fait ses prières, il y a étudié et il y a passé les nuits de la fête.

Dans la nuit de *Hochana-Raba*, après le souper, il se plonge dans le *Talmud*, sa tête balance tel le fléau d'une horloge. Mais il s'aperçoit tout d'un coup qu'aucune ombre n'accompagne sa tête sur la table éclairée...

Il est saisi de frayeur, se lève, marche de long en

large dans la *soucca*, sans que son corps projette la moindre ombre [75].

Angoissé, son cœur est pris entre les deux mâchoires d'une tenaille ; de petits marteaux frappent ses tempes. Il sort dans la cour éclairée par la pleine lune et il voit que la bâtisse de l'auberge projette son ombre tout le long de la cour.

L'échelle qui touche le toit projette son ombre. Sur le toit de la bâtisse il aperçoit un chat qui, lui aussi, projette son ombre, et le regarde de ses yeux rougeâtres. Il fait : « Mi-a-ou, mi-a-ou »...

C'est sûr, le chat se moque de lui, comme s'il voulait dire :

« Je ne suis qu'un chat, mais moi j'ai une ombre, tandis que toi, *Litvak*, tout savant talmudiste que tu es, tu n'en as pas ! »

Le *Mélamed* détourne son regard, car il ne peut supporter l'éclat rouge des yeux du chat. Au même moment, le chien Britan sort de sa niche, avance dans la cour aussi loin que sa chaîne le lui permet, et « Ouah ! Ouah ! ».

Aboie-t-il contre le chat ? Non, c'est contre le *Mélamed* que le chien aboie :

« Je ne suis qu'un chien, et pourtant j'ai conservé mon ombre intacte. Même ma chaîne projette une ombre, et lorsque j'agite ma queue, son ombre à elle s'agite aussi. Et toi, dis un peu, qu'as-tu bien pu faire de ton ombre, *Litvak* ? Tu es condamné à mourir, et tu ne vas pas finir cette année. Ouah ! Ouah ! »...

Non, le *Litvak* doit sauver sa vie. Il lui faut partir de cette auberge. Il doit retourner à son poste de *Mélamed*... Ou rentrer chez lui, dans sa maison... Il faut qu'il quitte cette auberge et qu'il retrouve son foyer, sa Chprintzé, sa vertueuse femme, la mère de ses enfants.

Mais comment faire pour se délivrer de cette sorcellerie ? Car cette paysanne, cette Martha, c'est la sorcellerie. Il doit la tuer, car aussi longtemps qu'elle respire, lui semble-t-il, aussi longtemps que ses yeux restent ouverts et qu'elle le regarde de ces mêmes yeux, il ne réussira pas à se libérer de la *Klipa*... Oui, c'est cela, il doit la supprimer.

Et le cœur du *Litvak* bouillonne et crie : C'est cela, c'est cela, tuer ! supprimer !

Ensuite, il n'aura qu'à se repentir, il est même prêt à aller voir un rabbi miraculeux (pendant toute sa vie il n'avait fait que vilipender les rabbis miraculeux). Un rabbi lui indiquera certainement la manière dont il devra se repentir ; il lui prescrira tant et tant de jours de jeûne, il lui recommandera de se rouler dans la neige, n'importe quoi ! pourvu que cela lui procure la souffrance nécessaire à lui faire expier son crime...

Et peut-être le *Litvak* ne commettra-t-il pas le meurtre qu'il projette ? Peut-être ses mains ne seront-elles pas éclaboussées de sang, car au premier coup qu'il assènera à cette Martha, la *Klipa* s'évanouira peut-être d'elle-même et se dissipera comme de la fumée...

Quoi qu'il en soit, il fera ce qu'il a à faire...

Il se souvient avoir vu dans un coin de la *soucca* la hache dont la paysanne s'était servie pour la construction de la *soucca*... et il court chercher la hache...

Le Litvak *rentre chez lui et fait un vœu.*

Les bougies ont fini de se consumer. Le *Mélamed* tâtonne dans l'obscurité jusqu'à ce qu'il trouve la hache. Il s'en saisit et se poste à la porte de la *soucca*...

Il attend, il sait que la paysanne doit venir.

Dès qu'elle penchera la tête, il lui assènera un de ces coups de hache !...

Il reste ainsi à attendre une heure, deux heures, mais Martha ne vient pas. Tout est silence. On n'entend pas le moindre pas.

Il pense que la sorcière a peut-être deviné quelque chose. Elle l'a peut-être observé de la fenêtre de sa grande maison et elle aura compris ce qu'il allait faire.

Peu importe ! C'est lui qui ira la trouver chez elle, la hache à la main.

Arrivé devant l'auberge, il voit qu'elle est plongée dans l'obscurité. Les volets et la porte sont fermés. Il ne peut appeler la paysanne, tellement sa gorge est serrée. Il frappe à la porte, il frappe, d'abord avec le poing, puis avec la hache, mais personne ne lui répond.

Il lève alors la tête vers la fenêtre de la chambre toute illuminée de Martha. Les petites vitres brillent. On est en train, pense le *Litvak*, d'y festoyer. Il entend un bruit, l'air joyeux d'un accordéon accompagné par une flûte :

« A votre santé ! entend-il clamer dans la langue des Gentils, qu'il crève, ce drôle de *Mélamed* lituanien ! » Et tout le monde de s'esclaffer : « Voilà quelqu'un qui a perdu son ombre à tout jamais ! » Et Martha aussi d'éclater de rire.

Le *Litvak* voit maintenant dans quel guêpier il se débat. Un autre, à sa place, prendrait ses jambes à son cou et s'enfuirait comme pour échapper à un incendie. Mais un *Litvak* reste un *Litvak* têtu. L'envie qui s'était emparée de lui de supprimer la paysanne ne le lâche pas. Coûte que coûte, il doit monter pour la tuer. Il faut qu'il se venge !

Il se souvient avoir aperçu, à l'autre bout de la maison, une échelle : il se précipite pour la prendre, il la pose, l'appuie contre le mur et s'apprête à grimper jusqu'à la fenêtre, la hache à la main.

Soudain, crac ! Un échelon s'effondre sous ses pieds. Il tombe dans le vide, il tombe comme dans un abîme, il y tombe comme en enfer. Sa tête cogne contre quelque chose de dur... Et sur ces entrefaites, le *Litvak* se réveille...

Le fait est qu'il s'était endormi dans la forêt et qu'il était tombé de la charrette.

« Yanek ! Yanek ! » crie-t-il.

Il est heureux que Yanek ait entendu ses cris, qu'il se soit arrêté et qu'il ait compris d'où venait l'appel.

Mais se relever tout seul était au-dessus des forces du *Mélamed*. Sa tête s'était heurtée à la racine d'un arbre et le sang coulait de son visage...

« Ce n'est pas grave », dit Yanek.

Il détache un chiffon qui couvrait une jatte et le met sur la plaie. Il relève le *Mélamed* et le fait monter dans la charrette.

Le voyage se poursuit, et, chemin faisant, le *Mélamed* fait le vœu suivant : ne jamais s'écarter des usages établis.

Où qu'il se trouve désormais, la veille de Pâque, et si Dieu le veut, il rentrera chez lui près de sa Chprintzé, près de ses enfants !

Litvak comme il est, on peut être sûr qu'il tiendra parole.

LE « MÉLAMED » DE KHELM [76]

Il arriva une fois que la luxure envahit le monde entier — raconte Chaknah devant un attroupement de Juifs dans le *Beth-Hamidrach*, au point que le monde d'un bout à l'autre s'effraya et pensa que le Maître de l'Univers, dans sa grande colère, allait oublier le serment qu'il avait prêté de ne plus ouvrir les Portes du Ciel et de ne plus submerger l'humanité d'un second déluge qui, cette fois, ne laisserait survivre aucun Noé dans son arche... « Les eaux sont entrées jusqu'à l'âme [77] !... Que Dieu nous en garde ! »

Le désarroi dans les esprits prit de telles proportions que les Trente-Six Justes [78] s'effrayèrent et convoquèrent une assemblée dans la ville de Bratkev. Ils délibérèrent pendant sept jours et sept nuits sans parvenir à aucune conclusion. En désespoir de cause, ils se dirent prêts à déclarer le monde entier coupable, *Koulo hayav* [79] et que le Messie vienne sans plus tarder !

Mais un de ces Trente-Six Justes, un simple Juif, un porteur d'eau, s'entêta. Non ! non ! et non ! clama-t-il. Et ceci en dépit de la Voix Céleste qui se faisait entendre et de l'ange Gabriel qui apparut en déclarant qu'en raison de la corruption du monde, la venue du Messie avait bel et bien été décrétée dans les *sphères supérieures*.

Mais notre porteur d'eau ne voulait rien savoir : il

n'entendait aucunement, lui, succomber à la tentation de luxure. On décida alors de s'en prendre au *Yetser Hara* et de lui tordre le cou.

Les Trente-Six Justes étaient tous de pauvres Juifs, des gens simples : des cordonniers, des bûcherons, des casseurs de pierre, etc. L'un d'entre eux venait bien de recevoir un important héritage d'une tante décédée dans la ville d'Alexandrie en Egypte, mais le Veau d'Or n'avait pas encore eu le temps de le faire trébucher. C'est précisément avec son argent qu'on a fait venir un eunuque d'Egypte.

Cet eunuque, on l'apprêta, on l'habilla, on le déguisa en rabbi avec barbe et papillotes, avec un long caftan et des chaussettes et des chaussures (comme certains rabbis en portent) et on le présenta dans cet accoutrement au *Yetser Hara* en lui disant ceci :

« Voilà ! Tu n'as qu'à te mesurer avec ce *Tsaddik* ! Montre-nous un peu de quoi tu es capable ! »

Le *Yetser Hara* ne se fit pas prier. Que voulez-vous ? Il ne pouvait deviner qu'on le mettait à l'épreuve ! Il vit devant lui un Juif avec barbe et papillotes et ne put qu'éclater de rire : quoi de plus facile que d'inciter quelqu'un à commettre un péché ? Comment aurait-il pu imaginer qu'il avait devant lui un eunuque ? Il s'assit donc à côté de lui, il se répandit en plaisanteries, en cajoleries, il lança des blagues et des grivoiseries.

Mais le châtré, lui, ne comprit rien de ce que le *Yetser Hara* lui racontait et n'esquissait même pas le moindre sourire. La voix du *Yetser Hara* s'usa de plus en plus, il s'enroua : c'était la première fois qu'il devait tellement se démener pour entraîner un *Tsaddik* dans le vice.

De guerre lasse, il siffla et aussitôt accoururent — que Dieu nous en garde ! — toutes sortes de femmes : d'opulentes matrones, des femmes du peuple, des femmes toutes jeunes, des femelles de tout acabit...

Il y avait là des femmes au rire débridé, des femmes en pleurs, des femmes qui lançaient des malédictions et des femmes qui hurlaient et criaient à gorge déployée. Tant de femmes, tant de femmes pour séduire un *Tsaddik*. Tout cela en vain.

Le *Yetser Hara* était inondé de sueur. Il était fatigué comme s'il avait coupé du bois pendant une semaine. L'eunuque ne réagissait toujours pas. Le *Yetser Hara* donna un deuxième coup de sifflet et *Ra'hab-la-Prostituée* [80] apparut. Rien n'y faisait ! C'était à désespérer !

Je vais, se dit le *Yetser Hara*, faire une dernière tentative : le massage ! Je vais le frotter un peu ! Il s'empare donc de l'eunuque, le tourne et le retourne, le bouscule, le malmène, le torture, le chauffe à blanc...

Pensez-vous ! L'eunuque restait de marbre !

Le *Yetser Hara* avait beau s'affairer auprès de l'eunuque et cacader comme une oie, il dut finir par s'avouer vaincu. Tant d'efforts déployés en pure perte ! Les bras lui en tombaient et il ne tenait plus sur ses jambes. Il s'évanouit.

Les Trente-Six Justes n'attendaient que cela : ils se saisirent du *Yetser Hara*, le ligotèrent avec trente-six jeux de *tsitsit* *, l'égorgèrent avec le bistouri d'un circonciseur, le jetèrent dans un four chauffé à blanc ; ils en retirèrent peu après ses cendres, afin, à la faveur d'une tempête qui éclata au même moment, de les confier au vent qui les éparpilla aux quatre coins du monde.

Au ciel, c'était la fête. Et une paix profonde régna sur la terre. Les nations du monde ne se firent plus la guerre. Epoux et épouses ne se querellèrent plus, les pelles à pain ne servirent plus qu'à mettre le pain au four, et les rois congédièrent leurs armées. Quant aux fusils, on en fit cadeau aux enfants pour qu'ils s'en amusent lors du *Lag-ba-Omer* [81].

Et on sortit les canons, on les traîna à travers les villages et jusque dans les champs pour qu'ils y remplacent les épouvantails. Chacun put désormais les montrer du doigt, comme s'ils étaient des objets de dérision. La paix, la sérénité, la quiétude s'installèrent dans le monde et la vie déborda de joie.

Tout aurait été merveilleux si les pieds des dais nuptiaux n'avaient pas été du coup condamnés à moisir dans les recoins de la *Choul*. Personne n'y toucha plus, puisque tous les hommes étaient devenus des ermites, que toutes les femmes s'occupaient de bonnes œuvres et se vouaient à la chasteté et que tous les jours de l'année ressemblaient aux « trois jours de délimitation [82] ». Les rabbins, les bedeaux, les chantres, les marieurs étaient désœuvrés. Inutile désormais de faire des économies pour célébrer un mariage, plus besoin de préparer un trousseau, de rassembler une dot, de dresser un dais nuptial. Bref, il ne restait plus qu'à s'adonner entièrement à l'étude de la Tora. Quelle mésaventure ! Pour ce qui était de la mort, on mourait toujours, mais en fait de naissance, zéro, personne ne venait plus au monde. A-t-on jamais vu chose pareille ! Dieu sait ce qui serait advenu du monde s'il n'y avait eu le *Mélamed* de Khelm.

Laissez-moi vous dire comment les choses se passèrent : bien avant la fameuse réunion des Trente-Six Justes, un certain *Mélamed* de Khelm sentit tout à coup que le *Yetser Hara* avait percé un trou dans son crâne... Il attrapa son *Yetser Hara*, le traîna dans le *Beth-Hamidrach* [83], mais, à son grand étonnement, celui-ci n'opposa aucune résistance. Il le conduisit alors chez un rabbi miraculeux. Le *Yetser Hara* refusa d'y aller. Il pensa à part lui-même : « Un rabbi miraculeux ? Pourquoi pas ! Avec le plus grand plaisir ! » Il se laissa même conduire à la *mikveh*... Il est vrai qu'arrivé au bain rituel, le *Yetser Hara* — que son nom et sa mémoire soient effacés à tout jamais ! — se boucha le nez, mais il tint néanmoins le coup.

L'obstination du *Yetser Hara* attrista le *Mélamed*. Il se sentit perdu. Bientôt, pensa-t-il, il devrait abandonner son poste de *Mélamed* et ce serait la ruine. Il décida alors de s'enfuir loin, très loin dans la forêt.

Il y resta sept ans, dormit à même la terre, mangeant des racines pourries et ne cessa de réciter les psaumes et le *Zohar**. Le *Mélamed* de Khelm devint bientôt si maigre qu'on aurait pu le faire passer par le trou d'une aiguille, et si transparent qu'il se fit invisible. Vous saisissez ?

C'est après avoir atteint ce degré de perfection qu'il rebroussa chemin et regagna un lieu habité.

Puisqu'il s'était rendu invisible, se disait-il, il était désormais à l'abri du *Yetser Hara* et pouvait rentrer tranquillement chez lui.

Mais à peine eut-il quitté la forêt qu'il fut pris dans une bourrasque qui menaçait de bouleverser la terre. Ceci arriva juste au moment où les Trente-Six Justes étaient en train de disperser les cendres du *Yetser Hara* aux quatre coins du monde.

Une pincée de cendres tomba dans son œil gauche... Quelle histoire ! Son œil gauche entrevit — que Dieu nous en garde ! — des choses qu'on ne voit nulle part. L'œil gauche contamina l'œil droit et de l'œil droit, la souillure pénétra dans le crâne, puis dans le cœur...

Inutile de s'éterniser là-dessus, je veux simplement ajouter que le *Yetser Hara* envahit le *Mélamed* de Khelm de part en part et que lorsque celui-ci regagna sa demeure — que vous dire de plus ? — il contamina le monde entier.

« Mon grand-père — qu'il repose en paix — qui me racontait cette histoire, avait l'habitude de faire remarquer que sans l'aventure du *Mélamed* de Khelm, aucun de nous n'aurait existé [84]. Et lorsque mon grand-père

— qu'il repose en paix — assistait à un mariage, à une circoncision, ou à la cérémonie du *Pidyon Haben* [85], du rachat d'un premier-né, il s'écriait toujours : " C'est l'œuvre du *Mélamed* de Khelm ! " Chacun de nous représente un bon morceau de ce *Mélamed* de Khelm... »

LA 'HANOUKIA *

Puisque c'est la fête de *'Hanoukka,* je vais vous raconter comment un Juif descendu très bas — que Dieu vous préserve d'un tel sort ! — a pu remonter la pente grâce à une lampe de *'Hanoukka...*

Et si vous pensez qu'il s'agissait d'une *'hanoukia* en or ou en argent, détrompez-vous. Ce n'était qu'une lampe en cuivre, une lampe tordue à laquelle manquait un bout de tube, que de lointains ancêtres avaient laissée en héritage...

Autrefois ce Juif avait été fort aisé, cossu...

Il s'était enrichi d'un seul coup.

De quelle façon ? Ceci est hors de notre propos.

On raconte qu'une fois un soldat remontait la rue avec une barre de fer qu'il voulait vendre, que notre homme l'avait achetée à vil prix et que lorsqu'il avait commencé à la nettoyer, il s'aperçut qu'elle était tout en or. On dit que le soldat l'avait volée dans une banque.

Mais quand un vieux Juif s'enrichit, il « sort le vieux blé » pour mettre la nouvelle récolte à la place. Notre Juif décida donc de refaire l'intérieur de sa maison, de s'habiller à la mode des riches et de se transformer en une espèce d'*Allemand*. Et si lui était devenu une espèce d'*Allemand*, sa femme, elle, se métamorphosa en une espèce de *Parisienne :* elle jeta bas sa perruque.

Le couple avait deux fils ; ils allaient au *'héder*, dorénavant ils allèrent au lycée !

Quant à l'intérieur de la maison, il fallut lui donner un nouvel aspect : il y avait une armoire où l'on rangeait des livres de piété, des rituels et quelques autres livres d'édification. Qui avait besoin à présent de tout ce fatras ? On en ferait cadeau au *Beth-Hamidrach*. Quant à l'armoire à livres, elle était vieille, vermoulue : on la cassa en petits morceaux pour allumer le fourneau de la cuisine... La maîtresse de maison mit un trumeau à la place de l'armoire. C'est que maintenant qu'elle se contemplait amoureusement, elle voulait se voir de haut en bas... On fit venir un brocanteur, on liquida les vieux meubles pour une bagatelle et on les remplaça par du « Louis XIV » flambant neuf ; les chaises étaient de bois doré, leurs pieds galbés étaient montés sur des roulettes. De vrais joyaux ! On n'osa pas s'asseoir dessus.

Il y avait un peu d'argenterie dans la maison : des boîtes d'*ethrog*, des boîtes à épices. On en vendit au poids, on en mit de côté pour les offrir aux jeunes mariés de la famille. On acheta un service en cristal, des vases à fleurs, comme il sied à des gens fortunés.

Mais, comme « la roue tourne », un moment vint où tout commença à dégringoler dans cette famille et du côté beurré encore ! On ne pouvait plus aider les deux fils qui étaient déjà à l'étranger. On trouvait très difficilement quelqu'un pour prolonger une traite ou pour prêter sans intérêt.

Tout alla à la dérive. Et comme la situation ne cessait d'empirer on chercha dans la maison quelque objet de valeur à mettre en gage. On n'y trouva rien, car, entre-temps, le « Louis XIV » a été abîmé, le service de cristal ébréché, et le reste était tout rafistolé.

Ce fut la misère... Tant et si bien qu'on finit par se souvenir de l'ancienne *Yiddishkaït* *, la manière de vivre traditionnelle...

« Madame » alla même de temps en temps chez la voisine emprunter le *Tsenna Ouréna*, le Pentateuque commenté à l'usage des femmes, et « Monsieur Salomon » se fit de nouveau appeler « Chloïmé-Zalman », il alla même jusqu'à remettre de temps en temps son châle de prières et ses *tefilin*, ses phylactères pour la prière du matin. La fête de 'Hanoukka venue, il ne put résister à l'envie d'allumer les bougies...

Des petites bougies, il finit par en retrouver, mais de lampe de 'Hanoukka il n'y en avait plus. On courut à la cuisine chercher quelques bouts de bois pour y fixer les bougies. En vain, pas de bouts de bois. Chloïmé-Zalman se souvint qu'à l'époque de sa splendeur, il avait rangé une vieille lampe de 'Hanoukka en haut du poêle.

« Chloïmé-Zalman, lui dit sa femme, monte la chercher. »

Et il le fit, au péril de sa vie. Il mit un tabouret sur la table, approcha la table du poêle, la table grinça, chancela, « Louis XIV » gémit, mais l'épouse de Chloïmé-Zalman la soutint. Il parvint finalement à saisir la *'hanoukia*. On l'épousseta et Chloïmé-Zalman put enfin dire les bénédictions.

On répéta cette cérémonie le deuxième soir, le troisième soir, et ainsi de suite jusqu'à la huitième soirée. La joie régnait, mais pour ce qui est du souper, il fallait s'en passer. C'est bien triste, mais que pouvait-on y faire ? Chloïmé-Zalman était assis à table, sa femme lui faisait face et ils réfléchissaient. La faim leur creusait l'estomac. C'était la famine.

Soudain, ils entendirent sonner à la porte. Ils sursautèrent, allèrent ouvrir et virent un jeune homme qui se disait brocanteur. Il achetait, dit-il, n'importe quoi.

Quoi ? Comment ?

Chloïmé-Zalman étouffe un rire. Est-ce possible ? Cet Anglais fou, le visage rasé — c'est peut-être une femme déguisée en homme ? — prétendait venir exprès de Varsovie... pour acheter du bric-à-brac. N'est-ce pas risible ? Il est là qui attend, dans le vestibule.

Peut-il entrer ? Mais oui ! Mais oui ! Il trouvera ce qu'il lui faut. Dans un vieux ménage, on trouve toujours quelque chose qui traîne, quelque chose qui pourrait contenter un brocanteur ramasse-tout.

Le vieux couple se regarda : avaient-ils un objet dont ils pourraient se passer ? La porte était restée entrouverte, l'Anglais était impatient, il entra. Il enleva son chapeau, et quand il aperçut la *'hanoukia*, il la dévora des yeux, il la prit dans ses mains qui se mirent à trembler, il la tourna, la retourna, et ses yeux lancèrent des éclairs.

« Puisque je vous dis que je suis un maniaque des objets anciens. Combien ? » demande l'Anglais en allemand petit-nègre.

Bref, et pour tout dire, Chloïmé-Zalman a vendu la *'hanoukia*. Quant au prix, il se fia à l'estimation de l'Anglais fou, il prit ce qu'il lui donnait.

Celui qui s'était présenté à la fois comme Anglais et comme brocanteur quitta la maison en laissant le vieux couple ahuri et bredouillant.

« Il est fou, cet Anglais, remarqua Chloïmé-Zalman.

— Peut-être, suggéra sa femme d'un ton hésitant, était-ce le prophète Elie qui nous a rendu visite grâce au mérite que nous avons acquis en allumant les bougies de *'Hanoukka* ? »

Quoi qu'il en soit, on avait de quoi acheter à manger pour le souper. Il resterait encore quelque chose pour le petit-déjeuner du lendemain et on pourrait même aller en ville pour affaires.

Cet argent était comme béni : la roue s'était remise à tourner et, cette fois-ci, dans la direction voulue. Chloïmé-Zalman redevint « Monsieur Salomon ».

Une fois que la chance s'était remise à sourire au couple, tout alla de mieux en mieux. Les enfants, de l'étranger, envoyèrent des lettres, des lettres heureuses, remplies de bonnes nouvelles. Ils s'étaient bien débrouillés. L'un était à Londres, il était ingénieur, il venait de se marier et il invitait chez lui Papa et Maman pour faire connaissance avec leur bru.

En route donc !... On ne pouvait que se réjouir de tout ce qu'on voyait chez le jeune ménage. On visita Londres, ses monuments, ses usines, puis ce furent les théâtres, les concerts, tant et si bien qu'une fois il leur arriva d'aller à une exposition, une sorte de musée, quoi !

Et laissez-moi vous dire le grand étonnement dont furent saisis Chloïmé-Zalman et son épouse lorsqu'ils se trouvèrent dans une des salles du musée, en face d'une vieille *'hanoukia* qu'on exposait sous globe.

Ils reconnurent bien les lions souriants, les arbrisseaux avec l'oiseau, le pied tordu, le tube auquel il manque un bout. C'était bel et bien leur lampe de *'Hanoukka...*

« Non, il n'était pas fou, pas fou du tout, l'Anglais, pensa *Mister* Salomon.

— Ce n'était pas le prophète Elie ! » ajouta dans son for intérieur la *Lady*.

Quant à échanger des réflexions à haute voix, à ce sujet, en présence de la jeune bru, il ne fallait pas y penser.

Ils ne pouvaient que réfléchir en silence à tout cela.

Peut-être vous aussi, allez-vous, à votre tour, y réfléchir un peu.

UN COUPLE HEUREUX

'Haïm est portefaix. Il marche courbé, disparaissant sous son fardeau. On dirait une caisse à deux pieds, une grosse caisse qui marche toute seule. On ne reconnaît 'Haïm qu'à sa respiration haletante, qu'on entend de loin. Mais voilà qu'il dépose son fardeau, reçoit son dû, se redresse et respire profondément. Maintenant, il dénoue les pans de son vêtement, s'essuie le front, se hâte vers la fontaine. Il avale une gorgée d'eau et entre précipitamment dans une cour.

Là, 'Haïm s'arrête du côté du mur en renversant sa tête énorme ; alors, le bout de sa barbe, son nez et la visière de sa casquette semblent s'aligner.

« Hannah ! » appelle-t-il.

Aussitôt une petite lucarne s'ouvre à la mansarde là-haut et un petit bonnet blanc apparaît.

« 'Haïm ! » s'écrie la femme.

Ils sont contents l'un et l'autre, et les voisins s'émerveillent.

« Toujours amoureux ! »

'Haïm lui jette ses sous, enveloppés dans du papier. Comme d'habitude, Hannah saisit le petit paquet au vol.

« Elle est la plus adroite des femmes et elle sait tout faire ! » se dit 'Haïm, et il n'a pas envie de repartir.

Hannah sourit :

« Va, 'Haïm, dit-elle. Le petit est encore malade et je ne puis le quitter. J'ai mis le berceau près du feu. De la main, j'écume le pot-au-feu, et du pied, je balance le berceau.
— Comment va le pauvre petit ?
— Mieux.
— Dieu soit loué. Où est Henné ?
— Elle travaille chez la couturière.
— Et Yossl ?
— Au *'héder*. »

La barbe de 'Haïm s'abaisse, et 'Haïm repart, tandis que Hannah le regarde s'en aller, puis disparaître.

Jeudi et vendredi, leur conversation fut plus longue.

« Combien d'argent as-tu ? demande Hannah.
— Vingt-deux sous.
— Cela pourrait ne pas suffire.
— Que te faut-il au juste, Hannah ?
— Six sous de pommade pour le petit, des bougies. Quant au pain blanc, j'en ai... J'ai aussi une livre et demie de viande... Puis il faut de l'eau-de-vie pour le *Kiddouch*. Et un peu de bois.
— Je trouverai du bois, il en reste sûrement sur la place du Marché. » Hannah énumère les choses dont on a besoin pour le *Chabbath*. Ils constatent en fin de compte que le *Kiddouch* peut être fait sur du pain blanc et qu'on peut facilement se passer de toutes sortes de choses.

Le principal, c'est les bougies pour la bénédiction et la pommade pour l'enfant.

Malgré tout, le *Chabbath* sera fêté gaiement, si Dieu veut que les enfants soient en bonne santé et que le chandelier ne soit pas en gage ; peut-être y aura-t-il même un *Kougl* *.

Quelle bonne ménagère que 'Hannah ! Elle n'a pas sa pareille pour faire un *Kougl* ! Il lui manque toujours quelque chose : farine, œufs ou graisse. Et cependant son *Kougl* est toujours excellent, gras, sucré, fondant — un délice !

« C'est l'ange qui fait la cuisine, dit Hannah, radieuse.

— Oui, un ange, c'est sûrement un ange ! dit 'Haïm en riant de plaisir. N'es-tu pas un ange, toi qui supportes les sottises des enfants et mes colères ? Jamais on ne t'entend crier ou jurer comme les autres femmes. Pourtant je ne te rends pas heureuse ! Toi et les enfants, vous n'avez rien sur le dos. Je ne suis bon à rien ! Je ne sais même pas chanter en l'honneur du *Chabbath*...

— Tu es quand même un bon père et un bon mari, déclare Hannah. Il n'y en a pas de meilleur... Puissions-nous vivre et vieillir ensemble ! C'est tout ce que je demande. »

Et ils échangent un bon regard chaleureux, un regard qui vient du cœur. Ils se regardent comme de jeunes mariés. Leur joie grandit.

'Haïm se repose. Puis il se rend à la petite *Choul* où un maître parle à des gens simples. Il fait chaud et l'auditoire somnole. Un tel s'assoupit ; un autre bâille bruyamment. Mais, soudain, au passage décisif, le groupe se ranime. Le maître parle du monde futur, de l'enfer où les méchants sont fouettés avec des verges de fer et du paradis où les justes, couronnés d'or, sont plongés dans les études sacrées. Chacun écoute, retenant son souffle. Les bouches s'ouvrent, les fronts rougissent. Que se passe-t-il dans le monde futur ?

'Haïm se tient près du poêle. Ses yeux s'emplissent de larmes, ses mains et ses jambes tremblent, comme s'il voyageait dans cet autre monde.

Il souffre avec les méchants, plonge dans le goudron brûlant, s'enfonce dans une forêt terrible, connaît des tourments, et des sueurs froides baignent sa peau.

Mais, l'instant d'après, il partagera les félicités des justes.

Voici, éclatant de clarté, le paradis avec ses anges, ses merveilles : le Léviathan, le *Chor Habor* * et toutes les bonnes choses. Quand le maître baise et ferme le Livre, 'Haïm se réveille d'un songe céleste, comme s'il revenait de l'au-delà.

« Oh ! dit-il, et il peut enfin respirer librement, après avoir retenu longtemps son souffle. Si je pouvais mériter une petite part, un petit bout, une parcelle de paradis — pour moi, pour ma femme, et pour tous nos enfants... »

Et il s'afflige : « A quel titre, pour quelle bonne action ? Pourquoi, comment parviendrai-je à l'obtenir ? »

Un jour, après le cours, il s'approche du maître.

« Rabbi, dit-il d'une voix tremblante, conseillez-moi ! Comment mériter la vie future ?

— Mon enfant, dit le maître, étudie la Tora.
— Je suis incapable d'étudier.
— Vois la Michna... *Ein-Jacob* et les « Maximes des Pères * »...
— Incapable.
— Récite les psaumes.
— Je n'ai pas le temps.
— Prie avec ferveur.
— Je ne comprends pas le sens des prières. »

Le maître le regarde avec pitié.

« Quel est ton gagne-pain ?
— Je suis portefaix.
— Eh bien, rends service aux étudiants du Talmud.
— Que voulez-vous dire ?
— Tu pourrais apporter tous les soirs quelques jattes au *Beth-Hamidrach*, pour que les étudiants étanchent leur soif. »

'Haïm se réjouit.

« Rabbi, dit-il, et ma femme ?

— Quand l'homme a son fauteuil au Paradis, sa femme a son escabeau à ses pieds. »

Lorsque 'Haïm rentra pour la prière de fin de *Chabbath*, Hannah était assise, récitant : « Gott foun Avrom ». 'Haïm s'attrista en la regardant. Puis, il s'élança vers elle.

« Non, Hannah ! Je ne veux pas que tu sois assise sur un escabeau à mes pieds. Je me pencherai vers toi, je te relèverai, je te placerai à mes côtés. Nous serons assis ensemble dans un fauteuil comme maintenant. Nous sommes si bien ensemble... Ecoute, Hannah, tu te placeras à côté de moi. Et le Maître du monde devra bien y consentir. »

LES CONTES DU TRONC D'ARBRE

Le tronc d'arbre.

Au milieu de la place du marché gît un vieux tronc d'arbre pourri...

Il semble qu'il soit mort, comme tout ce qui a cessé de vivre. Cependant, alors que la nuit d'été est calme et silencieuse, que les alentours sont plongés dans un sommeil profond, et que la lune et les étoiles sont assoupis sous un léger brouillard argenté, il arrive parfois que s'éveille en moi le vieux magicien : abracadabra ! et voilà que notre tronc d'arbre se ranime.

Quelque part en Egypte se trouve un vieux tronc d'arbre qui sort de sa torpeur chaque matin (quand le soleil se lève jeune et pur) et chaque soir (quand le soleil se couche ensanglanté et honteux), en émettant un son merveilleux. Mon tronc d'arbre me conte alors des histoires.

Tout ce que je vous rapporte de mon *Chtetl*, c'est à lui que je le dois, ce sont des « contes du tronc d'arbre » et c'est lui qui me les transmet...

Mais il les fait précéder par le récit de sa propre vie. Et il a raison d'agir ainsi. Car chacun croit être le centre sacré du monde, autour duquel le reste de la création ne fait que tournoyer...

Tout ce qu'on profère commence immanquablement par le *moi*, viennent ensuite *ma* famille, *mes* camarades, *mes* bons amis, *mes* connaissances, *ma* ville, *ma* région, *mon* pays, bref tout ce qui m'appartient à *moi*.

Puis nous nous trouvons des associés et nous disons alors *notre* terre, *notre* univers.

Il est vrai que nous nous écrions aussi à tout bout de champ : « Mon Dieu », mais ce cri ne sert qu'à implorer Dieu pour qu'il veuille bien nous aider à nous procurer notre pitance.

Certaines gens croient être non seulement le centre de l'univers mais encore son foyer. Toute la lumière de l'univers se concentre en eux pour jaillir et inonder le monde entier... D'autres, au cœur généreux, courent dans les rues sans même tenir une bougie à la main et crient : « Lumière ! Lumière ! » comme jadis le Créateur, et plus tard — toute espèce de rapprochement exclue — Goethe avant de mourir... D'autres enfin en viennent à douter qu'il existe quelque chose en dehors d'eux-mêmes.

« Moi, je suis moi », se disent-ils. Donc : je suis là ! moi seul ! Quant au reste du monde, qui peut me certifier que ce n'est pas un songe que je fais par une nuit d'été ou par une nuit d'hiver ?

Tout compte fait, qui peut m'assurer qu'il existe quelque chose en dehors de moi-même ? Si j'éprouve une sensation, c'est ma faim à *moi*, ma soif à *moi*, mon chagrin à *moi* que je ressens... Peu importe ce que les autres peuvent dire.

Et ce n'est pas tout. Autrefois, on avait l'habitude d'affirmer qu'il existait quelque chose comme l'honnêteté, la compassion, la droiture, la vérité et ainsi de suite ; puis, tout s'est avéré n'être qu'un rêve d'épouvante... La preuve : dès que je prends un petit verre d'eau-de-vie, tout autour de moi se met à vaciller, à tournoyer, comme si le monde était ivre...

Mais retournons plutôt à notre tronc d'arbre, à son autobiographie.

Ce tronc-là fut une fois un arbre, un arbre vert et plein de sève, un arbre de la forêt.

Ses racines plongeaient dans la terre tandis que lui-même s'élançait vers le ciel... Un aigle, naturellement, vole bien plus haut. Mais ce que fit notre arbre, il le fit à la perfection : il s'éleva toujours plus haut, plus haut que les autres arbres de son espèce, et réussit même à embrasser un bon bout du ciel.

Parfois, il lui semblait que la voûte du ciel allait tomber sur sa tête pour le ceindre d'une couronne, persuadé qu'il était qu'elle lui était due, qu'il la méritait.

Sa vie continua sans encombre : c'est qu'il disposait de feuilles sans nombre pour respirer à son aise, de nombreuses racines dans la terre qui lui procuraient sa nourriture, sa sève et le sel indispensables à sa croissance. Tout cela, c'était son corps. Quant à son âme, elle pouvait jouir du concert des oiseaux et de la sarabande des nuages.

Entre ses branches, cela ne faisait que bourdonner, pépier et clocheter... Au ciel, c'était un va-et-vient incessant. Il voyait passer un troupeau de bêtes à laine, tandis que, de l'autre côté, il lui semblait qu'une meute de loups noirs allait se précipiter pour dévorer le petit bétail... Mais, bientôt, tout disparaissait et, sur toute la largeur du ciel, apparaissait un Allemand, espèce de géant, chaussé de grandes bottes et coiffé d'un casque à pointe...

Celui-là aussi finissait par se disloquer. C'était le silence. Le ciel suspendait son linge pour le faire sécher... Le linge se balançait, se tordait, s'étirait, comme s'il désirait tomber ici-bas pour vêtir la moitié du monde...

Tout cela se passait en été.

L'hiver, en revanche, l'arbre s'emmitouflait d'une pèlerine blanche et sombrait dans le sommeil. C'est fou, la quantité de rêves qu'il pouvait faire l'hiver !

Dans un de ses sommes, il entendit soudain : pan ! pan ! Est-ce le coup d'une hache qui abat les arbres ? Est-ce le fracas du tonnerre ?

Et avant qu'il n'eût rassemblé ses esprits — crac ! il gisait déjà dans la neige...

L'arbre se rendormait. Il faisait un autre rêve. Il se voyait perdu. Il n'y pouvait rien. Une nouvelle vie allait surgir, une tout autre vie ! Et cette vie-là ne se déroulerait plus dans la forêt familière, parmi ses semblables, les autres arbres, mais à l'étranger, dans l'exil éternel !

On ne dira plus « ciel et terre », mais « ciel et eau » ou mieux encore : ciel et ciel, un vrai ciel, celui d'en haut et celui d'en bas qui n'est qu'un reflet du premier.

Il va être un des mâts d'un très grand navire qui naviguera sur le plus grand océan du monde ! Et il verra sur son parcours tant de choses, tant de choses ! Mais la forêt, il ne l'oubliera jamais !

Quand il s'approchera d'une bande de terre, il se balancera en guise de salut à la forêt... De temps à autre, le vent lui apportera la senteur des pins et des feuilles... Il se trouvera bien sur le bateau une petite cage dans laquelle palpitera un oiselet...

C'est un rêve que faisait l'arbre abattu, tout en sentant la hache qui travaillait son corps et l'écorchait... « Cela ne fait rien ! pensait-il, *Terpi kazak, atamanom boudiéch* », ce qui veut dire en russe : patience, cosaque, tu deviendras *ataman* * !

L'arbre abattu savait que ses frères avaient tous

été débités en petits morceaux pour servir de bûches, lesquelles bûches étaient devenues cendre, laquelle cendre fut disséminée aux quatre coins du monde. Mais lui, désormais il sera mât !

Quand l'arbre se réveilla, il n'était pas un mât, hélas ! On avait fait de lui une poutre destinée à être emmurée dans une maison. Il était à présent dans l'obscurité, il se sentait à l'étroit, de tous les côtés on le serrait... Il se sentait mal à l'aise...

Alors, il s'abîma dans un nouveau somme, un somme lugubre, sans rêves, sans espérance, sans consolation aucune...

C'est ainsi qu'il a dû dormir pendant cinquante, peut-être cent ans ou plus encore...

Soudain, il se réveilla une fois de plus. Crac ! Crac !

Ça y est ! Il se trouvait vraiment dans la mer, dans une mer de feu et de flammes, au milieu de vagues de feu...

« C'est ma fin ! pense-t-il, je suis en enfer. »

Mais un tronc d'arbre propose, et la compagnie des pompiers dispose. Le voilà projeté de la maison en feu au milieu de la rue...

Il gît là et pourrit. Et, dans sa pourriture encore, il s'arrangea pour nourrir tout un monde souterrain... C'est de lui que les termites tiraient leur pitance... la servante aux cheveux ébouriffés accourait vers lui pour lui prendre de quoi faire un brandon, le scribouillard de la mairie, chaque jour après le repas de midi, s'y taillait quelques cure-dents... Et vendredi, c'étaient presque tous les Craignants-Dieu du *Chtetl* qui y cherchaient de petits bouts de bois pour servir de témoins de la « combustion des bouts d'ongles [86] » pratiquée la veille de *Chabbath*...

Il arrivait aussi qu'au milieu de la nuit échouaient dans le *Chtetl* un petit négociant, un sinistré quelconque ou tout simplement un mendiant, qui passaient la nuit sur le tronc d'arbre... Parfois, c'est le gardien de nuit du *Chtetl*, qui s'étendait contre lui et ronflait tout ce qu'il pouvait...

Pendant la journée.

Un matin, un matin d'été...
Une ribambelle d'enfants à peine vêtus emplit la rue, dans un vacarme de rires et de chants. Tout ce petit monde court vers le tronc, sa croûte de pain à la main. On va s'amuser, on va jouer...

Et jouer signifie imiter les faits et gestes des adultes. Si les enfants jouent aux fiancés, ils montent à cheval sur des bâtons et s'en vont en promenade. Ils s'embrassent dans tous les coins et se donnent des cadeaux.

Si un cadeau est insuffisant, qu'à cela ne tienne ! on ajoutera un bout de verre, débris d'une bouteille verte ou bleue, ou un bout de fourrure... Sinon, les fiançailles risquent d'être rompues, il faudra aller au tribunal rabbinique et payer une certaine somme en dédommagement...

Si les enfants jouent au papa et à la maman, ils se querellent, se lancent des malédictions et crient à tue-tête. Mais c'est un jeu fatigant, aussi déversent-ils finalement le reste de leur colère sur les enfants les plus pauvres, couverts de haillons...

Ceux-là sont traités de bâtards parce qu'ils ne veulent rien apprendre, parce qu'ils ne sont pas sages, qu'ils ne sont pas pieux, qu'ils sont fainéants... Voilà ! Ça ne veut que bâfrer et boire sans cesse. Evidemment, ils ont un estomac sans fond !

Accablé par la misère, on fabrique des « étalages »

sur le marché et on maudit les clients. La marchandise — Dieu seul le sait — ne rapporte pas grand-chose. On la vend moins cher qu'on ne l'a achetée, tandis que la patente se paie grassement ; pour le droit de tenir un étalage, il faut ajouter tant et tant, sans parler du loyer qu'on est obligé de débourser dans les délais, ni de ce qu'on sera forcé de dépenser pour le mariage des enfants... Et dire que ces maudits clients marchandent tellement qu'ils finissent par vous tirer l'âme de votre corps !

Finalement, on s'amuse aux funérailles... C'est que les enfants ont trouvé quelque part un chat ou une souris crevés...

Mais ce jeu est interrompu par le pion qui accourt pour rassembler les gamins et les conduire au *'héder*.

Au milieu de la journée, le tronc d'arbre se voit accaparé par quelques jeunes femmes nouvellement mariées... Il fait beau, elles s'assoient donc, vêtues de leurs corsages blancs, coiffées de leurs fichus multicolores et, pour ne pas paraître fainéantes, elles posent quelque ouvrage sur leurs genoux, et c'est ainsi qu'elles passent un bon moment...

Au début, tout se passe posément, calmement. Telle jeune femme raconte en rougissant la belle vie que lui fait son mari, une autre assure que nul homme n'est comparable à son cher époux, une troisième se tait et son visage exprime le chagrin en pensant que les deux autres sont des femmes heureuses... Il arrive cependant qu'une de ces bonnes femmes ravale ses larmes. A celle-là, on a sans doute donné pour mari un vieux *Mélamed*.

Ensuite, les femmes se mettent à débiter la gazette de la ville : ce sont les fameux radotages qui, tels des flèches, percent le *Chtetl*, se faufilent dans toutes les maisons pour revenir enfin au tronc de l'arbre, considérablement amplifiés, déformés, méconnaissables...

Les personnes âgées disent que rien de bon ne peut sortir du vieux tronc d'arbre...

Au crépuscule, les jeunes femmes, vêtues de leurs robes des jours de fête non encore défraîchies, quittent le *Chtetl* pour se promener sur la route, à la lisière du petit bois, lieu d'origine de notre tronc d'arbre. Il n'est pas convenable de pénétrer plus avant dans le bosquet. Cela serait déjà se comporter trop « à l'allemande » ou « en seigneurs »... On connaît l'histoire de la « belle Braïndl ». Elle avait pour habitude de se promener toute seule dans le bois. Or, ces promenades ont très mal fini — que cela n'arrive qu'à nos ennemis ! Son vieux père en sait quelque chose — que Dieu ait pitié de cet ancien marieur connu dans toute la province ! Il a honte à présent de se montrer à la lumière du jour !

A cette heure-ci, seules quelques vieilles femmes accaparent le tronc d'arbre : elles sont sorties respirer un peu, pour se prélasser et aussi pour soulager leur cœur...

Après avoir passé au crible tout le *Chtetl*, il ne reste plus qu'à parler de ce « qui était autrefois et n'existe plus aujourd'hui »...

Oui, autrefois tous les hommes étaient fidèles, tandis qu'à présent, ils ne méritent guère plus que d'être jetés aux chiens. Il ne s'en trouve pas, parmi eux, un seul qui ne soit *tréfa*, comme le porc ; pas une seule des paroles qui sortent de leur bouche n'est vraie... Avant le mariage, c'est « mon petit chou », « mon doux trésor », on mange à la même table, dans la même assiette. Mais plus on avance en âge et plus on enrage. Voilà !

Autrefois, une grand-mère promenait son arrière-petit-fils accroché à son tablier et son propre nouveau-né contre son sein, tandis qu'aujourd'hui, après le troisième, tout au plus après le quatrième accouchement, la mère tombe malade et a recours au médecin. Il arrive même qu'elle devienne la cible de chuchotements divers et de crachats...

Voilà pourquoi le Créateur de l'Univers ne peut que punir les Juifs... C'est qu'Il ne veut plus jeter ses trésors dans la boue. Il en résulte un dénuement complet ; les petits enfants meurent d'inanition, les jeunes gens sont incorporés dans l'armée... mais le rabbin et la communauté ne font rien. Ils se taisent.

Même le soleil n'est plus ce qu'il était autrefois ! Au temps jadis, on pouvait se promener entre Pâque et *Souccoth* en bras de chemise... Bien sûr, façon de parler, car on s'habillait alors très bien : les jupes tissées de fils d'argent entremêlés de fils d'or étaient bien plus jolies que tout ce que la mode actuelle peut nous offrir... Et il faisait chaud, très chaud. C'était un véritable délice ! Qui savait alors ce que cela veut dire être essoufflé, avoir des rhumatismes dans les os ?

Voici que le soleil se couche. Les vieilles femmes quittent le tronc d'arbre. Il faut aller préparer le dîner, apaiser la grogne des époux...

L'une après l'autre, les fenêtres et les portes vitrées s'éclairent de tous leurs yeux rouges, les maisons inspectent la rue, et c'est après les prières de *Min'ha* et de *Ma'ariv* que les hommes s'installent à leur tour sur le tronc d'arbre, histoire de faire un brin de causette sur la politique, le gagne-pain et le destin juif...

Certains s'étendent sur le sol encore chaud, appuient leur tête contre le tronc d'arbre mou et pourri. Ils regardent le ciel, les uns soupirent de chagrin, les autres de contentement, chacun à son gré et selon son état d'âme. Puis ils s'assoupissent.

Soudain, un vacarme leur parvient des portes et des fenêtres, des voix de femmes les interpellent : « Haïm ! Yossl ! Rouven ! » Certaines épouses accompagnent leurs cris de quelque malédiction appropriée : « Que ton nom rapplique à toute vitesse ! Les patates vont refroidir ! »

Alors que tard dans la nuit le *Chtetl* est en train de dormir, Reb Chmerl, l'ancien marieur bien connu dans toute la province, se faufile hors de sa masure, la plus délabrée du bourg.

Pendant quarante ans, il n'a fait qu'aller et venir, à la recherche des jeunes gens et des jeunes filles à marier, jusqu'à ce que les jambes lui manquent. A présent, il traîne la patte...

Reb Chmerl avait beau marier la moitié de la région, sa propre fille, il l'a oubliée... Elle est restée natte blanche... C'est qu'à présent elle a déjà dix-neuf ans !

Reb Chmerl s'assied sur le tronc et enfouit sa vieille tête blanche entre ses mains tremblotantes... Des années durant, il a amassé petit à petit une dot pour elle, se privant de manger et de boire, faisant des kilomètres et des kilomètres à pied... Sou par sou, il a amassé au fil des années. Et cela pour rien ! Quelle honte ! Quel échec ! Il lève les yeux au ciel, il est encore heureux, pense-t-il, que sa Rachel ne soit plus là pour subir un tel malheur !

« Mon Dieu ! Mon Dieu ! se lamente-t-il, fais que ma fille change d'idée enfin ! Je vais partir avec elle. Je vais lui constituer une nouvelle dot... Je vais encore forcer mes jambes malades, faire du porte-à-porte, quêter sou par sou pour sa *Hakhnassath-kalah* * qui va me permettre de la marier. Et ce sera un mariage éclatant ! Mon Dieu ! Envoie donc un rayon de ta lumière dans le cœur de ma fille ! Autrefois, son cœur était bon, elle était si douce, si gentille. Tout cela arrive parce que Satan s'en est mêlé !

Le vieux père verse ses plaintes dans la nuit silencieuse...

C'est après son départ que le tronc m'a raconté toutes ces histoires.

Après minuit.

Le tronc d'arbre se gonfle. Il fait corps à présent avec sa propre ombre. Un silence morne plane sur la place du marché déserte.

Le *Chtetl* dort, toutes portes fermées.

De temps à autre, la bourgade est traversée par une chauve-souris, une chauve-souris bien malheureuse car elle sait que dans le *Chtetl* toutes les femmes sont dépourvues de cheveux [87] !

Quelque part, dans une ruelle, un petit veau mugit de temps en temps, comme pour se plaindre de sa vie si courte que le plus souvent on lui ravit. On entend aussi, dans le faubourg des Gentils, l'aboiement d'un chien qui ne peut supporter la lune. Qu'a-t-elle donc, la lune, à bouger dans une nuit aussi calme ?

Le silence revient. Le pauvre *Chtetl* vient enfin d'apaiser ses profondes douleurs, ses minces espoirs et ses petits désirs, ainsi que son minuscule *Yetser Hara*.

Le tronc demeure silencieux et morose au milieu de la place du marché ; au-dessus de lui, dans le ciel, se promène tristement une lune jaune et pourrie.

Pourquoi, lune, es-tu si jaune ? Pourquoi ton visage est-il aussi maladif ? On ne te découpe pourtant pas en cure-dents et tu ne distribues ni « témoins » de la combustion des bouts d'ongles, ni brandons. As-tu pris en pitié le petit veau de la ruelle là-bas ? Le petit chien du faubourg des Gentils te fait-il peur ? Et peut-être nous envies-tu, pauvres gens que nous sommes, parce que nous disposons malgré tout d'une nuit à nous pour nous reposer ?

Lune malade ! Tout le monde ne dort pas. De-ci, de-là, on voit une petite lumière filtrer à travers la fente d'un volet, des étoiles de David mêlées de rouge et de bleu rayonnent en tremblotant à travers d'autres volets...

Ici, un tailleur, un cordonnier ou un tisseur de *talethim* s'est attardé à son travail ou bien une pauvre couturière aux yeux rongés de fatigue pique à la machine... Là, une mère effrayée se réveille pour soigner son enfant malade... Ailleurs, dans un coin de sa masure, un mendiant compte sa recette du jour à la lueur d'une petite bougie.

Et dans cette grande maison blanche, une femme souffrante est clouée à son lit. C'est la femme de Zora'h, l'aubergiste. Les desseins de Dieu sont insondables : une jeune femme, un vieil homme. Or, ce dernier se porte bien tandis que sa jeune femme est malade, et elle ne va pas tarder à rendre son dernier soupir. Zora'h, son mari, arpente la pièce de long en large, arrachant sa barbe blanche poil par poil. D'abord, il ne voulait pas d'elle. Pourquoi donc a-t-il épousé une jeune fille si pâle, si frêle ? On a insisté auprès de lui, on a vanté ses qualités... Zora'h, lui, voulait en épouser une autre, et c'est pour se venger de cette autre qu'il a consenti à ce mariage...

La fenêtre du *Dayan*, elle aussi, est éclairée : il étudie, peut-être songe-t-il déjà à l'oraison funèbre qu'il devra prononcer sur la tombe de la défunte : Zora'h est un homme riche. C'est un grand talmudiste. La femme d'un compagnon d'études mérite la même considération que son mari, dit le Talmud [88].

Là où il n'y a pas de lumière, cela ne veut pas dire que la maison dorme.

En face de la grande bâtisse blanche se trouve une vieille maison en ruine, ses murs sont sur le point de s'écrouler, ses volets sont tordus et ne ferment plus depuis bien longtemps. A l'intérieur, sous la lueur pâle de la lune, les oreillers de tissu rouge, sur deux lits grinçants, tremblent tels des taches sanglantes... Une vieille petite tête de femme aux yeux éteints se lève et interpelle l'autre tête couchée dans le deuxième lit :

« Tu m'entends, Toïbé ? »

Personne ne bouge ; on n'entend pas même le bruit d'une respiration. La vieille n'est pas dupe, elle sait bien que Toïbé ne dort pas, elle ne peut pas fermer l'œil... quelque chose l'en empêche...

« Toïbé ! répète la vieille femme sur un ton plus distinct.

— Que désires-tu, ma mère ? lui répond une voix sanglotante. Tu vas encore réveiller les enfants ! »

La vieille se tait et elle entend Toïbé se retourner dans son lit, le visage enfoui dans l'oreiller.

« Tu m'écoutes, Toïbé ? reprend la vieille après une pause. Ton vaurien de mari va t'abandonner sûrement dans quelques jours... Il a déjà emballé son sac de *talith*... et tu vas rester une *Agouna**, une femme délaissée. Bien sûr, il est dépourvu de judaïsme, c'est le cœur juif qui lui manque... Aussi va-t-il partir sans divorcer. »

De l'autre lit, on entend des sanglots étouffés. La vieille continue à marmonner :

« Tu n'as pas voulu obéir à tes parents... Des bottes cirées t'ont attirée... Zora'h, la mine d'or, tu n'as pas voulu de lui. Les bottes cirées étaient plus à ton goût. Et c'est ainsi que tu as conduit à la tombe ton vieux père... Dieu ne pardonne rien, Dieu règle à chacun son dû... Le Maître de l'Univers... »

Toïbé saute de son lit comme un oiseau blessé, elle met sa jupe et son châle et quitte la maison en courant.

« Et la femme de Zora'h se meurt », continue à marmonner la vieille en laissant tomber sa tête chancelante sur l'oreiller défraîchi. « Si le mari de Toïbé voulait bien divorcer, on pourrait peut-être encore espérer que Zora'h t'épouse... »

Toïbé s'assied sur le tronc. Ses pieds nus touchent le sol, son châle gris et sa robe grise se confondent avec la grisaille de la nuit lunaire... Seul son visage pâle, illuminé par ses yeux flamboyants, ne peut s'arracher à la contemplation de la grande bâtisse blanche et de la petite lumière tremblotante qui se fraie un passage à travers la fente des volets verts...

Mourir, pense Toïbé, n'est rien, strictement rien.

Mais elle s'effraie aussitôt de ses propres pensées, de ses propres paroles, pourvu qu'elle ne les ait pas proférées à un moment néfaste.

« Non, non, il faut vivre, Mirélé ! mumure-t-elle de ses lèvres frémissantes. Que Dieu renouvelle ta vie, et que tu vives cent vingt ans... »

Elle interrompt soudain sa prière, des pensées sombres l'assaillent. Elle a entendu aujourd'hui même que le médecin n'a pas bougé du chevet de Mirélé, et tous ceux qui s'y connaissent l'ont déjà condamnée...

« Dieu seul peut aider, répétait-on. Aussi le cœur de Toïbé se serre-t-il à la pensée que Dieu pourrait peut-être vouloir forcer le destin. Elle craint que le mariage de Zora'h et de Mirélé n'ait pas été écrit. »

Elle pense aussi que lui (son mari) fait bien de partir, car ici on ne trouve vraiment plus de travail...

Il veut aller en Amérique, mais ici Mirélé se meurt... et Toïbé reste ici, et Zora'h aussi reste ici...

Son cœur se met à battre la chamade : surtout pas de divorce ! Pas de divorce !

Cette histoire, le tronc d'arbre me l'a aussi racontée.

NOTES ET RÉFÉRENCES

MÉTAMORPHOSE D'UNE MÉLODIE

1. Les « Airs du Sinaï » sont des mélopées et des chants liturgiques consacrés par la tradition synagogale. En effet, la tradition veut que certains airs, particulièrement touchants, aient été transmis à Moïse, notre Maître, lors de la promulgation de la Tora au mont Sinaï, en même temps que la Tora dite orale. Le Gaon de Vilna, lui aussi, pensait que ces mélodies-là, ainsi que les *Midoth* (dont le sens premier est « mesure » de temps ou de capacité avant de désigner les « vertus » ou les « qualités », ainsi que les mesures de musique) tirent leur origine de la même source.

2. *Kol Nidré* (« tous les vœux »). C'est par des deux mots que commence, la veille du *Kippour*, la prière solennelle que l'officiant récite trois fois de suite. « Tous les vœux que nous pourrions faire depuis ce jour de *Kippour* jusqu'à celui de l'année prochaine (puisse-t-il nous être propice !), toute interdiction ou sentence d'anathème que nous prononcerions sur nous-même, toute privation ou renonciation par simple parole, par vœu ou par serment, que nous pourrions nous imposer, nous les rétractons d'avance. qu'ils soient tous déclarés non valides, annulés, dissous, nuls et comme non avenus ! Qu'ils n'aient ni force ni valeur ! Que nos vœux ne soient pas regardés comme vœux ni nos serments comme serments ! » (*Erech Hatephiloth* ou Rituel de toutes les grandes fêtes à l'usage des Israélites du rite allemand », traduit en français par E. Durlacher, Paris 1949).

L'auteur du *Kol Nidré*, rédigé en langue araméenne, n'est pas connu.

« Dans le *Kol Nidré* il y a à considérer non seulement les paroles, mais aussi la mélodie qui a énormément aidé à préserver le texte. Commencée sur un ton plaintif, la mélodie s'élève en une envolée de plus en plus dégagée et s'achève sur un ton de superbe confiance.

« C'est au VIIe siècle, et en Espagne, que le *Kol Nidré* aurait été composé. Les Barbares (Wisigoths), d'abord tolérants, devinrent fanatiques après leur conversion au christianisme en 586. Tortures infligées aux Juifs pour les obliger à accepter le baptême, comme ce fut plus tard le cas des *Maranes*. C'est à cette époque et à l'occasion de telles conversions que le *Kol Nidré* aurait été composé. A la lumière de cette découverte, on comprend certaines choses bizarres et contradictoires, comme : "prier avec les transgresseurs". Les convertis par force venaient en secret rejoindre leurs frères dans leurs prières et leurs jeûnes. Ceux qui avaient pu garder leur culte demandaient à Dieu et à l'autorité religieuse existante la permission de prier avec les convertis de force qui venaient rétracter les serments qui leur avaient été arrachés par la torture, et les Juifs orthodoxes, de leur côté, retiraient leurs anathèmes et leurs excommunications : "Et il sera pardonné à toute la Communauté d'Israël et même à l'étranger qui séjourne parmi eux, car tout le monde a agi par inadvertance". » (Abraham Elmaleh, *Nouveau Dictionnaire complet hébreu-français.*)

3. « La rose de Jacob ». Symbole du peuple d'Israël. Ce sont les premiers mots d'un chant d'allégresse entonné la veille et le matin de la fête de *Pourim* et qui continue comme suit :

« La postérité de Jacob a fait éclater sa joie en voyant *Mardochée* revêtu de la pourpre. Tu as été leur salut à tout jamais et leur espoir à travers toutes les générations, afin de faire savoir au monde que ceux qui mettent leur espoir en Toi sont à l'abri de la honte. Maudit soit *Haman*, qui avait cherché à nous exterminer ! Béni soit *Mardochée* le Yehoudi (le Juif) ! Maudite soit *Zéréch*, la femme de notre persécuteur ! Bénie soit Esther qui nous a sauvés. Et *Harbona* aussi, honorons sa mémoire ! »

4. En hébreu, cette cérémonie s'appelle *Melaveh malkah*, « Accompagnement de la reine », et est communément paraphrasée en « Accompagnement de la princesse Sabbath », appellation donnée aux chants entonnés après la prière de la *Havdala*, à l'issue du *Chabbath* et pendant la collation qu'on prend par la suite. Dans les milieux 'hassidiques, cette collation se prend en général en compagnie d'un rabbi entouré de ses disciples.

5. Traduit communément par : exil de la Présence divine. Selon le *Midrach*, la *Chekhina* s'est exilée de la terre d'Israël après la deuxième destruction du Temple afin de suivre les captifs juifs dans la Diaspora.

Depuis ce cataclysme national, la transcendance de Dieu semble l'emporter sur son immanence et le *hester panim* (défaveur ou colère divine) s'épaissit de plus en plus. Le *Midrach Tehilim* (*Midrach* sur les Psaumes), intitulé *Cho'her Tov* (celui qui cherche le bien), nous apprend que quand le Saint, béni soit-il, jette un regard sur son monde et voit tous ces théâtres et tous ces cirques et que toutes les nations (à l'exception de son peuple à lui), jouissent de la paix et de la quiétude, tandis que son sanctuaire est en ruine, son courroux s'enflamme contre son univers, et il veut le réduire à néant, ainsi qu'il est écrit : « La terre le voit et elle tremble, les montagnes fondent comme de la cire » (Psaume XCVII, 4).

6. Le Gaon de Vilna pensait, lui aussi, que bien des mystères de la *Tora* se cachent dans certaines mélodies et que celles-ci sont de nature à favoriser une meilleure compréhension du texte sacré de la *Tora* écrite *(Tora chebiktav)* et une plus juste interprétation de certains passages bibliques demeurés obscurs. (Propos rapporté par Israël de Chklov dans sa préface au livre intitulé *Peath Ha-choul'han.*)

7. En hébreu, *Yetser Hara* signifie à la fois mauvaise pensée, penchant au mal, mauvais instinct, génie du mal. On utilise ce terme surtout lorsqu'on parle de la pulsion sexuelle, voire de la lubricité. C'est la Genèse (VIII, 21) qui affirme que « dès la jeunesse de l'homme le mal est l'objet de son cœur ». Dans le *Talmud* (traité *Soucca* 52 a), ainsi que dans le *Zohar* (section *Pékoudé*) le *Yetser Hara* se voit affublé de sept qualificatifs : « méchant », « incirconcis », « impur », « ennemi », « obstacle », « pierre », « septentrional ». Dans le *Midrach Koheleth Rabba*, il est appelé : « le grand roi » ; le *Yetser Hara* est d'autre part identifié à la fois à Satan et à l'Ange de la mort.

Rabbi Nah'man de Bratslav, arrière-petit-fils du *Baal-Chem-Tov*, compare le *Yetser Hara* à quelqu'un qui court au milieu des hommes, en fermant la main pour qu'on ne sache pas ce qu'elle contient. Il séduit les gens en leur demandant : « Que croyez-vous qu'il y a dans ma main ? » Chacun pense qu'elle cache justement ce dont il a envie, et tous courent derrière lui. Mais lorsqu'il s'arrête un instant et ouvre sa main, on s'aperçoit qu'elle est vide. C'est ainsi qu'il trompe le monde. Tous courent derrière lui par erreur. Il dit à chacun : « Ouvre ta bouche toute grande et je te la remplirai » (Psaume XCVII, 4, 5), alors que lui-même manque de tout (cité par Elizer Steinman dans son livre : *Le Jardin du 'hassidisme*, édité par le département de l'Education et de la Culture dans la Diaspora, Organisation sioniste mondiale, Jérusalem. Nous empruntons cette citation à la traduction de Pascal Themanlys, éditée par la même organisation).

8. Chez les *'Hassidim*, le mot *Tsaddik* (littéralement pieux, juste, vertueux) est devenu synonyme du titre *Rebbé* (Maître) dont ils parent leurs guides spirituels. Ce sont des personnages investis d'un pouvoir charismatique qui leur permet d'intercéder auprès de l'Eternel, non seulement pour tout ce qui touche au bien-être moral de leurs disciples, mais encore à leurs besoins matériels.

TOUJOURS MOINS HAUT

9. « Qui sait si le souffle des fils de l'homme s'élève vers le haut et si le souffle des bêtes descend en bas vers la terre ? » (*Ecclésiaste*, III, 21).

10. Conformément au commandement biblique (*Exode*, XII, 15) : « Sept jours durant, vous mangerez des pains azymes. Dès le premier jour vous ferez disparaître le levain de vos maisons, car quiconque mangerait du pain levé, du premier jour au septième jour, cette personne serait retranchée d'Israël. »

11. *Pourim* est le pluriel du mot *pour* (sort), mentionné dans le *Rouleau d'Esther*, III, 7 (en hébreu, *Meguilath Esther*). C'est donc la fête des « sorts » qu'on célèbre le quatorzième du mois d'*Adar* (nom du deuxième mois du calendrier juif, correspondant à février-mars). Elle commémore la délivrance des Juifs obtenue par l'intervention d'Esther et de Mardochée au temps du roi des Perses Assuérus (Xerxès), conformément au « Rouleau d'Esther » : « Et on expédia des lettres à tous les Juifs dans les cent vingt-sept provinces de l'empire d'Assuérus, comme un message de paix et de vérité, à l'effet d'instituer ces jours de *Pourim* à leur date, comme le Juif Mardochée et la reine Esther les avaient acceptés pour leur compte et pour le compte de leurs descendants, en ce qui concerne les jeûnes et les supplications y afférentes » (*Esther*, IX, 30-31).

12. *Lévitique*, XIX, fin du verset 18 : « Tu aimeras ton prochain comme toi-même. »

LES RÉCITS DE RABBI NA'HMAN'KÉ

13. « Fils du Palais » (céleste). Chant entonné pendant le troisième repas de *Chabbath*. Il fut composé par Rabbi Yits'hak Louria Achkenazi, fondateur de la *Kabbala Ma'assith* (Kabbale dite « pratique »), surnommé *Ari Hakadoch* (Le « Saint Lion »), né à Jérusalem, mort à Safed en 1572.

14. Il s'agit de Rabbi Israël ben Eliéser, appelé par ses disciples *Baal-Chem-Tov* (1698-1760) ou *Becht*, qui est le fondateur du mouvement 'hassidique. *Baal-Chem-Tov* signifie : « Maître du Bon Renom » ou plutôt « Maître du Bon Nom », c'est-à-dire celui qui sait comment il faut méditer le tétragramme ou du moins de quelle façon il convient d'invoquer les autres noms divins — grâce à quoi il est possible, selon la doctrine de la *Kabbala Ma'assith*, dite « pratique », d'accomplir toutes sortes de miracles, comme, par exemple, de guérir des maladies incurables, d'exorciser des possédés, de porter remède à la stérilité des femmes, d'intercéder auprès de Dieu en faveur des Juifs persécutés, et, en général, de répandre la bénédiction sur tous ceux qui le méritent. Le *Becht* enseigne qu'on sert Dieu dans la joie et dans l'allégresse bien mieux que dans le « tremblement » et dans la crainte, et ceci en obéissant au verset 2 du Psaume C : « Adorez l'Eternel avec joie, présentez-vous devant lui avec des chants d'allégresse. »

15. Allusion à la prescription du Pentateuque qui ordonne de

consacrer à Dieu « toutes prémices des entrailles parmi les enfants d'Israël, soit homme, soit animal » (*Exode*, XIII, 2).

16. Etudier la Tora pour elle-même veut dire l'étudier dans un but désintéressé, sans s'attendre à être récompensé d'une façon quelconque et sans même s'enorgueillir.

17. Il s'agit de *Tikoun'htsoth*, qui constitue un ensemble de prières et de complaintes qu'on récite à minuit, — chez soi ou à la Maison de prières, en commémoration de la destruction du Temple. Parmi ces prières, figure aussi le verset émouvant du Psaume CXXXVII : « Près des fleuves de Babylone, c'est là que nous étions assis et que nous pleurions en nous souvenant de Sion. »

18. Depuis la destruction du Temple, nombreux furent ceux qui se livrèrent à des calculs mystiques pour prédire la date de l'avènement du Messie. Dans la littérature talmudique et midrachique, une grande place est faite au problème de la délivrance des Juifs de leur exil, préoccupation constante de l'ensemble du peuple juif. On donna à cette préoccupation le nom de *hichouv-haketz* (calcul de la fin) et à ceux qui s'adonnaient à cette opération, pour ainsi dire pré-apocalyptique, celui de *me'hachvé Kitzin* (calculateurs des fins dernières).

Quant à la possibilité même de prévoir la date de la venue du Messie, plusieurs opinions divergentes surgirent tout le long de l'histoire juive. Les opérations de ce singulier « calcul », mentionnées dans le *Talmud*, peuvent être réparties en quatre groupes :

1. Il n'est presque pas possible de fixer avec précision la date de l'apparition du « Fils de David » (le Messie), si ardemment attendu, ni même celle du « Fils de Yossef » (le Messie précurseur) qui succombera pendant la guerre de Gog et Magog, mais il n'est pas illicite pour autant de chercher dans le livre de Daniel les indices permettant de deviner l'année exacte de la « fin ».

2. Nul n'est en mesure de pénétrer cet épais mystère et tous ceux qui se vouent à de telles recherches sont hautement blâmables.

3. D'autres visionnaires messianiques sont d'avis qu'on peut parfaitement déceler dans certains passages des Saintes Ecritures le fin mot de l'énigme, à condition toutefois qu'on pratique avant et pendant l'exploration de l'avenir une ascèse des plus austères et qu'on interprète les données fournies par l'Ecriture sur ce sujet ardu selon toutes les règles mystiques combinatoires de la permutation des lettres hébraïques.

4. Tout calcul dans ce domaine est vain, nul et non avenu. Tous ceux qui partagent cette opinion se rangent à l'avis de Rabbi Zéra, maître du Talmud du IIIe siècle, qui disait : que « trois choses arrivent sans que nous y prenions garde : le Messie, une trouvaille et un scorpion » (Traité *Sanhédrin*, 97 a).

Selon le *Zohar 'Hadach* (section *Béréchith*) le Saint, béni soit-Il, dit que « ceux qui calculent la date de la venue du

Messie sont insensés ». Quoi d'étonnant dès lors si le *Yalkout Chiméoni 'Habakouk* les voue à la mort ?

Pour comprendre l'état d'âme de ceux qui, au cours des âges, se livrèrent à la recherche de l'avènement messianique, il est indispensable de lire l'ouvrage érudit de G. Scholem, *Le Messianisme juif*.

LUI DE MÉMOIRE BÉNIE ET SES PROCHES

19. Dans le traité *Soucca* 52 a, cette maxime est formulée comme suit : *Kol hagadol me'havero Yitsro gadol miménou* (celui qui est plus grand que son prochain, son mauvais penchant est aussi plus grand).

20. Au sens étroit, *Tora* (ou Pentateuque) signifie : enseignement, doctrine, Loi et désigne les cinq livres de Moïse : Genèse, Exode, Lévitique, Nombres, Deutéronome. Le Pentateuque s'appelle aussi *Tora écrite*. Il contient, en plus de la législation mosaïque qui en forme la partie centrale, le récit de la création du monde, l'histoire primitive de l'humanité, ainsi que celle des patriarches et des Hébreux, jusqu'à leur arrivée dans la terre promise. Au sens général, le terme *Tora* englobe l'ensemble de l'enseignement et des traditions juives. Dans le contexte du conte d'I.-L. Peretz, il s'agit surtout de la *Tora* dite « orale » *(Tora Chebeal peh)*.

C'est ainsi que s'appelle l'ensemble du Talmud qui englobe la *Michna*, la *Guemara*, ainsi que ses nombreux commentaires. Il existe deux rédactions du Talmud : celle de Jérusalem *(Talmud Yerouchalmi)* et celle de Babylone *(Talmud Bavli)*. La première fut rédigée par Rabbi *Yo'hanan Bar Naf-'ha* (aux environs du IIIe siècle) et la seconde par *Rav Achi* et *Ravina* (aux environs du Ve siècle). La *Michna* est un recueil de lois, de traditions et de décisions rabbiniques. Elle se compose de quatre parties : *Moëd* (concernant le *Chabbath* et les jours de fête), *Nachim* (concernant les lois du mariage), *Nezikim* (s'occupant des lois civiles et criminelles), *Kodachim* (traitant des prescriptions relatives aux sacrifices et à tout ce qui s'y attache).

On distingue dans le Talmud deux parties : l'une appelée *Halakha* (norme, loi), c'est-à-dire celle qui a trait à la vie religieuse dans toutes ses manifestations, et qui en fixe minutieusement les règles et les applications ; et l'autre, homilétique, appelée *Aggada*. Celle-ci constitue un ensemble de contes, légendes, apologues, paraboles, mythes, chroniques, et une foule de considérations de toute sorte.

La *Aggada* occupe environ un tiers du Talmud mais elle n'engage ni la pensée, ni le comportement juifs, suivant l'opinion exprimée dans le Traité *Péah* (Talmud de Jérusalem) : « on ne tire aucun enseignement de l'étude de la *Aggada* » bien que, d'autre part, *Sifri* (section *Ekev*) nous conseille vivement de prêter toute notre attention à la *Aggada* « si tu veux, y dit-on, connaître Celui qui a dit "et le monde fut", apprends la *Aggada* ; car en l'étudiant tu vas Le connaître et tu pourras Le suivre dans toutes ses démarches ».

21. *Veyatzma'h Pourkaney* veut dire « qu'Il fasse germer Son Salut et qu'Il hâte la venue de Son Messie ». Ces deux mots furent introduits par les *'Hassidim* dans la prière de *Kaddich* (prière pour le repos de l'âme des morts), conforme au rite *sépharade* qu'ils avaient adopté. Ces deux mots irritèrent au plus haut les adversaires des *'Hassidim*, les *Mithnagdim*, qui n'admettaient aucune modification dans le rite *ashkenaze* en usage en Europe centrale et en Europe de l'Est.

Si le rite *sépharade* fut adopté par les *'Hassidim*, c'est parce qu'ils y voyaient une profusion de mystères hautement kabbalistiques, mystères sur lesquels Rabbi Yits'hak Achkenazi avait beaucoup insisté. Ces « Mystères des Mystères » *(razine d'razin)* ne se révèlent, selon la doctrine lurianique, constituant le fond même de l'enseignement 'hassidique, qu'à celui qui se conforme au rite *sépharade*, c'est ce rite-là qui, selon les *'Hassidim*, confère à la prière sa plénitude mystique. La prière peut dès lors s'appuyer sur les noms divins qui, eux, se trouvent en contact permanent avec les *Dix séfiroth* (les dix degrés de l'émanation divine), et fait agir celles-ci en faveur de tous ceux qui épanchent leur cœur en s'adressant trois fois par jour à l'Eternel.

Il n'est pas facile d'expliquer la raison pour laquelle l'ardent vœu formulé dans le *Kaddich* que Dieu « fasse germer Son salut et qu'Il hâte la venue de Son messie », conformément au rite *sépharade* a pu dresser contre les *'Hassidim* d'une façon aussi farouche leurs adversaires, les *Mithnagdim*. Il est vrai que les deux mots *veyatzma'h pourkaney* n'étaient pas la seule cause de l'hostilité que les *'Hassidim* suscitaient. Le rite *sépharade* comporte encore quelques autres déviations par rapport au rituel *ashkénaze*, à tout bien considérer, minimes, tant dans le texte du rituel lui-même que dans l'ordre dans lequel les prières se succèdent.

La susceptibilité des *Mithnagdim* tient à ce qu'ils étaient attachés depuis des siècles à leur rite *ashkenaze* et qu'ils ne voyaient aucune raison de le modifier, même si le rite *sépharade*, à ce que prétendaient les *'Hassidim*, recouvrait de profonds mystères.

De plus, le rite *ashkénaze* est, lui aussi, paraît-il, parcouru d'allusions kabbalistiques. C'est le *Hatam Sopher* (de son vrai nom Moché Sopher) qui l'affirme dans sa préface à un Rituel *ashkénaze* : « Notre rituel, à nous, *ashkénazim*, écrit-il, fut fondé, lui aussi, sur la base du *Sod* (mystère), mais l'*Ari*, qui était d'origine *sépharade*, découvrit le premier les mystères de la prière, et ce selon le rite *sépharade*. S'il s'était trouvé parmi les *ashkénazim* un kabbaliste de l'envergure du *Ari*, il aurait sans doute pu, et depuis longtemps, révéler dans notre rite *ashkénaze* également, et il ajoute : « Aussi devons-nous remercier Dieu d'avoir envoyé dans notre génération cette grande lumière qu'est le Gaon, rabbi Eliahou de Vilna. Il découvrit ces saints mystères des sphères supérieures dans le rite *ashkénaze*. » (Propos rapportés par Betsalel Landau dans son ouvrage *Le Gaon ha'hassid de Vilna*, Jérusalem, 1966).

Il s'ensuit donc que le rite *ashkénaze* n'avait plus rien à envier au rite *sépharade* et que les *'Hassidim* qui habitaient tous dans les pays dans lesquels le rite *ashkénaze* seul était de rigueur n'avaient aucune raison valable pour l'échanger contre le rite *sépharade*.

22. « Maximes des Pères », 1, 6.

23. *Nombres*, XIV, 4. La deuxième moitié de ce verset « et retournons en Egypte » n'est naturellement pas retenue par un *'Hassid* en quête d'un rabbi miraculeux conforme à ses goûts et à ses besoins d'ordre spirituel.

24. Psaume CXV, 6.

25. En effet, les *'Hassidim* mettent l'accent surtout sur le comportement de leur rabbi, et non pas tellement sur la conception du monde ou sur l'intelligence qu'il aurait pu acquérir de tel ou tel verset de la Tora. Le *'Hassid* est avant tout soucieux d'adopter un style 'hassidique approprié. Aussi Rabbi Leib, fils de Sarah, et élève du *Magguid* de Medzriton (successeur du *Baal-Chem-Tov*) avait-il coutume de dire : « Je ne me suis pas tant rendu chez le saint Rabbi pour entendre la doctrine de sa bouche que pour voir comment il attache les nœuds de ses souliers. »

Reb Leib, fils de Sarah, est une des figures les plus populaires du monde 'hassidique. Il fut considéré comme un *Tsaddik* des plus authentiques et comme un des proches disciples du *Baal-Chem-Tov*. Il est né en 1720 à Rovno. On le tenait pour un des Trente-Six Justes et il est le héros de plusieurs récits 'hassidiques. Selon la légende, ses pérégrinations le menèrent jusqu'à Vienne, capitale de l'Autriche, où il plaida la cause des Juifs auprès des membres influents de la Cour. D'après une autre légende 'hassidique, il se serait fait invisible pour pouvoir pénétrer dans le palais de l'empereur Joseph II, afin de le supplier de révoquer le décret instituant l'instruction obligatoire, décret jugé néfaste par les milieux 'hassidiques car il ne pouvait, selon eux, que conduire les Juifs à l'assimilation.

26. *Les Mémoires du Lubavitcher Rabbi* (édité par le « Merkos l'Inyonei Chinuch », Brooklyn, N. Y. - Paris IVe - 1963, pp. 116-117) offrent le portrait d'un Juif d'une semblable probité à toute épreuve : « Quand Yossé sentit sa mort prochaine, il appela trois de ses amis à son chevet et leur remit le peu d'argent qu'il avait réussi à économiser durant sa vie. Il leur indiqua également l'endroit où ils trouveraient les *Takhrikhime* (linceuls) qu'il avait cousus pour lui et sa femme. L'argent devrait couvrir les frais des funérailles, dit-il. Je ne voudrais pas que d'autres aient à dépenser quelque chose pour nous. Quant au cercueil, vous le ferez du bois de cette table. Qu'elle me soit témoin que je n'ai jamais utilisé du *chaatnez* pour aucun vêtement, et que je n'ai jamais fait payer à un client

plus que je n'aurais dû, ou omis de rendre le tissu qui restait après la confection des habits. »

27. « Ne t'habille pas d'une étoffe mixte, mélangée de laine et de lin » (*Deutéronome* XXII, 11).

28. Nom d'un ouvrage de piété très populaire parmi les Juifs de l'Europe de l'Est, composé par Rabbi Tsévi Hirch Koïdanover au début du XVIIIe siècle.

29. La « Porte des Ordures » (une des portes du parvis du Temple) est mentionnée dans le *Livre de Néhémie*, XII, 31 : « Je fis monter les chefs de Juda sur la muraille et j'y plaçai deux grands chœurs avec des cortèges, l'un allant à droite, sur la muraille, vers la Porte des Ordures. »

30. Les « Portes des Larmes », elles, en revanche, sont un produit de l'imagination religieuse, et elles ne donnent accès qu'au cœur compatissant des maîtres du Talmud. Aussi déclarent-ils que « bien que les portes de la prière aient été fermées, les Portes des Larmes, elles, n'ont pas été fermées » (traité *Babba Metsia* 59 a et *Bera'hoth* 32 a).

Quant au *Zohar*, section *Chemoth (Exode)* 245 b, il nous donne une foule de détails sur la « Porte des Larmes » qui est « gardée par le Saint, béni soit-Il, Lui-même ». Elle est ouverte, y lit-on, trois fois par jour et s'ouvre aux larmes des pénitents, qui y sont recueillies. Alors que toutes les portes du ciel se ferment, celle-ci cède aux larmes. Un Ange du nom de Ramiël, placé sur une roue soutenue par six cents *Hayoth* puissantes, cueille ces larmes et en fait une couronne. Les larmes qui ont été versées et en haut et en bas sont toujours gardées intactes. Car en haut aussi on a versé des larmes, ainsi qu'il est dit : « Les anges ont gémi dehors et les anges de paix ont pleuré amèrement » (*Isaïe*, XXXIII, 7). Ces larmes sont mêlées à celles qu'on verse à la mort d'un juste et d'un pieux. Mais, aux temps futurs, « Dieu effacera les larmes de toutes les faces, [c'est-à-dire les larmes d'en haut] et il enlèvera l'opprobre de son peuple » (*Isaïe*, XXV, 8).

« Les larmes d'en haut » sont celles qui furent versées, selon *Isaïe*, XXXIII, 7, par les *Erélim* (anges, archanges) lors de la destruction du Temple, et l'« opprobre » dont parle le prophète Isaïe est celui causé (selon le célèbre commentateur de la Bible Rabbi *D*avid *K*im'hi de Narbonne, appelé RaDaK) par la situation tragique faite aux Juifs dans la diaspora.

31. *Cholem Aleikhem* (« Paix sur vous », en prononciation *ashkénaze*, en usage chez les Juifs de l'Europe centrale et de l'Europe orientale), et non pas *Chalom Aleikhem* (en prononciation *sépharade*), afin de ne pas enlever à cette formule de salutation son caractère yiddish familier.

32. *Exode*, XXX, 1.
33. Voir *Nombres*, XXVII, 17.
34. Voir *Rois*, II, chapitre IV.

UN ENTRETIEN

35. Il s'agit de la célèbre dynastie 'hassidique fondée par Rabbi Mena'hem Mendel de Kotzk, Pologne (1787-1859). Il s'est rendu célèbre par son interprétation originale de la doctrine 'hassidique. Pendant les dernières années de sa vie, il s'enfermait dans sa chambre et ne voulait entretenir aucun contact avec le monde extérieur. C'est à coup de malédictions qu'il chassa ses disciples les plus fidèles qui tentaient de l'approcher, les accusant de n'avoir rien compris à ses préoccupations mystiques tendant à « rehausser les cieux et à les élargir le plus possible, afin de ne pas se sentir à l'étroit dans le monde d'ici-bas qui n'est que l'antichambre de celui d'en-haut ». Il ne voulut plus intercéder auprès de l'Eternel en faveur d'un « troupeau » de 'Hassidim qui, selon son expression, ne visait pas assez haut et ne demandait au rabbi que *Bné, Haye, oumzoney* (avoir des enfants, se maintenir en bonne santé et gagner leur croûte).

I.L. Peretz s'inspira de ce rabbi singulier pour créer le héros principal de sa pièce de théâtre *La Chaîne d'or*. L'écrivain yiddish bien connu J. Opatoshou fit de même pour son roman *Dans les forêts de Pologne* (Présences du Judaïsme, Albin Michel).

36. Il s'agit là de la dynastie 'hassidique non moins célèbre, la dynastie dite belzéenne (c'est-à-dire de Belz, petite ville polonaise). Son fondateur, Rabbi Chalom Rokéa'h, se distingua par son pouvoir de provoquer toutes sortes de prodiges et par sa grande piété.

37. Voir *Midrach Berechith Rabba*, 10, section 7.

38. *Deutéronome*, XXIII, 16.

39. *Kavanoth* en Kabbale signifie : concentration, introspection, méditation mystique.

40. Dans le traité *Taanith* IIa, il est question du *nazir* (qui fait vœu de ne pas boire de vin). S'il s'impose en outre de multiples jours de jeûne successifs, il est traité de pécheur. Rabbi *Elazar Hakapor* en déduit que celui qui s'inflige des privations supplémentaires doit à plus forte raison être considéré comme pécheur.

41. *Deutéronome*, XVI, 14.

42. « Verse ton courroux sur les peuples qui ne te connaissent point et sur les royaumes qui n'invoquent pas ton nom, déverse sur eux ton indignation, que l'ardeur de ta colère les atteigne, car ils ont dévoré Yacob, et ils ont dévasté son domaine » (Psaume LXXIV, 6) ; « Déverse sur eux ton indignation, que l'ardeur de ta colère les atteigne ! » (Psaume LXIX, 2-5) ; « Tu les poursuivras en colère et tu les extermineras des cieux de l'Eternel » (*Eikhah, Les Lamentations*, III, 66). Ces trois versets sont reproduits dans la 'Haggada (récit de l'Exode des Juifs d'Egypte) et sont récités par les participants à la cérémonie de la soirée pascale.

43. Il est d'usage d'ouvrir la porte avant l'exclamation « Verse ton courroux », pour marquer qu'il s'agit bien d'une véritable *Leil chimourim* (nuit de veillée), c'est-à-dire d'une nuit pendant laquelle Dieu lui-même veille sur Israël où personne, par conséquent, ne doit avoir peur de personne. Reb Zorah voudrait ouvrir la porte au moment où l'on dénombre les plaies d'Egypte, afin que les non-Juifs écoutent et entendent distinctement ce qui s'est passé jadis en Egypte, qu'ils en conçoivent de la crainte et qu'ils cessent d'opprimer leurs voisins juifs.
44. Traité *Pessa'him* 6b : *Ein Moukdam ouméou'har batora*.
45. *Osée*, IX, 1.

LE « POROUCH » ET L'OURS

46. Le mot *Kabbale* signifie au sens propre : transmission, réception, acceptation, mais en *Kabbale* en tant que doctrine, on désigne par ce terme tout un système d'interprétation mystique de la Bible (« Ancien Testament »), et plus particulièrement celle du Pentateuque, du prophète Yé'hezkiël et du *Cantique des Cantiques*. La *Kabbale* englobe l'ensemble des doctrines, « théosophiques », juives qui se seraient transmises, au fil des générations, de bouche à oreille, depuis Adam jusqu'aux Prophètes, puis de ceux-ci aux *Tanaïm*, c'est-à-dire aux maîtres du Talmud, en particulier à *Rabbi Chiméon bar Yo'haï* qui vivait au début du IIe siècle de l'ère chrétienne. Aussi ce dernier figure-t-il dans la tradition comme étant l'auteur du *Sépher Hazohar*.
47. En *Kabbale* le mot *chem* (nom) désigne le nom de l'ange que l'on invoque au cours d'une méditation mystique dans le but d'être investi par lui d'un pouvoir surnaturel et de devenir ainsi apte à produire toutes sortes de miracles et de prodiges.

« ÉCOUTE ISRAËL » OU LA CONTREBASSE

48. Traité *Baba Bathra 9a*. Cette règle y est formulée de la façon lapidaire que voici : *Ein Bodkin limzonoth*.
49. La fête de *'Hanoukka*, ou fête des Lumières, commence le 25 *Kislev* (nom du neuvième mois du calendrier juif, correspondant à novembre-décembre) et se prolonge pendant huit jours. Elle fut instituée en souvenir de la restauration du Temple par les *Maccabéens* ou *Hasmonéens*, en l'an 164 avant l'ère chrétienne. Antiochus Epiphane, roi de Syrie, avait envahi le pays d'Israël, souillé le Temple, puis remplacé le culte des Hébreux par celui des idolâtres grecs. Malgré l'indifférence, la veulerie ou la lâcheté d'une multitude de Juifs, entraînés par la force ou la ruse à l'idolâtrie, une poignée d'irréductibles décida de résister à cette terrible épreuve. Mattathias et ses fils,

connus sous le nom de *Maccabéens* ou *Hasmonéens*, se mirent à la tête de ceux qui voulaient à tout prix rester fidèles à la tradition et à la religion transmises par leurs ancêtres. Après quelques combats victorieux, ils réussirent à s'emparer de la ville de Jérusalem, purifièrent le Temple et firent construire un nouvel autel.

D'après une tradition talmudique (traité *Chabbath 21 b*), on allume les bougies de *'Hanoukka* en commémoration du miracle qui se produisit alors. Les Grecs avaient rendu impure l'huile qui se trouvait dans le Temple ; après de longues recherches, on ne trouva qu'une seule fiole d'huile portant le cachet du Grand-Prêtre. Or, ce peu d'huile, qui ordinairement n'aurait suffi que pour une seule journée, alimenta le candélabre pendant huit jours. Le premier soir de *'Hanoukka*, on allume une lumière à l'extrême droite de la *'hanoukia* (lampe de *'Hanoukka*) et chaque soir, on ajoute une lumière de plus, toujours de droite à gauche. Et ceci pendant les huit soirées que dure la fête...

LE TRÉSOR

50. « Gott foun Avrom » (Dieu d'Abraham) est une prière récitée en langue yiddish par les femmes à l'issue du *Chabbath*.

LES YEUX BAISSÉS

51. En hébreu dans le texte : « Moïse nous a prescrit une *Tora*, c'est un legs pour l'assemblée de Jacob » (*Deutéronome*, XXXIII, 4).

LES FIANCÉS

52. Sarah, fille de Touvim, était un des plus populaires auteurs de *Té'hinoth* (suppliques, supplications). Jusqu'à la Seconde Guerre mondiale, ses *Té'hinoth* constituaient pour beaucoup de femmes juives d'expression yiddish un « remède pour le corps dans le monde d'ici-bas et dans celui de l'au-delà ».

Bon nombre d'épouses juives, de toutes les couches sociales du *Chtetl* (petite bourgade), accablées qu'elles étaient par la misère et par les calamités de toute sorte, et surtout par les soucis d'un gagne-pain quotidien, ne manquaient jamais d'y avoir recours le *Chabbath*, les jours de fête et même les simples jours de semaine. La lecture de ces *Te'hinoth* émouvantes dans lesquelles il était question entre autres des souffrances subies par la *Chekhina* (présence divine) et plus particulièrement des larmes que la récitation de ces « supplications » faisait couler, constituait la vertu curative du « remède » miraculeux déjà mentionné.

53. « Sortez et regardez. » C'est ainsi que commence le verset 11 du chapitre III du *Cantique des Cantiques* : « Sortez et regardez, filles de Sion, le roi Chlomoh, avec la couronne dont l'a couronné sa mère au jour de ses fiançailles et au jour de la joie de son cœur. »

C'est aussi le titre d'un des livres les plus populaires de la littérature yiddish. Il contient nombre de dissertations sur les cinq livres de Moïse, des fragments du *Cantique des Cantiques*, de Ruth, d'*Eikhah (Les Lamentations)*, de l'*Ecclésiaste*, d'*Esther*, ainsi que les *Haftaroth* (chapitres tirés des Prophètes qui sont récités après la lecture publique de la Tora). On trouve aussi dans ce livre de compilation, composé à l'usage exclusif des femmes qui ne savaient pas lire la « langue sainte », l'hébreu, de nombreuses légendes talmudiques et midrachiques, ainsi que le récit émouvant de la destruction du Temple. L'ouvrage a pour auteur Rabbi Jacob ben Yits'hak Achkénazi, de Yanov, Pologne, né au milieu du XVIe siècle et mort en 1626 environ. Durant plus de trois siècles, le livre *Tsenna Ouréna* était presque la seule lecture des femmes juives dans les pays de l'Europe de l'Est.

PARTIR ENSEMBLE

54. Il s'agit du *Ma'avar Yabok* (gué de Yabok), mentionné dans *Genèse*, XXXII, 23) que Jacob fit traverser à sa famille, à ses serviteurs et à ses troupeaux avant d'être attaqué par un Ange (identifié par le célèbre commentateur Rachi au « Génie », c'est-à-dire au protecteur céleste de son frère Esaü), combat qui finit par la victoire de Jacob. C'est en se référant à cet événement mémorable qui eut pour résultat le changement du nom de Jacob en celui d'Israël, que *Rabbi Aarom Berekhiah de Modène* intitula son livre de prières et de méditations, à l'usage des malades, des agonisants et des personnes en deuil, *Ma'avar Yabok*. Le passage du « gué de Yabok » est devenu le symbole du passage de ce monde-ci à l'au-delà.

MIRACLES EN HAUTE MER

55. Phrase empruntée à la liturgie du *Moussaf* (seconde partie de la prière du matin) du nouvel An juif, notamment au passage où il est question du verdict prononcé en ce jour par le Tribunal céleste pour la nouvelle année concernant les uns et les autres : « qui vivra et qui mourra ; qui arrivera au terme ordinaire de la vie humaine et qui n'y arrivera pas ; qui périra par le feu et qui périra par l'eau ; qui mourra par le glaive et qui mourra de faim ; qui sera enlevé par une tempête et qui sera enlevé par une épidémie ; qui mènera une vie paisible et qui mènera une vie inquiète », etc.

LE TABLIER

56. I *Samuel*, II, 8 : « Il relève le pauvre de la poussière et du fumier, il fait remonter l'indigent. » (On trouve dans le Psaume CXIII, 7 un texte identique.)

57. Par le terme *Dibbouk* (pluriel : *Dibboukim*), on désigne l'âme d'un défunt condamnée à errer sans répit entre ciel et terre sans trouver nulle part de repos, jusqu'au moment où elle réussit à s'emparer du corps d'un être vivant. Dans le conte d'I.L. Peretz « Le tablier », c'est l'« âme pécheresse » de la jeune fille Malka qui devient un *Dibbouk* et qui s'incarne dans le corps de Sorélé.

Le *Dibbouk* s'agite, se démène et perturbe profondément l'être possédé par lui. Ainsi, le *Dibbouk* fait hurler Sorélé d'effroi et de terreur au point de la rendre étrangère à elle-même. Le *Dibbouk* ne lâche sa proie que par un acte d'exorcisme opéré sur lui par un rabbi miraculeux, à l'aide d'incantations au cours d'une cérémonie destinée à le chasser définitivement de la personne physique ébranlée.

Dans sa légende dramatique, *Le Dibbouk*, Ch. Anski (de son vrai nom Chlomoh Rappaport, né en Russie en 1863 et mort en 1920), ami et admirateur d'I.L. Peretz et grand connaisseur du folklore yiddish, a mis en scène un de ces *Dibboukim* dont l'action se passe dans une petite bourgade 'hassidique tout à fait semblable à celle où se déroule l'histoire de la pauvre Sorélé. A un détail près : *Le Dibbouk* de Ch. Anski ne se présente pas comme étant l'âme d'une jeune fille pécheresse, mais comme celle d'un élève d'une *Yéchiva* (école talmudique), envoûté par l'étude de la *Kabbale* dite « pratique », étude dans laquelle le jeune homme s'était lancé de tout son être, délaissant quelque peu les *in-folio* talmudiques. Le même thème est traité par I.L. Peretz dans sa ballade « Monich ».

On sait que la doctrine de la métempsychose, c'est-à-dire la migration des âmes nues *(néchamoth artélaïne)*, est à l'origine de la croyance populaire au *Dibbouk*. Le *Guilgoul*, c'est le passage d'une âme d'un corps qui a rendu son dernier souffle dans celui d'une personne vivante, homme ou femme, ou même dans celui d'un animal quelconque. Dans les cas graves, l'âme du pécheur peut même chercher refuge dans le végétal.

Pour mettre fin à ses tribulations à travers l'espace, le *Dibbouk* cherche à se revêtir, pour employer une expression hébraïque, d'un corps de femme ou d'homme, selon le cas.

Le jeune talmudiste doublé d'un apprenti kabbaliste, tel qu'il est dépeint par Ch. Anski, était tombé amoureux d'une jeune fille dont il était obligé de se séparer. Il en meurt, il meurt d'un mal d'amour « aussi fort que la mort », selon l'expression du *Cantique des Cantiques*.

Dans *Le Dibbouk* de Ch. Anski, tout comme dans « Le

tablier » d'I.L. Peretz, c'est un *Tsaddik* thaumaturge, un rebbé 'hassidique, qui exorcise la possédée. Le *Dibbouk* est finalement contraint de quitter le corps de Sorélé. « Mais quand on souleva le drap noir, on découvrit que Sorélé était morte. »

Le Dibbouk de Ch. Anski tint la scène un bon nombre d'années avant la Seconde Guerre mondiale, dans les théâtres yiddish en Pologne et aux Etats-Unis. Dans la version hébraïque de cette pièce, adaptée par le grand poète *Haïm Na'hman Bialik, Le Dibbouk* fut monté par le théâtre hébreu *Habima* et remporta un très grand succès.

Il existe aussi une version française du *Dibbouk*, adaptée par Nina Garfunkel et Arié Mambuch (éditée par *L'Arche*, répertoire pour un théâtre populaire, n° 6, Paris, 1957), et deux autres dont l'une est adaptée par Edmond Fleg.

58. En hébreu dans le texte. *Lévitique*, XXV, fin du verset 36.

59. En hébreu dans le texte. Expression empruntée au verset 20 du chapitre XXVIII de la *Genèse*.

60. En hébreu dans le texte. Propos de *Hillel* dans les « Maximes des Pères », chapitre I, 14.

61. *Ein Yacob* (« L'Œil de Jacob ») est le titre d'un important ouvrage de sentences et de légendes talmudiques recueillies et commentées par le Rabbin Jacob (fils de Chlomoh) Ibn Habib, originaire d'Espagne (né à Zamora, en Castille, mort en 1516 environ). L'expulsion des Juifs d'Espagne l'obligea, lui et son jeune fils Lévi, à quitter leur ville natale. Ils s'installèrent à Salonique. C'est là qu'il rédigea l'*Ein Yacob*, qui est une compilation des *aggadoth* (légendes, historiettes, paraboles, etc) talmudiques en y ajoutant les commentaires de *Rachi*, des *Tossafistes* (savants juifs du nord de la France qui continuèrent l'œuvre immense commencée par *Rachi*), de *Rabenou Moché, fils de Na'hman* (connu sous le nom de *Ramban*, en français : Na'hmanide) et d'autres exégètes, ainsi que ses propres commentaires sous la rubrique : « amar hakotev » (l'auteur dit). Dans son introduction, l'auteur déclare que le but de son ouvrage n'était pas de fournir un recueil d'*aggadoth* à l'usage des prédicateurs seulement, mais de réunir tous les textes qui traitent des principes de la foi, de la pénitence, des bonnes vertus, etc.

Ibn Habib n'a pas pu mener à bonne fin son œuvre et c'est son fils qui publia le second tome de ce livre, sans l'index et les commentaires de son père.

Edité pour la première fois à Salonique en 1516, *Ein Yacob*, livre populaire par excellence, fut affectionné par tous ceux qui n'étaient pas des talmudistes chevronnés et ne pouvaient par conséquent se diriger tout seuls dans le vaste labyrinthe du Talmud.

Ein Yacob a paru en plusieurs éditions sous le titre de *Ein Israël* à cause de la censure imposée par le Pape.

62. En hébreu dans le texte. Phrase empruntée au verset 31 du chapitre XXXIV de la *Genèse*.

63. Dans le Psaume XLVI, 8, il est dit : « Dieu Tsébaoth est

avec nous » (Le mot *Tsébaoth* est couramment rendu par « armées »).

64. Il s'agit de *Rabbi Meïr*, surnommé *Baal Haness* (Rabbi Meïr le Miraculeux).

65. La Lampe Permanente dont il est question dans *Exode* XXVII, 20.

LE PRESTIDIGITATEUR

66. L'expression araméenne *Sithra a'hra*, l'autre côté, désigne, en *Kabbale*, le domaine démoniaque et tout ce qui a trait à la magie, à la sorcellerie, c'est-à-dire aux puissances mauvaises qui se trouvent en lutte perpétuelle contre le domaine du Bien.

LES FOUS

67. En hébreu dans le texte. *Ecclésiaste*, I, 7.
68. En hébreu dans le texte : *Hidouché Tora*.
69. Mentionné dans *Nombres*, XXI, 33, dans *Deutéronome*, III, 11, dans *Josué*, IX, 10, et dans le Psaume CXXXVI, 20. Au temps des pérégrinations des fils d'Israël dans le désert, le roi de Bachan et son peuple les attaquèrent subitement, mais ils furent battus près de leur capitale, Adrey : « Et L'Eternel, notre Dieu, livra donc aussi en notre main *Og*, roi du Bachan et tout son peuple. Nous les battîmes au point qu'on ne leur laissa pas un survivant. En ce temps-là, nous prîmes toutes ces villes : il n'y eut pas une cité que nous n'ayons conquise sur eux, à savoir soixante villes, tout le district d'Argob, royaume d'*Og* dans le Bachan. C'était autant des villes fortifiées, avec une haute muraille, des portes à verrou, sans compter les villes des campagnards en grand nombre » (*Deutéronome*, III, 3 à 5). (Il s'agit de la partie de la Batanée septentrionale qui se trouve au nord du Yarmouk, I *Rois* IV, 13). Les villes des campagnards sont des villes ouvertes ou des villages épars dans la campagne et non fortifiés. La Bible raconte d'*Og* qu'il était un survivant de la race des *Réphaïm* (c'est-à-dire les géants) et que son lit était un lit de fer ; on peut encore le voir dans la capitale des Amonites (Rabath Bné Amon) : il a neuf coudées de long et quatre de large, en coudées communes (*Deutéronome*, III, 11).

Bien d'autres légendes font état de la force physique extraordinaire de ce roi de Bachan.

Une de ces légendes, rapportées par le *Yalkout Chiméoni* (recueil de *midrachim* de *Chiméoni*), dépeint la taille gigantesque d'*Og*, roi de Bachan, de la manière que voici : « Nous avons appris dans la *Baraïtha* (la *Baraïtha* contient nombre de propositions ajoutées subséquemment à la *Michna* sans pourtant y avoir été insérées. Elles sont disséminées dans le Talmud, et on les reconnaît au mot initial « Tania » ou « Tanou

Rabanou » — « Nos rabbins ont lu ») : Aba Chaoul dit : "J'étais fossoyeur. Une fois, j'ai poursuivi un cerf qui se réfugia au creux d'un os fémoral d'un cadavre. Pour attraper le cerf dans le creux de l'os fémoral, je fis un parcours de trois *parsaoth* (quatorze kilomètres environ) sans que celui-ci prît fin et sans pouvoir me saisir de l'animal. Lorsque je me suis retourné, on m'a dit que le fémur en question appartenait au cadavre d'*Og*, roi de Bachan." »

Le *Pirké de Rabbi Eléazar* raconte comment *Og*, roi de Bachan, fut épargné par le déluge : « Il avait réussi à se cramponner à une marche d'un des escaliers de l'Arche de Noé et se mit à supplier Noé et ses fils de le sauver en jurant qu'il resterait à tout jamais leur esclave. » Que fit Noé ? Il perça un trou dans son arche, et c'est par ce trou-là qu'il tendait la nourriture, jour après jour, à *Og*, roi de Bachan, ainsi qu'il est dit dans *Deutéronome*, III, 11 : « C'est que, seul, *Og*, roi de Bachan, était resté de la survivance des *Réphaïm*. »

LE SONGE D'UN « MÉLAMED » LITUANIEN

70. Fête des Semaines (la Pentecôte), ainsi appelée parce qu'elle est célébrée sept semaines après le premier jour de Pâque. La tradition indique que la promulgation des Dix Commandements sur le mont Sinaï a eu lieu le 6 *sivan* (nom du troisième mois du calendrier juif, équivalant à mai-juin), ce qui correspond à la date actuelle de la fête de *Chavouoth*. C'est pour cette raison que, dans toutes les prières et actions de grâce, cette fête est appelée *Zeman Matan Toraténou* (anniversaire du Don de notre Tora).

71. Fête des Tabernacles ou des Cabanes, célébrée chaque année le 15 du mois de *Tichri* (nom du septième mois du calendrier juif correspondant à septembre-octobre), en commémoration de ce que, dans le désert, les Hébreux ont vécu sous les tentes.

72. « Maxime des Pères », III, 9 : « Rabbi Yacob dit : "Celui qui va par la route absorbé par son étude et qui s'interrompt subitement et s'écrie : Que cet arbre est beau ! que ce champ est beau ! l'Ecriture le considère comme s'il avait attenté à sa propre vie." »

73. Le mot hébreu *Klipa* signifie au sens propre : écorce, coquille. Dans la *Kabbale* dite « pratique », il prend un tout autre sens, notamment celui de mauvais esprit. La *Klipa* fait partie de la cohorte des démons créés en hâte la veille du *Chabbath*. Dans le folklore yiddish, le mot *Klipa* désigne généralement la femme-démon qui s'appelle d'autre part tantôt Lilith, tantôt Naamah ou Noëmah. Selon le *Midrach Béréchit Rabba*, XXIII, section 7, Noëmah, fille de *Lemekh* et sœur de *Toubal-Caïn* (*Genèse*, IV, 22) alertait par son tambour les gens et les incitait à se prosterner devant les idoles (idolâtrie et

prostitution se rejoignent très souvent et un même terme vaut pour les deux). Selon le *Zohar*, I, 55, Noëmah (qui signifie douceur) a séduit les hommes et les esprits. D'après Rabbi Ytshak, (dans le même passage du *Zohar*), Noëmah a séduit aussi les anges déçus *Aza* et *Azaël* que l'Ecriture désigne sous le nom d'« enfants de Dieu ».

74. Il s'agit de sept « invités », « très élevés et très saints », à savoir : les âmes d'Abraham, de Yits'hak, de Yakob, de Yosseph, de Moché, de Aaron et de David, qui viennent rendre visite à chaque Juif assis dans sa *Soucca* (cabane) pendant la fête des Tabernacles.

75. Selon une croyance populaire juive, toute personne qui se voit privée de son ombre dans la nuit éclairée par la lune de *Hochana-Raba* doit s'attendre à expirer au cours de l'année.

LE « MÉLAMED » DE KHELM

76. Khelm, comme tant d'autres petites villes de Pologne était jusqu'à la Seconde Guerre mondiale, pour employer une formule hébraïque bien connue, une authentique « ville-et-mère-en-Israël ». Elle renfermait une des plus vieilles agglomérations juives de Pologne, qui s'y établit, présume-t-on, déjà au XIIIe siècle.

On peut se demander pourquoi le folklore yiddish s'est emparé comme à dessein de la pauvre ville de Khelm pour y déverser le trop-plein de la bêtise du monde. Laissons les Khelmois eux-mêmes trouver dans le fin fond de leur sagacité une réponse à cette question troublante.

Dès que le monde fut créé, aimaient à raconter les Khelmois à qui voulait bien les entendre, le Saint, béni soit-Il, convoqua un de ses anges de service et lui donna deux sacs. L'un était rempli d'âmes douées d'intelligence, de savoir-vivre et de savoir-faire, et l'autre d'âmes simplettes, naïves à souhait et maladroites. L'ange en question avait pour mission de lâcher sur notre terre tantôt une âme spirituellement bien constituée, et tantôt une âme totalement sotte et malhabile.

Or, il arriva, tandis que l'ange distributeur d'âmes survolait la haute montagne qui surplombe la ville de Khelm, que, par malchance, un sac, le mauvais sac, heurta la cime de la montagne et se déchira. C'est ainsi que Khelm reçut en cadeau les âmes défectueuses.

Voici pourquoi n'importe quel Khelmois, riche ou pauvre, homme instruit ou ignorant total, dut subir en toute occasion la pluie des moqueries auxquelles sont exposés les malheureux de cette espèce depuis toujours.

Khelm n'est d'ailleurs pas la seule ville au monde à subir une renommée aussi fâcheuse. Les habitants de la ville d'Abdéra de l'ancienne Thrace sur la mer Egée, étaient, eux aussi, réputés pour leurs énormes sottises, de même que les citoyens de la ville anglaise Gotham, ou bien ceux des localités allemandes

Schilda ou Schildbourg, Teterow, Pirna, etc. Les habitants de toutes ces cités se rendirent célèbres par leurs raisonnements à rebours et par leurs absurdités.

Il faut cependant rendre justice aux Khelmois en précisant qu'ils se distinguèrent tout de même des autres champions de la sottise, notamment par leur conception du monde spécifiquement juive, je dirais même quasi messianique, ainsi que par la sollicitude agissante qu'ils manifestèrent publiquement et sans relâche envers le genre humain, et plus particulièrement à l'égard de la communauté juive.

Aussi tout ce qu'on peut raconter à leur sujet, toutes les historiettes cocasses dans lesquelles les « sots de Khelm » apparaissent à la fois comme « héros » et comme « victimes », comme « raisonneurs » et comme « insensés », s'avèrent-elles, au bout du compte, salutaires. Ce fut le cas de l'aventure dans laquelle le « *Mélamed* de Khelm » joua le rôle principal, car en réhabilitant le *Yetser Hara* il a très largement contribué à la survie du peuple juif.

Voici encore un fait qui me permet de me féliciter d'avoir intitulé un de mes essais sur ce gouffre de sottises, l'humour khelmois, publié dans le *Yskor-boukh Khelm*, (livres-Requiem), à Johannesbourg, en 1954 : « Les histoires de Khelm sont loin d'être bêtes. »

Les lecteurs français peuvent s'en rendre compte, eux aussi, en consultant quelques-unes de ces histoires recueillies et bien illustrées par le peintre et dessinateur Benn (publiées à Paris en 1936).

77. Psaume LXIX, 2.

78. D'après la légende, on peut dénombrer dans chaque génération Trente-Six Justes (en yiddish, on les appelle « Lamed-Vovnikès », en vertu de la valeur numérique des lettres hébraïques *Lamed* et *Vav*, qui font trente-six). Non seulement ces Trente-Six Justes ne sont pas connus et ne se connaissent pas entre eux, mais ils passent toute leur vie dans l'ignorance complète de leur qualité de *Tsaddikim*, de Justes. Et qui plus est, ils sont considérés par tout le monde comme des gens du commun sans instruction aucune et sont traités comme tels. Ils constituent néanmoins le fondement de l'univers, à défaut desquels il risque de s'écrouler. Si l'un de ces Justes « cachés » rend son âme à Dieu, aussitôt un autre doit naître pour le remplacer et en compléter le nombre jugé indispensable pour la survie du monde. Ce sont des hommes pauvres, dénués de tout. Mille histoires courent à leur sujet dans le folklore juif.

79. Selon une opinion talmudique, le Messie ne peut venir qu'à la condition que le monde entier se rende soit totalement coupable, soit entièrement innocent. *Koulo Zakaï* ou *Koulo hayav* (traité *Sanhédrin* 98 a).

80. Il s'agit de Ra'hab qui cacha dans sa maison, à Jéricho, les espions que Josué avait envoyés pour explorer la ville (*Josué*, II, 1). Selon le Traité *Meguilah* 15 a, le monde entier n'a

connu que quatre femmes vraiment belles, à savoir : Sarah, Abigaïl, Ra'hah et Esther. Aussi le traité *Zeba'him* 116 b se croit-il en mesure d'affirmer que parmi les princes et les notables de ce temps-là, il ne se trouvait pas un seul qui n'eût de rapports sexuels avec Ra'hah. Cette dernière n'avait que dix ans lors de la sortie d'Egypte. Elle se prostitua pendant quarante ans, et après soixante ans, elle se convertit au judaïsme.

81. *Lag-ba-Omer* est le trente-troisième jour de l'*Omer* (*Omer* en hébreu signifie : javelle, gerbe, et désigne d'autre part une espèce de mesure pour des objets secs qui est la dixième partie d'une autre mesure de capacité, appelée *Eifah*). Le trente-troisième jour de l'*Omer* tombe le 18 du mois d'*Iyar* (nom du deuxième mois du calendrier juif, correspondant à avril-mai).

La supputation de l'*Omer* commence à partir du deuxième soir de Pâque et continue jusqu'à la veille de *Chavouoth* (fête des Tabernacles).

Depuis la défaite subie par *Bar Kokhba* (132-135) et sa vaillante armée de résistance à l'occupation romaine du pays d'Israël, toute la période jusqu'au *Lag-ba-Omer* est considérée comme une période de deuil, deuil qui est ressenti par le peuple juif plus amèrement encore depuis les persécutions des Juifs pendant les Croisades (1006 : massacres de grandes communautés comme celles de Trèves, Worms, Spire, Mayence et Cologne ; en 1147, de Ramerupt près de Troyes, et de Blois en 1179).

Aussi aux offices de *Chabbath* depuis le premier *Iyar* jusqu'à la fête de *Chavouoth* intercale-t-on dans les communautés traditionalistes certaines élégies composées au Moyen Age en France et en Allemagne. Toutes ces élégies sont autant de cris de détresse et d'appels à la délivrance. Pendant la période néfaste qui commence après Pâques et continue jusqu'au trente-troisième jour de l'*Omer*, on ne célèbre pas de mariages, on ne prend part à aucune réjouissance et on ne se fait pas couper les cheveux.

A *Lag-ba-Omer*, les juifs insurgés contre les Romains libérèrent, sous la conduite de *Bar Kokhba*, la ville de Jérusalem. C'est en souvenir de cet exploit héroïque que les insurgés gravèrent sur la monnaie romaine, d'un côté le nom de *Chiméon (Bar Kokhba)* et de l'autre l'inscription *Herouth Yerouchalaïm* (la liberté de Jérusalem).

En commémoration de la grande victoire remportée par *Bar Kokhba* sur les puissants occupants romains, *Lag-ba-Omer* est devenu un jour de réjouissances. Dans les petites bourgades de l'Europe orientale, les écoliers juifs prenaient en ce jour congé de leur *'héder* (école primaire religieuse) pour aller se promener dans la campagne et pour y jouer aux soldats.

On rappelle aussi en ce jour le souvenir de *Rabbi Bar Yo'haï* (disciple de l'illustre Rabbi Akiba qui fut un ardent partisan de *Bar Kokhba* et le soutint de toute son autorité en le proclamant Messie).

Etant donné que, selon une des traditions kabbalistes, c'est aussi le jour anniversaire du mariage de *Bar Yo'haï* (à qui on attribue d'autre part le *Sépher Hazohar*), Méron, village proche de Safed, en Israël, où il mourut, est envahi chaque année, ce jour-là, par une multitude de pèlerins venus prier et réciter sur sa tombe des chapitres entiers du *Zohar*.

On appelle cette cérémonie *Hiloula de Rabbi Chiméon* (Festival du Rabbi Chiméon Bar-Yo'haï).

82. « Trois jours de délimitation » : deux jours avant *Chavouoth* et le jour de cette fête même, pendant lesquels, parmi d'autres restrictions, il faut aussi s'abstenir de rapports sexuels (voir *Exode*, XIX, 12).

83. C'est ainsi qu'il faut agir envers le *Yetser Hara* (ici, il se produit en tant qu'animateur de la pulsion sexuelle), suivant le conseil prodigué par le traité *Soucca* 52 b, le traité *Kidouchim* 30 a, le *Zohar* I, 190, et le *Zohar* III, 268 a : « Si ce vilain-là (le *Yetser Hara*) s'attaque à toi, entraîne-le au *Beth-Hamidrach* (Maison d'études et de prières). S'il est de pierre, il se ramollira, s'il est de fer, il éclatera en petits morceaux. »

84. Le *Midrach Béréchith Rabbah*, section *Béréchith*, IX, pense, lui aussi, que sans le *Yetser Hara*, nul n'aurait bâti une maison, n'aurait pris femme, n'aurait engendré, et, en règle générale, ne se serait occupé de quoi que ce soit.

85. Le rachat du premier-né s'effectue par le père le trente et unième jour après la naissance de l'enfant (au cas où le père n'est ni *Cohen* ni *Lévi*) auprès d'un *Cohen* (c'est-à-dire descendant d'Aaron, premier prêtre des Hébreux). Le père lui donne en guise de cadeau cinq pièces d'argent (correspondant — symboliquement — à cinq pièces appelées à l'époque talmudique *selaïm*), en souvenir de la même somme qui, autrefois, libéra les premiers-nés du service du Temple, conformément à *Nombres*, XVIII, 15, 16 : « Tout ce qui fend la matrice de toute chair, qu'il s'agisse d'homme ou de bête, ce sera pour toi ; mais tu devras rédimer le premier-né de l'homme et tu rédimeras aussi le premier-né de la bête impure. Tu effectueras son rachat, dès l'âge d'un mois, d'après ton évaluation, contre cinq sicles d'argent, selon le sicle du sanctuaire qui vaut vingt ghêrah. »

LES CONTES DU TRONC D'ARBRE

86. « Nos maîtres ont enseigné : A l'égard des rognures d'ongles, trois attitudes sont possibles. Celle du *'Hassid* (pieux) qui les brûle, celle du *Tsaddik* (juste) qui les enterre, et, enfin, celle du *Racha* (impie-méchant) qui les jette par terre » (traité *Nidah* 17 a). Le célèbre commentateur du Talmud, Reb Chmouël Eléazar Eidls (Maharcho), pense qu'en jetant les rognures d'ongles à terre on risque de faire trébucher une femme enceinte qui, en tombant, pourrait faire une fausse couche.

Pour tout dire, il convient encore d'ajouter que sa chute pourrait être causée surtout par le contact avec la corne, considérée par la croyance populaire, comme étant le siège d'un *Mazik* (esprit malin, esprit malfaisant).

87. Suivant l'usage établi dans les milieux 'hassidiques, on coupe les cheveux des fiancés avant la cérémonie nuptiale, en se référant au *Zohar* (section *Nasoo*) 127 a, où il est dit que la femme doit se faire couper les cheveux avant la copulation.

88. En hébreu dans le texte : *Eicheth haver haré hi kéhaver* (traité *Chavouoth*, 30 b et traité *Avodah Zorah* 39 a).

LEXIQUE

AGOUNA : *Mot hébreu.* Femme délaissée, abandonnée par son mari.
ATAMAN : Chef de cosaques.
AVREML : Diminutif du nom Avrom (en prononciation sépharade : Abraham).

BATEI-MIDRACHIM : Voir *Beth-Hamidrach.*
BEIGUEL : Gimblette, petit pain sec en forme d'anneau.
BETH-HAMIDRACH : *M.h.* (Pluriel : *Batei-Midrachim*). Maison d'études et de prières.
BORCHTCH : Soupe aux choux.

CHABBATH HAGADOL : *M.h.* Le « grand Chabbath ». Il précède la fête de *Pessa'h* (Pâques). Il est appelé ainsi, semble-t-il, en vertu du troisième chapitre du livre du prophète Malachie qu'on récite en ce *Chabbath* après la lecture publique de la Tora et dans lequel il est question (verset 23) de l'apparition du prophète Elie « avant qu'arrive le jour de l'Eternel, jour grand et redoutable ».
CHEMA : *M.h.* Premier mot d'un verset (*Deutéronome,* VI, 4) qui proclame l'unicité de Dieu et résume en quelque sorte la conception juive du monde : « Ecoute Israël, l'Eternel, notre Dieu, l'Eternel (est) un. »
CHEOL : *M.h.* Sépulcre, tombeau, abîme, où, d'après l'*Ecclésiaste*, IX, 5, « les morts ne savent rien du tout et, où il n'y a plus pour eux de salaire, car leur souvenir est oublié ».
CHOFAR : *M.h.* Corne de bélier, instrument qu'on utilise lors de l'office du matin dans les maisons de prières au jour du nouvel An juif et les jours précédents, conformément au verset 9 du chapitre XXV du *Lévitique :* « Tu feras retentir le cor en fanfare *(chofar)* au septième mois, le dix du mois. »
Le *chofar* nous rappelle le sacrifice d'Isaac. Dans le *Midrach Rabba Vaïkra* (section 29), Rabbi Yehoudah, fils de Rabbi Simon, cite Rabbi Yehochoua, fils de Lévi, qui interpréta le verset 22 du chapitre XIII de la *Genèse* de la manière que voici : Il est écrit : « Et Abraham leva les yeux et vit qu'il y

avait un bélier pris dans les broussailles par ses cornes ». Ceci nous apprend que le bélier était retenu de buisson en buisson et qu'il fit comprendre par-là à Abraham que ses descendants, eux aussi, seraient retenus par les autres nations et qu'ils seraient enchevêtrés dans l'exil jusqu'au jour de leur délivrance, ainsi qu'il est écrit : « Et il adviendra en ce jour-là que l'on sonnera avec le grand *chofar* » (*Isaïe*, XXVII, 13), allusion aux cornes du bélier.

CHO'HET : *M.h.* Abatteur rituel, fonctionnaire de la communauté juive, qualifié pour tuer la volaille et les animaux purs, destinés à la consommation permise par la religion juive.

CHOR HABOR : *M.h.* Buffle, bison, appelé aussi *Béhémoth* (rhinocéros), dont la chair est conservée, selon la légende, pour être consommée par les *Tsaddikim* (Justes) dans le monde à venir.

CHOUL : Maison de prières.

CHTETL : Diminutif du mot *Chtot* (ville) (en yiddish). Se dit d'une petite ville dans les pays de l'Europe de l'Est, habitée par des Juifs qui imprimèrent à cette agglomération un caractère spécifiquement juif.

CHTIBL : (Pluriel : *Chtiblekh*), diminutif du mot *chtoub*, maison, oratoire, petite pièce, dans laquelle se réunissent les Juifs d'obédience 'hassidique pour prier, pour étudier ou simplement pour s'entretenir de choses et d'autres.

CHTRAIML : Toque de fourrure, habituellement portée par les *rabbis* et certains membres en vue d'une communauté 'hassidique.

COILITCH : Pain blanc en forme de tresses entrelacées (symbole d'union) pour les jours de fête ou pour les repas servis à l'occasion d'une cérémonie religieuse.

DAYAN : *M.h.* (Pluriel : *Dayanim*), juge ou assesseur rabbinique.

EROUV : *M.h.* (Pluriel : *Erouvine*). Il s'agit là d'un « Erouv te'houmine », c'est-à-dire de la fixation de la résidence « légale » avant le jour de *Chabbath* pour acquérir le droit de s'éloigner au-delà de la distance permise de deux mille coudées. On obtient ce droit en se rendant à l'endroit désiré avant le *Chabbath* et avant le *Yom Tov* (jour de fête) et en y déposant quelque nourriture sur laquelle on fait la bénédiction. On établit ainsi à cet endroit-là une résidence virtuelle, ce qui permet de parcourir le jour du *Chabbath* un nouveau rayon de deux mille coudées à partir de ce lieu. (Quant aux autres espèces d'*Erouv*, consulter le *Choul-han Arou'h Ora'h-Haïm*, pp. 396-408.)

ETHROG : *M.h.* (Pluriel : *ethroguim*). Cédrat, pomme de paradis. Une des quatre espèces de plantes qu'on utilise pendant les prières de la fête des Tabernacles.

FARFEL : Pâtes alimentaires fraîches, hachées et **dorées au four**.

FREILEKHS : Danse de noce, mélodie gaie et entraînante.

GABBAI : *M.h.* Au sens étroit : collecteur des taxes ou des charités. Par extension : chef ou président d'une maison de prières, administrateur du culte. Chez les *'Hassidim* ce terme signifie : adjoint, assesseur ou « majordome » d'un rabbi miraculeux.

GAON : *M.h.* Eminence, hauteur. Titre d'honneur donné à un éminent savant talmudiste. Exemple : le Gaon de Vilna.

GOLEM : Au sens propre : informe, difforme, inachevé, incomplet, embryon, comme au verset 16 du Psaume CXXXIX : « Tes yeux ont vu mon embryon. » Par extension : sot, imbécile, comme dans les « Maximes des Pères » V, 8 : « Sept défauts caractérisent le *Golem* et par sept qualités se distingue l'homme intelligent. »
Selon la légende, Rabbi Yehouda Liva ben Rabbi Betsalel, plus connu sous son nom abrégé de Maharal de Prague (né en 1512 et mort en 1609) aurait créé un Golem, un homme pétri d'argile, à l'aide d'une combinaison des lettres de l'alphabet hébraïque, selon les formules qu'on trouve dans le *Sepher Yetsirah* (livre de la Création ou de la Formation). Ce Golem, doué d'une force herculéenne, devait veiller la nuit sur les synagogues et les demeures juives, afin d'empêcher les ennemis des Juifs d'y jeter le cadavre d'un enfant chrétien, les accusations de meurtre rituel étant fréquentes à cette époque.

GRIVEN : Petits morceaux de graisse d'oie cuits.

GUEMARA : *M.h.* C'est le Talmud proprement dit (à l'exclusion de la *Michna* dont la *Guemara* est en quelque sorte le commentaire approfondi). La *Guemara* est un procès-verbal des discussions entre maîtres et élèves auxquelles l'explication de la *Michna* a donné lieu dans les *Yechivoth* (académies talmudiques) de *Sora* (ville située au sud de Babylone, entre les canaux, siège du Collège talmudique fondé par *Rab*) et de *Pumbadita* (ville située près d'un des nombreux canaux de l'Euphrate). La *Guemara* est rédigée en langue araméenne, langue des Juifs de l'époque talmudique. Elle se présente comme un géant dans la littérature juive et encore aujourd'hui rares sont les talmudistes qui réussissent à l'escalader jusqu'à son sommet. Sans les commentaires de *Rachi*, des *Tosafistes* et des autres exégètes, la *Guemara* serait restée tout à fait inaccessible.

HAGGADA : *M.h.* Histoire, récit, narration. Plus spécialement la *Haggada chel Pessa'h* qui raconte l'histoire de l'Exode des Hébreux d'Egypte, événement célébré pendant les deux premières nuits de la Pâque (en Israël on ne célèbre qu'un seul *Seder*).

'HAI : *M.h.* qui signifie « vivant ». Dans le conte d'I.L. Peretz ce terme désigne dix-huit pièces de monnaie, en raison de la valeur numérique des lettres hébraïques *'heth* et *yod* dont le mot *'haï* est composé.

HAKHNASSATH-KALAH : *M.h.* Dot recueillie pour une fiancée pauvre.

'HALOTH : *M.h.* (Singulier : *'Hala*). Miches de pain blanc que les Juifs des pays de l'Europe de l'Est mangeaient jadis, surtout le jour du *Chabbath* et les jours de fête.

'HAMETZ : *M.h.* Toute nourriture ou boisson fermentée, interdites pendant la Pâque.

'HANOUKIA : *M.h.* Lampe de *Hanoukka*.

HASKALA : Apparenté au mot *sekhel* qui figure dans plusieurs versets bibliques et signifie tantôt discernement, tantôt entendement, raison, compréhension, opposé au mot *regech* (sentiment, émotion, etc.).

Le mouvement de la *Haskala* prit naissance parmi les Juifs d'Allemagne, au XVIIIe siècle. Ce fut le philosophe juif Moses Mendelsohn (1729-1786) qui, après avoir traduit la Bible hébraïque en langue allemande, donna un essor à ce mouvement de rénovation intellectuelle, tout d'abord en Allemagne, puis, dès le début du XIXe siècle, en Europe de l'Est.

La *Haskala* se fixait comme but de répandre l'instruction générale parmi les Juifs, la lutte pour l'émancipation et la destruction des barrières aussi bien spirituelles qu'économiques, qui séparaient les masses juives de leurs voisins non juifs.

Le mouvement de la *Haskala*, mouvement rationaliste par excellence (appelé aussi humanisme juif), aida grandement au renouvellement des littératures hébraïque et yiddish modernes, dites profanes.

HAVDALA : *M.h.* Séparation, distinction. Cérémonie de clôture à l'issue du *Chabbath*, ainsi qu'à l'issue des jours de fête.

'HAZAN : *M.h.* (Pluriel : *'Hazanim*). Chantre, officiant.

'HÉDER : *M.h.* Chambre, pièce. Par extension, le mot *'héder* désigne une école primaire religieuse qui était autrefois fréquentée par les enfants juifs dans les pays de l'Europe de l'Est.

HIBOUTH HAKEVER : *M.h.* Tourments de la tombe, supplices subis après la mort.

HOCHANA-RABA : *M.h.* Le cinquième jour de *'Hol-ha-Moëd Souccoth* est appelé *Hochana-Raba* parce que dans la prière du matin on chante un plus grand nombre de fois *Hochana* (ô sauve-nous !) En français on prononce ce mot Hosanna.

'HOL-HA-MOËD : *M.h.* Mi fête, appelée aussi *Moëd Katan* (petite fête). Il s'agit de la période des jours ouvrables comprise dans la durée de la fête de Pâque et de la fête des Tabernacles (quatre jours pour *Pessa'h* et cinq jours pour *Souccoth*).

'HTSOTH : *M.h.* Minuit. Ce mot est employé le plus souvent au lieu de l'expression *Tikoun'htsoth* qui signifie : Prière de minuit (voir note 17).

JOURS REDOUTABLES : En hébreu : *Yamim noraïm*. C'est-à-dire les dix jours depuis le premier *Tichri* (premier jour du Nouvel An juif) jusqu'au dix du même mois, appelés ainsi à cause de leur caractère solennellement austère.

LEXIQUE

KACHER : *M.h.* Rituellement propre à être consommé.
KACHROUT : *M.h.* Ce qui est permis de consommer par la Loi mosaïque.
KADDICH : *M.h.* Prière de sanctification rédigée en langue araméenne. Il y a plusieurs sortes de *Kaddich*, comme par exemple celui *Derabanan*. Mais, communément, il s'agit de *Kaddich Yatom* (« *Kaddich* de l'orphelin ») qui est récité par le fils trois fois par jour pendant onze mois après le décès d'un de ses parents, en présence d'un *miniane*, c'est-à-dire dix hommes adultes.
KALÉ : *M.h.* Fiancée.
KARETH : *M.h.* Peine de retranchement de la communauté juive qui frappe celui qui mange du *'hametz* pendant la Pâque, conformément à l'*Exode*, III, 15 : « Sept jours durant vous mangerez des azymes. Dès le premier jour vous ferez disparaître le levain de vos maisons, car quiconque mangerait du pain levé, du premier jour au septième jour, cette personne-là serait retranchée d'Israël. »
KAVANAH : *M.h.* (Pluriel : *Kavanoth*). Au sens étroit : intention, ferveur. En *Kabbale* : méditation mystique.
KESTE : Pension complète offerte par les parents de la jeune femme au jeune couple, en plus de la dot, pour une période déterminée.
KIDDOUCH : *M.h.* Sanctification, prière récitée par le chef de famille sur une coupe de vin ou, à défaut, sur les *'haloth*, avant le repas de la veille et le jour de *Chabbath*, ainsi que les jours de fête.
KIPPOUR : *M.h.* (ou *Yom Kippour* ou encore *Yom Hakippourim*). Jour des expiations ou jour du Grand Pardon.
KITL : Surplis blanc en forme de chemise, symbole de pureté, rappelant en outre le vêtement rituel mortuaire, porté le jour du Grand Pardon.
KLOIZE : Maison de prières.
KOUGL : Plat traditionnel juif.

LAMDAN : *M.h.* Erudit, plus spécialement savant talmudiste.
LERNEN : Etudier. Se dit communément de celui qui s'adonne avec assiduité à l'étude de la Tora « orale », c'est-à-dire le Talmud et ses multiples commentaires.
LÉVIATHAN : *M.h.* Serpent de mer, monstre marin légendaire. Un Léviathan mâle et un Léviathan femelle de taille gigantesque furent créés le cinquième jour de la Création. Selon le *Midrach*, la chair du Léviathan femelle est conservée dans l'au-delà pour être consommée par les *Tsaddikim*.

MA'ARIV : *M.h.* Prière du soir.
MAGUEN DAVID : *M.h.* Sexagramme. Bouclier de David (étoile de David). Ce vieux symbole juif est aujourd'hui l'emblème de l'Etat d'Israël.
MAH NICHTANAH : *M.h.* Les deux premiers mots d'une des quatre questions qui sont posées par le plus jeune des convives à la

cérémonie de la soirée pascale, à savoir : « Pourquoi cette nuit est-elle distinguée des autres nuits ? »

MARTEAU-DE-LA-MAISON-DE-PRIERES : Nom donné au bedeau chargé de réveiller les Juifs de la petite bourgade afin qu'ils se rendent à la *Choul* (Maison de prières) pour y accomplir leur devoir de *Tikoun'htsoth* (prière de minuit) ou bien encore à l'aube dans la période des *Sli'hoth* (supplications), récitées tôt le matin.

MASAL-TOV : *M.h.* Bonne chance.

MASKIL : *M.h.* (Pluriel : *Maskilim*). Adhérent au mouvement de l'Eclaircissement, appelé *Haskala* (voir ce mot), qui apparut en Russie au début du XIXe siècle.

MATZA-CHMOURA : *M.h.* Il s'agit des pains azymes faits avec du froment préservé méticuleusement, dès la coupure du céréal, de tout contact avec le *'hametz*. Les Juifs pieux prennent soin de s'en procurer pour la Pâque, ne serait-ce qu'en petite quantité, tout juste pour pouvoir réciter sur eux les actions de grâce.

MATZOTH : *M.h.* (Singulier *matza*). Pains azymes.

« MAXIMES DES PÈRES » : Traité talmudique.

MÉLAMED : *M.h.* Enseignant, instituteur. Se dit spécialement d'un maître d'école qui exerce sa fonction dans un *'héder*.

MEZOUZA : *M.h.* (Pluriel : *mezouzoth*). Petit tube contenant un parchemin sur lequel sont reproduits les versets 4 à 9 du chapitre VI et les versets 12 à 30 du chapitre XI du *Deutéronome*, qu'on fixe à un des montants de la porte d'entrée, ainsi qu'il est prescrit précisément par ces versets.

MICHNA : *M.h.* (Pluriel : *Michnayoth*). Recueil des lois et des décisions rabbiniques comprenant six parties et rédigé par Rabbi Yehoudah ha-Nassi au début du IIIe siècle. Le nom de *Michna* s'applique à ce recueil comme aussi à chacun de ses passages. La *Michna* précède la *Guemara* qui en constitue le commentaire.

MIDRACH : *M.h.* Interprétation, investigation, scrutation des Ecritures Saintes à l'aide de légendes, de paraboles, d'apologues, etc. Il existe plusieurs recueils de *Midrachim* comme par exemple, *Midrach Rabba*, *Midrach Tan'houma*, *Pesikta* et bien d'autres encore, dans lesquels la Bible est commentée.

MIKVEH : *M.h.* Bain rituel de purification.

MIN'HA : *M.h.* Au sens propre : don, présent, offrande. Par extension, sacrifice. Depuis la destruction du Temple, nom de la prière de l'après-midi. L'office de *Min'ha* débute par le beau Psaume CXLV (précédé, en guise d'introduction, par le verset 5 du Psaume LXXXV : « Heureux qui habitent en Ta maison. Ils te loueront à tout jamais » et par le verset 15 du Psaume CXLIV : « Heureux le peuple pour qui il en est ainsi, heureux le peuple qui a pour Dieu YHVH »). Puis on récite debout et à voix basse la prière de Dix-Huit Bénédictions et l'office se termine par la prière *Alenou* (« Il est de notre devoir d'exalter le Maître de toute chose » etc.).

MINIANE : *M.h.* Dix hommes adultes indispensables pour pouvoir réciter le *Kaddich* (prière pour le repos de l'âme d'un défunt) et pour pouvoir procéder à la lecture publique de la Tora.

MITHNAGUED : *M.h.* Opposant. Adversaire des *'Hassidim.*

MITSVA : *M.h.* Prescription religieuse et, en général, tout acte de charité ou service rendu.

MAOOTH HITINE : *M.h.* Argent distribué aux gens nécessiteux la veille de Pâque pour qu'ils puissent se procurer du pain azyme et du vin ou de l'hydromel, indispensables pour les quatre coupes réglementaires du *Seder.*

MOUSSAF : *M.h.* Prière additionnelle qu'on récite le jour de *Chabbath,* les jours de fête, ainsi que le premier jour de chaque mois, après l'office principal, en remplacement du *Korban moussah,* sacrifice supplémentaire pratiqué au Temple.

NAZIR : *M.h.* Ermite, un anachorète qui s'engage par serment à ne pas boire de vin et s'impose certaines autres abstinences. Ce terme s'applique habituellement à celui qui se consacre à une vie édifiante et studieuse, éloignée des soucis matériels.

NEILA : *M.h.* Prière de clôture, la cinquième prière de l'office de *Kippour.*

NESEKH : *M.h.* Il s'agit du *Yayin nessekh,* vin de libation, vin fabriqué ou manipulé par un non-Juif, opposé au vin dit *Kacher.* Réminiscence du temps où l'on versait du vin sur l'autel du temple pour en faire une libation à Dieu.

NISSAN : *M.h.* Nom du premier mois de l'ancienne année des Hébreux (correspondant à avril), appelé dans le Pentateuque *'Hodech Haaviv,* le mois du printemps (*Exode,* XXIII, 15) et *Roch ha'hadachim,* le premier des mois (*Exode,* XII, 2). Il compte trente jours.

OFAN : *M.h.* (Pluriel : *ofanim*). Roue. Ce terme désigne surtout une certaine catégorie d'anges.

PARNESSE : *M.h.* Protecteur, président d'une communauté, notable.

PAROKHETH : *M.h.* Rideau placé devant l'arche qui contient les rouleaux de la Tora.

PESSA'H : *M.h.* Pâque, fête annuelle qui tombe le 15 du mois de Nissan (correspondant à avril). Ce mois de trente jours est appelé dans le Pentateuque *'hodech haaviv* (le mois du printemps) et *Roch ha'hadachim* (le premier des mois). Pâque est la fête de la commémoration de l'Exode des Hébreux d'Egypte ou plus précisément du passage de l'ange destructeur devant les maisons des Hébreux sans y pénétrer.

PETIT KIPPOUR : « Petit jour du Kippour ». C'est le jeûne que certains Juifs pieux ont l'habitude d'observer tous les mois à la veille de chaque néoménie.

POROUCH : Ermite, pieux, dévot, généralement séparé de sa femme.

RA'HACH : Anagramme de trois mots : *Rav* (rabbin) *'Hazan* (chantre) *Chamach* (bedeau).

REB : Déformation du mot hébreu *Rav* correspondant au mot français Monsieur.

REBBÉ : Autre déformation du mot hébreu *Rav*. Titre donné à un maître d'école primaire religieuse ou encore synonyme du mot *Tsaddik* (Juste), chef religieux d'une communauté'hassidique.

ROCH HACHANA : *M.h.* Nouvel An juif célébré le premier du mois de *Tichri* (nom du septième mois du calendrier juif, correspondant à septembre-octobre).

SEDER : *M.h.* Ordre, disposition. Cérémonie des deux premières soirées de Pâque.

SLI'HOTH : *M.h.* Supplications, prières de pénitence et d'indulgence qu'on récite tous les matins durant le mois d'*Eloul* (sixième mois du calendrier juif, correspondant à septembre-octobre) et les jours de jeûne.

SOUCCA : *M.h.* Cabane utilisée pendant la fête des Tabernacles.

SOUCCOTH : *M.h.* Fête des Tabernacles où des Cabanes, célébrée chaque année le 15 du mois de *Tichri* (nom du septième mois du calendrier juif, correspondant à septembre-octobre) en commémoration du séjour des Hébreux dans des tentes dans le désert.

SPODEK : Toque de fourrure que portaient certains *'Hassidim* dans les pays de l'Europe de l'Est.

TALITH : **M.h.** (Pluriel : *Taléthim*). Sorte de châle muni de *Tsitsit* (franges de laine) à chacun de ses quatre coins.

TALITH KATAN : *M.h.* Petit *Talith*. Sorte de sous-vêtement muni de *Tsitsit* à chacun de ses quatre coins.

TEFILIN : *M.h.* Phylactères : lanières de cuir qui servent, pendant la prière quotidienne du matin, à attacher sur le front et sur le bras gauche, à l'endroit où il repose sur le cœur, une espèce de petit chapeau de cuir renfermant un parchemin sur lequel sont reproduits quatre passages du Pentateuque : *Exode*, XIII, 1 à 10 ; *Exode*, XIII, 11, 16 ; *Deutéronome*, VI, 4 à 9, XI, 13 à 21.

TRÉFA : *M.h.* Littéralement : déchiré. Se dit d'un animal abattu devenu impropre à la consommation, ainsi que tout aliment non *Kacher*.

TSITSIT : *M.h.* Franges de laine attachées aux quatre coins d'une sorte de châle de prière, appelé *Talith* : « ... qu'ils se fassent des franges aux coins de leurs vêtements... » (*Nombres*, XV, 38).

VOLAKH : Danse roumaine.

YALÉ : *M.h.* Premier mot d'une prière récitée le jour de l'An juif.

YÉCHIVA : *M.h.* Ecole talmudique.

YIDDISHKAIT : Style de vie, manière de vivre et comportement juifs.
YOM KIPPOUR : Voir *Kippour*.

ZEMIROTH : *M.h.* Chants et hymnes sabbatiques.
ZIWOUG : *M.h.* Se dit d'un couple bien assorti.
ZOHAR : *M.h.* Eclat, splendeur. On ne rencontre ce mot que deux fois dans la Bible : dans *Ezéchiel*, VIII, 2... « cela apparaissait comme une splendeur » (en hébreu *Zohar*) et dans *Daniel*, XII, 3 : « Et les sages resplendiront comme l'éclat du firmament... » (en hébreu : *Yazhirou Kezohar Harakia*). Le *Zohar* est attribué à Rabbi Chimeon Bar Yo'hai, un des piliers du Talmud, qui mourut aux environs de l'an 170.
En réalité, cette œuvre maîtresse de la Kabbale fut composée par Rabbi Moché de Léon vers la fin du XIIIe siècle, en Castille.

TABLE DES MATIÈRES

Préface 7

Métamorphose d'une mélodie 19
Toujours moins haut (extrait des *Contes de Yohanan le Mélamed*) 41
Les récits de Rabbi Na'hman'ké (La Révélation *ou* L'Histoire d'un bouc) 55
Lui de mémoire bénie et ses proches (D'une vie 'hassidique très simple) 66
Un entretien 83
Le porouch et l'ours 89
« Ecoute Israël » *ou* La Contrebasse 95
Le sacrifice 112
Le trésor 116
Les yeux baissés 121
Les fiancés *ou* Sarah, fille de Touvim 138
Partir ensemble 147
Miracles en haute mer 154
Le tablier 163
Le prestidigitateur 179
Le sermon 187
Les fous 195
Le songe d'un *Mélamed lituanien* 204
Le *Mélamed* de Khelm 220
La 'Hanoukia 226
Un couple heureux 231
Les contes du tronc d'arbre 236

NOTES ET RÉFÉRENCES 251
LEXIQUE 275

*La composition
et l'impression de ce livre ont été effectuées
par les Presses d'Aubin à Doullens
pour les Editions Albin Michel*

AM

*Achevé d'imprimer le 29 septembre 1977
N° d'édition 6048 N° d'impression 322
Dépôt légal 4ᵉ trimestre 1977*

Imprimé en France.